Trutz Hardo

Wiedergeburt - Die Beweise

Trutz Hardo

Wiedergeburt

Die Beweise

... und die Bedeutung für
ein neues Bewusstsein

//////////////////// SILBERSCHNUR ////////////////////

ISBN: 978-3-89845-352-3

1. Auflage 1998 Peter Erd Verlag
2. Auflage 2012 überarbeitete und um neue Fälle erweiterte und aktualisierte Neuauflage
        Silberschnur Verlag

Gestaltung & Satz: XPresentation, Güllesheim
Covergestaltung: XPresentation, Güllesheim, unter Verwendung verschiedener Motive aus:
www.fotolia.com & www.istockphoto.com
Druck: Finidr, s.r.o. Cesky Tesin

Verlag »Die Silberschnur« GmbH · Steinstr. 1 · 56593 Güllesheim
www.silberschnur.de · E-Mail: info@silberschnur.de

Inhaltsverzeichnis

Die Lehre der Wiedergeburt ist der Wendepunkt
in der Geschichte der Menschheit.

Friedrich Nietzsche

Vorwort

Verehrte Leserinnen und Leser, in Ihren Händen befindet sich ein Buch, das den Mut hat, Ihnen zu versichern, dass Sie nach der Lektüre ein anderer sein werden als der, der Sie jetzt sind – zumindest was Ihr bisheriges Weltbild betrifft. Denn nichts Geringeres ist am Ende des zweiten Jahrtausends nach Christi Geburt geschehen, als dass die Reinkarnation endlich bewiesen worden ist. Der berühmte Mediziner Professor Ian Stevenson (1918–2007) hat mit wissenschaftlichen Methoden nachgewiesen, dass die Reinkarnation als Faktum anzusehen ist. Ich habe nun die Absicht, Ihnen in diesem Buch eine ganze Anzahl von Fällen vorzustellen, die die Reinkarnation beweisen, seien diese Beweise durch Kinder oder durch Erwachsene erbracht worden, die sich an ihre früheren Leben erinnern und deren Erinnerungen sich als richtig darstellten, oder seien solche Beweise durch Rückführungen erschlossen worden. Im vierten Teil komme ich dann auf die überzeugenden Beweise zu sprechen, die uns Professor Dr. med. Stevenson in seinem umfangreichen 1997 erschienenen Buch *Reincarnation and Biology. A Contribution to the Etiology of Birthmarks and Birth Defect* (a.a.O) vorlegt. Das vorliegende Buch werde ich abschließen mit einigen Überlegungen, was sich für den Einzelnen und für die Gesellschaft als Konsequenz ergibt, wenn die Reinkarnation nun allgemein anerkannt wird und ihren Siegeszug antritt.

Von Jahr zu Jahr nimmt das Interesse an der Reinkarnationstheorie zu; die jeweils neuen demoskopischen Umfragen ergeben immer wieder eine steigende Zahl der Menschen, für die die Reinkarnation eine Tatsache ist. Die Wirkung, die Professor Stevensons Buch samt seiner Kurzfassung *Where Reincarnation and Biology Intersect* (a.a.O) erzielen dürfte, wird diese Zahl noch um ein Beträchtliches nach oben schnellen lassen. Denn von nun an können wir mit Gewissheit sagen, dass es die Reinkarnation wirklich gibt, woran auch Jesus[1] wie auch der Großteil der frühen Christenheit glaubte. Doch heute brauchen wir nicht mehr zu glauben, denn wissenschaftlich ist die Reinkarnation nun bewiesen – in gleicher Weise, wie das Gravitationsgesetz als gültig bewiesen worden ist. Wir dürfen nun wissen, dass es wiederholte Erdenleben gibt und dass Sie, liebe Leserinnen und Leser, sicherlich ebenfalls schon oft auf Erden waren. Was bisher von über einem Drittel der Menschheit geglaubt wurde, ist jetzt als real aufgedeckt worden. Die Ahnungen beziehungsweise das innere Wissen sehr vieler Menschen haben sich als richtig bestätigt, und man wird wegen dieses »Glaubens« nun nicht mehr belächelt werden, sondern eher darüber befragt werden, wieso man das schon immer geglaubt hat und wie man sich die Wiedergeburt im Einzelnen vorstellt.

Bisher haben uns die Religionsgemeinschaften diktiert, was wir zu glauben hatten. Man durfte sogar meist noch nicht einmal an dem Glaubensgut, das oft schon Jahrhunderte oder gar Jahrtausende alt ist, rütteln, denn unsere Vorfahren hatten schon daran festgehalten, also musste dieser Glaube doch wahr sein; so viele Generationen von Menschen konnten sich doch sicherlich nicht geirrt haben. So haben wir von Generation zu Generation das wiedergekäut, was andere schon im Munde hatten. Durch Rückführungen und die Rückführungstherapie kommen wir aber zu unseren eigenen inneren Quellen, die oft etwas ganz anderes offenbaren als das, was uns traditionelle Glaubenssysteme suggerieren wollen. Unser neues Bewusstsein begründet sich damit auf das, was aus den inneren, ewig frischen Quellen fließt. Die dargereichten Tränke aus abgestandenem Gewässer wollen uns nicht mehr munden. Noch einmal:

Früher hatten wir uns bei unseren Glaubensvorstellungen von dem leiten lassen, was man uns eintrichterte. Wir nahmen die Dinge von außen auf und versuchten, sie zu verinnerlichen, was entweder gut oder weniger gut gelang. Dies war eine horizontale Vermittlung von Glaubensvorstellungen. Nun haben viele Millionen von Suchenden entdeckt, dass die ewigen Wahrheiten im Inneren eines jeden Menschen zu finden sind. Wir suchen nicht mehr in der Breite nach Wahrheit, sondern vor allem in der Tiefe und gelangen somit zu einer vertikalen Vermittlung von Wahrheit. In unserem Inneren ist ein großer Weisheitsschatz verborgen, den in einem neuen Zeitalter jeder für sich erschließen kann. Wir laufen nicht mehr wie Hammel einer Glaubensherde hinterher, sondern wir gehen in die eigene Tiefe und sind nun selbst verantwortlich für das, was wir glauben. Einer dieser inneren Schätze, die Wissende und Weise zu allen Zeiten in sich entdeckt haben, ist die Reinkarnation. Diese wurde von den großen Religionen, die sich über das Abendland und über das vordere Morgenland ausbreiteten, von sich gewiesen. Denn gemäß der Reinkarnation ist jeder auf dem Weg durch die vielen Erdenleben selbst für seine spirituelle Weiterentwicklung, sprich für sein Seelenheil, verantwortlich. Demzufolge wären übergeordnete Glaubensinstitutionen überflüssig. Doch damit wären Letztere ihrer Macht über den Menschen beraubt, und aus diesem Grunde ist es nur allzu verständlich, warum zum Beispiel die christliche Kirche die in Südfrankreich lebenden Katharer des dreizehnten Jahrhunderts in einem grausamen Kreuzzug vollständig vernichtete, da diese an die Reinkarnation glaubten und sich vom Papsttum lossagten. Viele Theologen sehen mit Bedauern, wie ihre Gläubigen aus dem Bummelzug des Kirchenglaubens abspringen und überwechseln in den Intercity-Express eines neuen Zeitalters, in welchem die Reinkarnation selbstverständlich ist. Darum plädieren jene für eine Modernisierung des Kirchenzuges, damit dieser ebenfalls zeitgemäß wird, also auch den Glauben an die Reinkarnation mit einschließt. Aber vielleicht bedarf dieser Zug auch noch einer schnelleren Zugmaschine, um mit den anderen Zügen mitzuhalten. In Brasilien glauben etwa achtzig Prozent der katholischen Bevölkerung an die

Reinkarnation, und für sie bedeutet ihr Glaube an die Reinkarnation keinen Bruch mit dem Kirchenglauben. So sind dort die Kirchenoberen weise genug, den Glauben an die Reinkarnation nicht zu verbieten, da sie ansonsten vor leeren Kirchen predigen würden, vielmehr ersuchten sie Papst Johannes Paul II., die Reinkarnation anzuerkennen. Dieser hielt ihnen jedoch entgegen, dass er in dieser Angelegenheit nichts zu unternehmen vermöge, da sich noch über die Hälfte seiner Kardinäle gegen eine Anerkennung der Reinkarnation sträube.[2] Warum setzte er nicht seine Wunderwaffe, die da heißt *ex cathedra*, ein und »verordnete« den Glauben an die Reinkarnation, ähnlich wie dieser in der Urchristenheit schon bestanden hatte, nur um die neuesten Reinkarnationserkenntnisse bereichert? Oder soll die Christenheit darauf warten, bis die betagten Kardinäle das Zeitliche gesegnet und neue, der Moderne aufgeschlossene Kardinäle ihren Hut aufgesetzt haben? So in etwa denken viele Theologen, die sich schon einmal in jenem oben beschriebenen Intercity-Express umgesehen haben und die auch hin und wieder in meinen Rückführungsseminaren anzutreffen sind.

Wer bisher nicht an die Reinkarnation geglaubt hat und weiterhin bei seiner Ablehnung bleiben möchte, den warne ich, dieses Buch zu lesen. Wenn Sie es trotzdem lesen wollen, dann machen Sie sich darauf gefasst, dass sich einiges in Ihrem Weltbild drastisch verändern dürfte. Also darum nochmals die Warnung: Schlagen Sie dieses Buch sofort wieder zu, sonst könnten Sie in Ihrem Denken ein anderer werden. Sie könnten sonst mit Ihrem Kirchenglauben in Konflikt kommen. Das wollen Sie doch sicherlich nicht? Sie könnten jedoch auch, wenn Sie eher dem wissenschaftlich ausgerichteten Denken angehören, mit dessen Weltbild in Widerspruch geraten. Auch das wollen Sie doch sicher nicht? Sie wollen doch auch bestimmt nicht so alte Übergötter wie Marx, Freud oder Heidegger zum »alten Eisen« zählen wollen? Dieses Buch könnte für Sie geistiges Dynamit sein. Also – schnellstens weg mit diesem Buch!

Denn in diesem Buch wird der nun nicht mehr wegzudisputierende Beweis dafür geliefert, dass wir Menschen viele Leben haben und dass unser heutiges Leben nur die Fortsetzung einer ganzen

Kette von früheren Leben ist. Ist dieser Gedanke erst einmal ganz akzeptiert – und es besteht für mich keinerlei Zweifel daran, dass es so kommen wird, denn die Wahrheit setzt sich letzten Endes immer durch –, dann wird sich unser ganzes Denken von der Welt und von uns selbst vollständig revolutionieren.

I.

Kinder erinnern sich
an ihre früheren Leben

Der Junge, der wieder mit seiner früheren Frau zusammenwohnt

USA · Sunny

Beginnen möchte ich mit einer Geschichte, die mir Dr. Tag Powell, ein mit mir befreundeter amerikanischer Verleger, Seminarleiter und Buchautor, während der Buchmesse in Frankfurt anvertraute.

»Weißt du Tom (so werde ich von meinen Freunden genannt), ich kann dir eine Geschichte über einen Fall von Reinkarnation erzählen, der derart erstaunlich ist, dass er wohl jeden Skeptiker in einen überzeugten Anhänger der Reinkarnation verwandeln würde. Jedoch bin ich nicht befugt, den Namen des Ehepaares und den ihres Sohnes preiszugeben. Ich bin sicher, dass du jenes Ehepaar zumindest vom Namen her kennst, denn er ist ein bekannter Autor und gibt mit seiner Frau in ganz Amerika Seminare und hält Vorträge.« Zu gerne hätte ich den Namen dieses Paares erfahren, aber ich wollte Tag nicht sein Versprechen brechen lassen, das er jenem Ehepaar gegeben hatte. Dennoch fragte ich: »Hält er Seminare über spirituelle Themen wie Reinkarnation oder Astrologie?« »Nein, nein«, unterbrach mich Tag, »er ist ein ›bloody scientist‹ (überzeugter Wissenschaftler), und eines seiner Bücher ist zu einem landesweiten Bestseller geworden. Er ist Inhaber vieler Patente. Seine Frau ist ebenfalls Wissenschaftlerin und Autorin. Beide haben einen Sohn, den ich Michael nennen möchte. Als Baby wollte er unbedingt die Rolexuhr seines Vaters in seinen Händen halten. Er griff immer wieder danach. Als er die ersten Worte sprechen konnte, deutete er auf die Uhr und sagte ›mein‹. Eines Tages, als die Eltern ihn beim Namen nannten, deutete er auf sich und sagte: ›Sunny.‹ Er bestand so lange energisch darauf, Sunny genannt zu werden, bis die Eltern sich darauf einließen und ihn also Sunny nannten. Wenige Monate später sagte der Knirps und deutete auf sich: ›Ich Sunny Ray.‹

Die Mutter ließ sich schnell auf diesen Namen ein, bedeutete er doch ›Sonnenschein‹, so dass sie ihn von nun an ›mein kleiner Sonnenschein‹ (my little sun ray) nannte. Eines Tages sagte er, dass er eine Frau habe, die Dawn heiße, und dass sie beide in Texas gewohnt hätten. Im jetzigen Zuhause wurde meist nur klassische Musik gehört. Wenn jedoch einmal aus dem Radio ein Country oder Western-Song ertönte, sang Michael mit, ja, er schien sogar die Texte zu kennen. Eines Tages sah sich Michael mit der Mutter ein Buch mit den Abbildungen von Hunden an. Plötzlich deutete er auf einen weißen Spitz und rief aufgeregt: ›Das ist Willy, das ist mein Hund!‹ Die Eltern selbst hatten trotzdem nie ernsthaft daran gedacht, dass ihr Sohn irgendetwas aus einem früheren Leben erzählen könnte.

Einige Zeit später - ihr Sohn war damals sieben Jahre alt geworden - hielt dieses Ehepaar ein Seminar in Texas ab. Eine der Teilnehmerinnen hieß Dawn Ray, und in einer Pause sprach Michaels Vater jene Frau an und fragte sie, ob sie verheiratet sei. Sie verneinte und entgegnete: ›Ich bin seit acht Jahren verwitwet.‹ ›Wie hieß Ihr Mann mit Vornamen?‹ ›Sunny‹, sagte sie. Das Ehepaar schaute sich verwundert an. Sie baten jene Frau, nach dem Seminar doch bitte in ihr Hotel zu kommen, denn sie hätten ihr etwas Wichtiges mitzuteilen. Dort erklärten sie ihr, dass sie einen Sohn hätten, der behauptete, in einem früheren Leben mit einer Dawn Ray aus Texas verheiratet gewesen zu sein. ›Hatten Sie eigentlich einen weißen Spitz?‹, fragte Michaels Mutter. ›O ja, es war unser Willy. Sunny und er waren unzertrennlich!‹ Frau Ray war nun ganz erpicht darauf, Michael kennenzulernen. Die Eltern riefen zu Hause an und arrangierten den Flug, so dass der Siebenjährige schon zwei Tage später zu ihnen kommen konnte. Sie hatten ihrem Sohn am Telefon aber nicht verraten, warum er so plötzlich nach Texas fliegen sollte. Als ihr Sohn landete, brachten sie ihn gleich, wie abgemacht, zu jenem Haus, in dem Frau Ray wohnte. Als diese die Tür öffnete, erkannte der Junge sie sogleich und rief erfreut aus: ›Dawn!‹ Er breitete seine Arme aus und fiel der verdutzten Frau Ray in die Arme, umarmte sie und gab ihr einen dicken Kuss auf die Wange.

Schließlich nahmen alle im Wohnzimmer Platz. Die noch immer skeptische Frau Ray fragte Michael, ob er dieses Haus kenne, doch er verneinte es. Sie erklärte daraufhin, dass sie erst zwei Jahre nach Sunnys Tod in dieses Haus gezogen sei. Daraufhin fragte Michael, ob sie seine Gitarre aufgehoben hätte. Frau Ray war über diese Frage sehr erstaunt, ging zu einem Schrank hinüber und entnahm diesem eine Gitarre, die sie in die ausgestreckte Hand des Jungen legte. Wie ein geübter Gitarrenspieler nahm Michael dieses Instrument in seine Hand, und obwohl die Grifffläche nicht für die Hand eines Siebenjährigen geeignet war, begann er nach einigen Versuchen ein bekanntes Country-Lied zu spielen und dazu zu singen. Dies versetzte besonders seine Eltern in Erstaunen, hatte ihr Sohn ihres Wissens nach doch noch nie Gitarre gespielt. Danach fragte er Frau Ray, die er nur noch Dawn nannte, ob sie auch seine Uhr aufgehoben habe. Sie holte eine Schachtel herbei, in der sich die Uhr befand. Es war eine Rolex, eine genaue Kopie von jener, die sein Vater trug. Dann fragte er sie nach seiner Kamera. Doch die Eltern wollten zuerst von ihm wissen, wie sie aussah. Als er sie beschrieben hatte, holte Dawn jene Kamera hervor, die genau so aussah, wie Michael sie beschrieben hatte. Auch seine Pfeife, die er anschließend haben wollte, musste er zuerst genau beschreiben.«

Tag schloss seine Berichterstattung mit der Bemerkung: »Ich hätte gerne jenem Abend beigewohnt.« »Ich auch«, entfuhr es mir. »Mensch, Tag, das ist wirklich eine tolle Geschichte!« »Aber das Tollste kommt erst noch«, fuhr er fort. »Dawn verkaufte ihr Haus, zog zu jener Familie nach Kalifornien und kümmerte sich um Michael, da seine Eltern doch meistens auf Reisen waren. Später zog sie nach New York. Michael hatte jedoch so große Sehnsucht nach Dawn, dass die Eltern es ihm gestatteten, trotz seiner damals nur vierzehn Jahre zu ihr nach New York zu ziehen, wo sie seitdem zusammenleben.« »Wenn diese Geschichte sich wirklich so oder ähnlich abgespielt haben sollte, dann ist sie eine Sensation ersten Grades«, sagte ich. »So wahr ich hier stehe, Tom, diese Geschichte hat sich wirklich ereignet.«[3]

Liebe Leserin und lieber Leser, mir ist vor Spannung damals wohl fast der Mund offen stehen geblieben. Vielleicht wäre es Ihnen ebenso ergangen. Und nun nochmals ein Wort an die verehrten Skeptiker, die auf keinen Fall an die Reinkarnation zu glauben geneigt sind und trotzdem diesen Bericht gelesen haben könnten: Jetzt haben Sie noch die Gelegenheit, das Buch schnellstens aus der Hand zu legen, denn sonst könnte es sein, dass Sie zugeben müssten, dass doch etwas an der Reinkarnation dran sein könnte. Den übrigen Leserinnen und Lesern möchte ich aber nun über weitere erstaunliche und nicht anzuzweifelnde Fälle berichten.

Als Neffe wiedergeboren

USA · Joseph

Der Journalist Tom Shroder[4] begleitete den Reinkarnationsforscher Professor Ian Stevenson nach Indien und in den Libanon, um sich jeweils vor Ort als objektiver Beobachter über dessen Forschungsarbeit zu informieren. Doch sogar nur wenige Dutzend Kilometer von Stevensons Universität in Virginia entfernt, wartete am Hang der Blue Mountains auf beide ein interessanter Fall, zu welchem der Professor den Journalisten einlud. Stevenson war kein Unbekannter mehr für jene Familie, denn er hatte schon früher den Fall des sich an sein früheres Leben erinnernden Joseph untersucht. Jetzt war dieser neun Jahre alt. Schon als man ihm in jungen Jahren ein Foto des verstorbenen Onkel David zeigte, sagte er, dass dieser wie er selbst aussehe, obwohl keinerlei Ähnlichkeiten erkennbar waren. David war noch als heranwachsender Teenager bei einem Traktorunfall unter die Räder gekommen, die über seinen Brustkorb rollten. Die durch die gebrochenen Brustwirbel eingequetschten Lungen führten zu seinem schnellen und doch qualvollen Tod. Bei dem Wiedergeborenen stellten sich von der Geburt an asthmatische Zustände ein, die ihn auch späterhin daran hinderten, regelmäßig die Schule zu besuchen. Wir wissen aus der Rückführungstherapie, dass die im Tod erlebten Ängste wie auch die körperlichen Schmerzen sich sehr häufig schon im anschließenden Leben wieder bemerkbar machen.

David war zwanzig Jahre vor der Geburt von Joseph gestorben. Er hatte zwei Schwestern: Jenny und Jennifer; Letztere war die Mutter von Joseph. Niemand in der Familie hatte David gegenüber den Namen des verstorbenen Onkels erwähnt. Doch er nannte seine Mutter »Jenny« und seine Großmutter, also Davids Mutter, wie im vorausgegangenen Leben *mum*. Mit der Zeit erinnerte er sich mehr und mehr an sein früheres Leben. So sagte er einmal zu ihr:»Weißt du noch, als ich und Papa auf das Dach stiegen, um das Dach für dich rot anzustreichen? Meine Füße und Beine waren dann ganz rot verschmiert, und du hast sehr mit mir geschimpft.« Die Großmutter erinnerte sich wieder an dieses seitdem nie wieder erwähnte Ereignis und sagte zu Jenny:»Das war David, der zu mir sprach.«

Als sie einmal mit dem Auto eine bestimmte Strecke fuhren, bemerkte er:»Als ich damals hier aufwuchs, gab es an dieser Stelle noch keine Häuser. Damals war hier noch Wald, in dem wir jagen gingen.« Und an einer anderen Stelle sagte er, dass es dort früher ein Maisfeld gegeben habe, in dem er mit Garth und Stanley Maiskolben geerntet hatte. Und seine Großmutter, Mutter und Tante bestätigten seine Aussagen. Auch als er mit seiner Mutter Schuhe kaufen wollte, bestand er hartnäckig darauf, dass seine Schuhgröße acht sei, obwohl solche Schuhe noch viel zu groß für ihn waren. Um ihn zu beruhigen, kaufte ihm die Mutter dennoch die Schuhe in Größe 8, denn David hatte diese Größe getragen. Zu seiner Tante, seiner früheren Schwester, sagte er schließlich eines Tages:»Warum spielen wir nicht mehr mit der Wäsche auf den Leinen, wie wir es damals gemacht haben?« Und tatsächlich hatten die beiden Schwestern mit David zwischen den aufgehängten Wäschestücken Verstecken gespielt.

Es gibt viele, viele Fälle, in denen sich Wiedergeborene in der eigenen Familie reinkarnieren. Denn in den meisten Fällen darf sich jede Seele für eine Wiedergeburt die Eltern und somit das Land für ein wiederholtes Erdenleben aussuchen. Nur ganz jungen Seelen – also bei solchen, die, wie der griechische Philosoph Pythagoras meint, noch relativ wenige Male reinkarniert waren – werden die Eltern zugeteilt.

Bei denselben Eltern
als Zwillinge wiedergeboren

England · Pollock-Zwillinge

Am 5. Mai 1957 wurden in Hexham, England, die elfjährige Joanna und ihre sechsjährige Schwester Jacqueline auf dem Bürgersteig von dem Auto einer durch Drogen halb bewusstlosen Frau überfahren. Obwohl die Trauer der Eltern über den Verlust ihrer einzigen Kinder groß war, konnten sie nach einigen Monaten der Fahrerin in einem Brief vergeben.[5]

Als Frau Pollock ein Jahr später wieder schwanger wurde, offenbarte ihr nach einer Eingebung der Ehemann, dass sie Zwillinge, zwei Mädchen, zur Welt bringen würde, und diese beiden seien niemand anderes als ihre beiden verstorbenen Töchter. Obwohl Frau Pollock sich daraufhin untersuchen ließ und ihr vom Gynäkologen versichert wurde, dass es sich nicht um Zwillinge, sondern nur um einen hörbaren Herzschlag, also um ein Kind handele, war Herr Pollock weiterhin davon überzeugt, dass seine Eingebung richtig gewesen war.

Und er sollte recht behalten. Am 4. Oktober 1958 wurde Frau Pollock Mutter von zwei eineiigen Mädchen. Die zehn Minuten früher Geborene erhielt den Namen Gillian, die als zweite Geborene den Namen Jennifer.

Als der Vater seine neuen Töchter bewundert hatte, fiel ihm plötzlich eine Narbe auf, die seine verstorbene jüngere Tochter Jacqueline genau an derselben Stelle (oberhalb der rechten Augenbraue) gehabt hatte. Jene hatte sich die Wunde mit etwa drei Jahren bei einem Sturz zugezogen, und es war eine Narbe auf der Stirn zurückgeblieben. Außerdem entdeckte er zu seiner großen Überraschung, dass an der gleichen Körperstelle, an welcher Jacqueline ein daumengroßes braunes Muttermal gehabt hatte, sein jüngstes Zwillingstöchterchen nun ebenfalls solch einen Fleck besaß. All dies

25

waren für ihn Beweise, dass das, was ihm in jener Eingebung mitgeteilt worden war, richtig war, dass nämlich Gillian und Jennifer tatsächlich seine wiedergeborenen ersten Töchter waren. Frau Pollock jedoch, als strenge Katholikin, wies die Lehre von der Reinkarnation immer noch von sich, bis Folgendes passierte:

Als die Zwillinge vier Monate alt waren, zogen die Pollocks an einen anderen Ort, um erst zweieinhalb Jahre später zu Besuch nach Hexham zurückzukehren. Und zu dem Erstaunen der Eltern kannten sich die beiden Töchter in dieser Ortschaft bestens aus. Ohne das Schulhaus sehen zu können, denn es war noch von der Kirche verdeckt, sagte die eine: »Die Schule ist gleich um die Ecke.« Und die andere Tochter wies auf einen Hügel und sagte: »Dahinter war unser Spielplatz. Dort gab es eine Rutsche und eine Schaukel.« Auch auf ihr früheres Haus zugehend, erkannten es beide Schwestern sogleich wieder. Doch noch immer wollte Frau Pollock nicht daran glauben, dass ihre Zwillinge die wiedergeborenen verstorbenen Töchter waren.

Als die Zwillinge vier Jahre alt waren, öffnete Herr Pollock eine seit über drei Jahren verschlossene Kiste, in welcher das Spielzeug seiner ersten Kinder verwahrt war, und legte einiges davon vor die Schlafzimmertür der Zwillinge. Er wollte sehen, ob diese ihre früheren Spielsachen wiedererkannten. Als die Töchter aus dem Zimmer kamen – und die Mutter stand davor, um als Zeugin ihrer Reaktionen dabei zu sein –, hob Jennifer die erste Puppe hoch und sagte: »Oh, das ist Mary! Und (die zweite Puppe hochhebend) das ist meine Susanne! Ich habe sie seit langem nicht mehr gesehen.« Sie nannte damit dieselben Namen, die Jacqueline damals ihren beiden Puppen gegeben hatte. »Die hat uns damals der Weihnachtsmann gebracht.« Und zu Gillian gewandt, deutete sie auf ein anderes Spielzeug und sagte: »Und das ist deine Waschmaschine.« Nun war auch Frau Pollock davon überzeugt, dass ihre Zwillinge wirklich ihre beiden früheren Töchter waren und dass ihre Kirche sich irren musste, indem sie den Glauben an die Wiedergeburt von sich wies. Beide wiedergeborenen Kinder waren zudem übervorsichtig beim Überqueren von Straßen und zeigten Angst vor herannahenden

Autos. Die ältere Gillian kämmte besonders gern die Haare von anderen und ganz besonders gern das Haar ihres Vaters – genau diese Vorliebe war auch bei der tödlich verunglückten Joanna zu finden gewesen. Joanna war fünf Jahre älter als ihre Schwester Jacqueline gewesen, doch beide waren schon damals Hand in Hand miteinander herumgelaufen und schienen unzertrennlich. Jacqueline hörte immer auf ihre ältere Schwester, und was jene sagte, war für sie Gesetz. Das gleiche Verhalten tauchte nun auch bei den Zwillingen wieder auf. Die um zehn Minuten Jüngere überließ ihrer Schwester die Entscheidungen und befolgte, was diese ihr sagte. Beide gingen wieder wie vormals Hand in Hand, und wie schon die verstorbenen Schwestern schien die eine nie etwas anderes als die andere zu tun.[6]

Wären Sie, verehrte Leserin und verehrter Leser, nicht ebenfalls wie Frau Pollock trotz eines eventuell strikten Kirchenglaubens davon überzeugt, dass es die Reinkarnation doch gibt, wenn Sie solche Töchter hätten, die Ihnen den Beweis für die Reinkarnation quasi frei Haus liefern würden? In Tausenden von Fällen – und einige davon werden wir uns noch näher betrachten – haben sich bei Eltern solche und ähnliche Dinge mit ihren Kindern abgespielt. Die meisten Eltern verbieten ihren Kindern jedoch leider, über solche Dinge zu sprechen. Es mag ihnen unheimlich vorkommen, denn das, was die Kinder sagen, widerspricht ihrem Glauben. Auch darf auf keinen Fall etwas von dem Vernommenen nach draußen dringen, denn was könnten dann die Nachbarn von einem denken?

In Indien ist der Glaube an die Reinkarnation weit verbreitet, und man kann offen zu anderen darüber reden, was man in einem früheren Leben erlebt hat. Dennoch verbieten auch in Indien viele Eltern ihren Kindern, Erinnerungen an frühere Leben zu äußern, glauben sie doch daran, dass Kinder, die sich an frühere Leben erinnern, früh sterben oder eventuell Heimweh nach ihrer Familie aus dem vorausgegangenen Leben bekommen könnten und sich, so Letztere wiederaufgefunden werden sollte, mit dieser wieder vereinen möchten.

Schon bevor Professor Ian Stevenson sich daranmachte, die Reinkarnation wissenschaftlich zu erforschen, hat es in Indien in den dreißiger Jahren des zwanzigsten Jahrhunderts einen Fall über eine Wiedererinnerung gegeben, der damals weit über die Grenzen hinaus bekannt geworden ist, da neben den parapsychologisch ausgerichteten Zeitschriften auch andere darüber berichteten. Es handelt sich um den Fall der Shanti Devi.

Die Mutter umarmt ihren Sohn,
der älter ist als sie selbst

Indien · Shanti Devi

Obwohl Shanti Devi – am 11. Dezember 1926 in Delhi geboren – als Kind nur wenig sprach, begann sie schon im Alter von drei Jahren davon zu reden, dass ihr Zuhause in Mathura sei, einer Stadt zwischen Neu Dehli und Agra. Als sie vier Jahre alt war, erzählte sie mehr aus ihrem früheren Leben, auch davon, dass sie verheiratet sei. Ihre Schwestern zogen sie mit ihrem angeblichen Ehemann und anderem auf, so dass die Mutter die Kleine, die sich gegen die Schwestern beharrlich verteidigte, oft in Schutz nehmen musste. Shanti erzählte ihr, dass sie aus einem vornehmeren Hause komme und dass ihr jetziges Haus nicht ihr Zuhause sei. Und zu ihrer Mutter gewandt sagte sie: »Du bist nicht meine wirkliche Mutter. Du siehst nicht so aus wie sie.« Sie beschrieb ihr weiterhin, dass ihr Mann früher einen Tuchwarenladen hatte und ihr Haus in Mathura ganz gelb angestrichen sei. Die Eltern wollten all dem jedoch keinen Glauben schenken, doch eines Tages weigerte sich Shanti sogar, das aufgetischte Essen zu sich zu nehmen. Auf die Frage, warum sie nicht essen wolle, antwortete sie: »Ich will satvatisches Essen.« »Satvatisches Essen?‹ Wo hast du denn diesen Ausdruck her? Niemand hat diesen Ausdruck je gebraucht.« »Dieses Wort gebrauchen wir in Muttra (Mathura). Wir essen kein Fleisch. Es ist nicht recht, dass man Tiere isst. Es ist ein furchtbares Verbrechen. Dennoch essen Menschen Fleisch, jedoch wir essen keines.« Auf die Frage der Mutter hin, wen sie denn mir »wir« meine, entgegnete die Vierjährige, dass sie damit die Familie ihres Mannes meine. »Ich persönlich übernehme es, dass mein Mann nur satvatisches Essen bekommt. Selbst unsere Diener dürfen sein Essen nicht zubereiten. Wenn er von seinem Laden beim Dwarkadhish-Tempel nach Hause kommt, serviere ich ihm das Essen. Vorher schmecke ich es ab. Er möchte es so haben.« Der Vater war einsichtig genug, der Tochter zu gestatten, fortan nur vegetarische Speisen zu essen.

Als die Tochter einmal nicht im Raum war, sagte Frau Bahadur zu ihrem Mann:»Was haben wir wohl in einem früheren Leben angestellt, dass wir jetzt von solch einem schlimmen Karma heimgesucht werden, indem wir mit einer solch geisteskranken Tochter bestraft worden sind?« Und ihr Mann entgegnete:»Wenn es wahr ist, dass sie sich an ein früheres Leben erinnert, dann wartet ein Unglück auf sie. Das sagen schon die alten Schriften.« Er bezieht sich mit dieser Bemerkung auf den Text der vedischen Schriften, in denen es heißt, dass ein Kind, das sich an frühere Leben erinnert, früh sterben werde. Um dies zu vermeiden, verboten Herr Bahadur und seine Frau ihrer Tochter, weiterhin über ihr früheres Leben in Mathura zu sprechen – in der Hoffnung, dass sie somit ihre Erinnerungen daran bald verlieren würde.

Doch Shanti sprach auch weiterhin über ihr früheres Leben – sogar zu Besuchern, die ins Haus kamen. Sie hegte immer die Hoffnung, dass wenigstens einer von diesen ihr Glauben schenken und sie auf ihr Bitten hin nach Mathura bringen möge. Selbst als sie in die Schule ging, machte sie den Mitschülern und den Lehrern gegenüber öfter Bemerkungen, die sich auf ihr früheres Leben bezogen. Ihre Mitschüler machten Scherze darüber, dass sie verheiratet sei und einen Sohn habe. Doch ihr Klassenlehrer, mit der Familie Bahadur verwandt, interessierte sich für ihren Fall und fragte sie nach vielen Einzelheiten. Er bat sie, ihm den Namen ihres früheren Gatten zu nennen. Für eine Hindu-Frau geziemt es sich jedoch nicht, den Namen ihres Mannes zu nennen. So entgegnete sie vielmehr:»Wenn ich ihn sehe, werde ich ihn erkennen.« Als der Lehrer ihr schließlich versprach, sie zu ihm nach Mathura zu bringen, wenn sie ihm den Namen nennen würde, sagte sie schließlich: »Mein Mann heißt Pandit Kedernath Chobey.« Nachdem sie ihm auch noch die volle Anschrift genannt hatte, berichtete er seinem Freund, dem Direktor der Schule, über diese Neuigkeiten, und beide beschlossen, auf gut Glück einen Brief an jene Adresse zu schreiben, der folgendermaßen lautete:

»Hochverehrter Herr!

Ich habe ein Mädchen kennengelernt, das Shanti Devi heißt und in Delhi in dem Stadtteil Chirakhana wohnhaft ist. Sie ist die Tochter des Geschäftsmannes Rang Bahadur Mathur. Sie ist immer noch ein Kind, das noch nicht neun Jahre alt ist, doch sie ist in der Lage, sehr erstaunliche Einzelheiten über Sie zu berichten. Folgendes behauptet sie: ›In meinem früheren Leben war ich eine Chobey aus Mathura. Ich gehörte der Brahmanenkaste an, und mein Ehemann hieß Kedernath. Er hatte einen Laden in der Nähe des Dwarkadhish-Tempels. Die Farbe meines Hauses war gelb. Ich hieß Lugdi Devi.‹ Darf ich Sie, verehrter Pandit, damit belästigen und Sie bitten, mich freundlicherweise darüber in Kenntnis zu setzen, ob an diesen Behauptungen irgendetwas Wahres sein könnte. Hat eine Lugdi Devi existiert? Und lassen Sie mich bitte wissen, wenn es Sie überhaupt gegeben haben sollte.

Möge Gottes Segen auf Ihnen ruhen,

mit größter Ehrerbietung

Ihr Lala Kishan Chand, Direktor der Ramja Schule, Daryganj, Delhi.«

Wie groß war beider Lehrer Erstaunen, als sie einige Wochen später einen Antwortbrief von eben jenem Mann in den Händen hielten, der folgendermaßen lautete:

»*Lala Kishan Chand, Direktor der Ramja Schule, Daryganj, Delhi.*

Ich war äußerst überrascht und sogar ganz aufgeregt, als ich Ihren Brief las. Das, worüber Sie geschrieben haben, ist absolut richtig. Ich hatte eine Frau, die Lugdi Devi hieß. Sie ist verstorben. Ich habe zudem wirklich einen Laden in der Nähe des Dwarkadhish-Tempels. Wer ist jenes Mädchen, das dies alles weiß?«

Herr Chobey, der wissen wollte, ob jenes Mädchen wirklich seine verstorbene Ehefrau war, hatte einen – wie in dem obigen Brief im Weiteren angekündigt – in Delhi wohnenden Cousin gebeten, das

Haus von Shanti Devis Eltern aufzusuchen, um mehr über deren Tochter zu erfahren und Letztere zugleich zu testen, ob sie sich wirklich an ihn und ihr gemeinsames früheres Leben erinnern könne. Als dieser Cousin Shanti nun gegenübertrat, erkannte sie ihn sofort als einen jüngeren Cousin ihres Mannes und nannte ihn beim Namen. Shanti fragte ihn nun nach ihrem Sohn Nabanita Lall, ob er noch lebe und es ihm gut ginge. Sie beschrieb ihm die Räumlichkeiten ihres damaligen Hauses und auch die des Tuchladens, der sich direkt vor dem Dwarkadhish-Tempel befand. Der Cousin ihres früheren Mannes war von all ihren exakten Angaben so beeindruckt, dass er Herrn Chobey nicht, wie mit ihm abgemacht, brieflich über seine Eindrücke berichtete, sondern sogleich zu diesem reiste, um ihm zu sagen, dass Shanti Devi wirklich seine frühere Frau sei.

Von seinem Cousin nun neugierig gemacht, beschloss Herr Chobey, mit seiner jetzigen Frau, dem Sohn aus erster Ehe und seinem Cousin nach Delhi zu reisen, um dieses Mädchen selbst in Augenschein zu nehmen. Als sie dort ankamen, war Shanti gerade in der Schule. Es war vorher abgemacht worden, dass Herr Chobey sich bei Shantis Familie nicht als solcher, sondern als dessen älterer Bruder vorstellen sollte, um das Mädchen wiederum einem Test zu unterziehen und um sicherzugehen, dass dessen Familie eigentlich nicht wissen konnte, wer wirklich gekommen war. So konnten sie die Tochter nicht vorher noch informieren. Als die Achtjährige aus der Schule nach Hause kam, wurde ihr gesagt, dass im Zimmer nebenan Besuch für sie gekommen sei.

Als sie das Zimmer betrat, erkannte sie sofort ihren früheren Ehemann. Ohne ein Wort zu sagen, jedoch mit Freude in den Augen, neigte sie ihren Kopf in scheuem Respekt vor ihm und stellte sich, wie es sich für eine Hinduehefrau in Gegenwart des Gatten gebührt, neben seine Seite. Man fragte sie, warum sie das täte, denn der Mann neben ihr sei doch nur der ältere Bruder von Herrn Chobey. Doch Shanti erwiderte in aller Ruhe: »Nein, er ist mein Ehemann. Ich habe euch immer von ihm erzählt.« Und als ihr Blick nun auf den zehnjährigen Jungen fiel, wusste sie sofort, dass es ihr Sohn war. Sie umarmte ihn und weinte lange. Dann forderte sie ihre Mutter auf, all ihre eigenen Spielsachen herbeizuholen, um sie ihrem Sohn Nabanita zu überreichen. Als diese zögerte, rannte sie selbst los und kehrte wenig später mit all ihren Spielsachen zurück. Obwohl sie etwas mehr als ein Jahr jünger als Nabanita war, konnte jeder in ihren Blicken und in ihren Gesten eine mütterliche Liebe wahrnehmen. Da Shanti von all dem selbst so sehr gerührt war, musste sie öfter weinen und steckte schließlich auch alle Anwesenden mit ihren Tränen an.

Schnell hatte sich in der Nachbarschaft dieses außergewöhnliche Familienzusammentreffen herumgesprochen, so dass sich in kürzester Zeit eine große Anzahl von Neugierigen einfand.

Herr Chobey schlug vor, in einer offenen Pferdekutsche zusammen irgendwo hinzufahren, um dem Trubel zu entgehen. Bei dem Spaziergang gingen Shanti und Nabanita Hand in Hand. Zurückgekehrt, bat die Tochter ihre Mutter, ein Mahl herzurichten, und sie nannte dabei all jene Gerichte und Zutaten, die ihr Mann besonders gerne mochte. Auch erkannte sie ihre früheren Schmuckstücke wieder, die Herrn Chobeys jetzige Frau trug. Nach dem Essen fragte sie ihren Mann, warum er wieder geheiratet hätte: »Hatten wir nicht abgemacht, dass keiner nach dem Tod des anderen wieder heiraten würde?« Herr Chobey, wie später Shantis Vater dem Journalisten Jeffrey Iverson berichtete, blickte verlegen nach unten. Später forderte er Shanti auf, ihm noch mehr über ihr Haus zu erzählen. Und Shanti antwortete: »Im Inneren des Hauses gibt es einen Hof. Dort befindet sich der Brunnen. Ich habe mich oft auf dessen Rand gesetzt, um dort mein Bad zu nehmen.« Noch viele andere Fragen mit Bezug auf ihre frühere Verwandtschaft wurden gestellt. Herr Chobey fragte Shanti beispielsweise, wie es komme, dass sie ihren Sohn sogleich als solchen wiedererkannt habe, denn am Tage ihres Todes war er erst neun Tage alt gewesen. Shanti, wie eine Weise, sagte spontan: »Er ist mein Leben. Mein Leben hat sein Leben wiedererkannt.« Herr Chobey bat darum, dass er sich mit Shanti und seiner Frau zurückziehen könne, denn er wolle mit Ersterer über private Dinge reden. Als er schließlich mit ihr zurückkehrte, verkündete er:»Niemand außer meiner früheren Gattin und ich könnten diese Dinge wissen. Dieses Mädchen ist meine verstorbene frühere Frau Lugdi. Ich habe nicht mehr die geringsten Zweifel daran.«

Und Sie, verehrte Leserin und verehrter Leser, haben Sie noch Zweifel an der Echtheit dieses Erlebnisses? Jedoch ein ausgemachter Kritiker zweifelt alles an, was nicht in sein Weltbild passt, ganz egal, wie glaubwürdig es auch dargestellt sein mag. Dass ein Mensch kritisch ist, ist selbstverständlich löblich, solange er bereit ist, die Dinge genau zu überprüfen und sich dann unvoreingenommen dafür zu entscheiden, was er akzeptieren kann und was nicht. Ein solcher unvoreingenommener Kritiker sollte aber auch den Mut zur Wahrheit haben – und so er einmal etwas als wahr erkannt hat, sich auch dazu zu bekennen. Doch noch ist unsere Geschichte von Shanti Devi nicht zu Ende erzählt ...

Die Ereignisse sprachen sich in Windeseile herum. Die Zeitung *Indian Press* schickte ihre Reporter, und am folgenden Tag konnten Millionen von Lesern über diese Sensation lesen. Von verschiedenen Seiten bedrängte man nun Herrn Bahadur, Shanti Devis Wunsch nun endlich zu erfüllen und sie nach Mathura fahren zu lassen. Doch Herr und Frau Bahadur befürchteten, die Tochter dort an die frühere Familie zu verlieren, weshalb sie strikt ablehnten. Mahatma Gandhi, der sich an diesem Fall von der Rückerinnerung eines Mädchens an ein früheres Leben sehr interessiert zeigte, beschloss nun in eigener Person, Shanti Devi aufzusuchen, um zum einen persönlich die verschiedensten Fragen an sie zu stellen und um zum anderen die Eltern zu bitten, die Tochter nach Mathura reisen zu lassen. Den Bitten eines solchen Mannes, den die Inder schon zu Lebzeiten als eine Gottheit verehrten, konnten sich Herr und Frau Bahadur nicht verschließen. Schließlich wurde sogar ein Komitee gebildet, um diesen Fall wissenschaftlich zu untersuchen. Diesem gehörten fünfzehn ausgesuchte Honoritäten an, unter anderen der Herausgeber einer der größten indischen Zeitschriften, ein Rechtsanwalt und ein Abgeordneter des indischen Parlamentes.

Sie entschieden, dass sie Shanti Devi nach Mathura begleiten wollten, um an Ort und Stelle ihre Angaben überprüfen zu können. Sie selbst war in diesem Leben noch nie dort gewesen, und auch ihr Vater versicherte eidesstattlich, nie in Mathura gewesen zu sein. Am 24. November 1935 – zwölf Tage, nachdem Herr Chobey Shanti in Delhi besucht hatte – bestiegen Shanti Devi, ihre Eltern und das ganze Komitee, begleitet von Journalisten, den Zug, der sie innerhalb von drei Stunden nach Mathura bringen sollte. Im Zug erwähnte die fast Neunjährige, als jemand die augenblickliche Uhrzeit erwähnte, dass in Mathura um diese Zeit die Pforten des Dwarkadhish-Tempels geschlossen würden. Anstatt des Wortes Tor, wie es in ihrer Hindisprache lautete, gebrauchte sie ein Spezialwort, wie es nur in der Gegend von Mathura gebräuchlich war.

Als sie in jener Stadt ankamen, hatten sich Abertausende von Schaulustigen, durch die Zeitungen auf die Ankunft Shanti Devis vorbereitet, vor dem Bahnhof versammelt. Ein großer Mann mit einem Turban auf dem Kopf und einem Stock in der Hand bahnte sich seinen Weg durch die Menge, stellte sich vor das Mädchen und sagte: »Kennst du mich?« Shanti beugte sich in Ehrfurcht herab und berührte seine Füße. Daraufhin erhob sie sich. Zu einem der Komiteemitglieder sagte sie: »Dies ist der älteste Bruder meines Mannes.« Als sie nun in einem offenen Pferdewagen durch die Straßen fuhren, konnte sie genau sagen, welche der Straßen früher noch nicht geteert gewesen waren, und vermochte auch die Häuser zu bezeichnen, die vorher noch nicht dort gestanden hatten. An einer Kreuzung angekommen, stieg sie vom Wagen herunter und führte das Komitee zu ihrem Haus, das von einer riesigen Menge von Menschen umstanden war. Dort wartete ein älterer Mann in der Kleidung eines Brahmanen. Sie verbeugte sich vor ihm und sagte: »Dies ist mein Schwiegervater.« In der Menge entdeckte auch sie den fünfundzwanzigjährigen Bruder und den Bruder ihres Schwiegervaters aus ihrem früheren Leben. Zu ihrem Erstaunen war das Haus jedoch nicht gelb, wie sie es in Erinnerung hatte. Man sagte ihr nun, dass das Haus nach ihrem Tod in den Besitz anderer übergegangen war und dass die neuen Besitzer es in einer anderen Farbe gestrichen hätten. Als man sie durch das Haus führte und sie auf die vielen Veränderungen hinwies, sagte einer der Anwesenden, ob sie wisse, wo die »Jajarie Khann« sei. Dieses Wort wird nur in dieser Gegend gebraucht, es wäre einem Hindumädchen aus Delhi also unbekannt gewesen. Doch Shanti ging zielstrebig die Treppe nach unten und zeigte auf die Toilette.

Am Nachmittag nahm ein Mitglied des Komitees Shanti der Menge wegen auf die Schultern, denn ihre Aufgabe war es nun, ein anderes Haus zu finden, in welchem sie mit ihrem früheren Gatten gewohnt hatte. Ihren Anweisungen folgend wurde sie vor ein Gebäude getragen, von dem sie sagte: »Das ist mein Haus.« Sie führte das Komitee in das Haus, und die Männer gelangten zuerst auf den Innenhof. Dort erschrak sie, als sie den Brunnen nicht mehr dort vorfand, an dem sie sich immer gewaschen hatte. Sie deutete auf eine Stelle und sagte, dass hier der Brunnen gewesen sei. Man hob daraufhin eine Steinplatte aus dem Boden und entdeckte darunter eben jenen Brunnen. Weiterhin geleitete sie das Komitee durch das Haus und bezeichnete die Räume. Und im Schlafzimmer angekommen, deutete sie auf den Fußboden und sagte: »An dieser Stelle habe ich mein Geld versteckt. Wenn ihr hier unter dem Boden nachforscht, werdet ihr eine Kassette mit 150 Rupien finden.« Man öffnete in Anwesenheit von Herrn Chobey, ihrem früheren Mann, die Dielen und fand tatsächlich jene beschriebene Kassette. Doch es befand sich kein Geld darin, worüber Shanti sehr erstaunt war; sie sagte, jemand müsse es von dort entwendet haben. Herr Chobey erklärte ihr nun, dass er es gewesen sei, der nach ihrem Tod die 150 Rupien aus dieser Kassette entnommen hatte.

Danach führte Shanti das Komitee zum Jumna-Fluss, um ihnen zu zeigen, wo sie immer gebadet hatte. Plötzlich zeigte sie auf ein Haus und sagte: »In diesem Haus wohnten meine Eltern.« Sie rannte zu diesem Haus hinüber, und das Komitee musste sich beeilen, um nicht zurückzubleiben. In jenem Haus befanden sich fünfundvierzig Leute, doch Shanti erkannte unter ihnen sofort ihre frühere Mutter und setzte sich auf deren Schoß. Diese alte Frau fragte nun das Mädchen, ob es ihr etwas sagen könne, was sie beide nur von früher

her wüssten. Und Shanti erinnerte sie daran, dass die Mutter ihr auf dem Sterbebett versprechen musste, dem Gott Krishna Blumen und Süßigkeiten für sie zu überbringen. Auf die Frage, ob sie dieses Versprechen eingehalten hatte, musste die Mutter jedoch zugeben, es vergessen zu haben. Daraufhin sagte Shanti Devi mit Bedauern: »Warum haben alle ihre Versprechen nicht eingehalten? Warum belügt man die Sterbenden immer?«

Die alte Frau war nach den vielen berichteten gemeinsamen Erlebnissen aus der früheren Zeit davon überzeugt, dass dieses Mädchen ihre frühere Tochter Lugdi war, und umarmte sie immer inniger, und jene begann, ganz fürchterlich zu weinen. Shanti begrüßte auch ihren früheren Vater, der vor Rührung ebenfalls zu weinen begonnen hatte. Schließlich blieb auch bei allen Anwesenden kein Auge mehr trocken. Shantis jetzige Eltern hatten ihre Tochter ebenfalls nach Mathura begleitet und wohnten nun dieser bewegenden Szene bei. Doch Frau Bahadur stand entsetzliche Qualen aus, denn sie glaubte, sich nun sicher zu sein, dass ihre Tochter nicht mehr nach Delhi zurückkehren wolle. Sie hatte ihre frühere Mutter wiedergefunden, und sie umarmten sich, als ob sie sich nie wieder voneinander trennen wollten. Frau Bahadur wandte sich verzweifelt an ihren Mann und sagte: »Sie wollen uns unsere Tochter stehlen. Und ein jeder nimmt an dieser Verschwörung teil.« Doch Shantis frühere Mutter, die die Ängste und Verzweiflung von Frau Bahadur wahrnahm, sagte: »Lassen wir Shanti entscheiden. Sie allein hat das Recht zu sagen, bei welcher Familie sie bleiben möchte.« Und Herr Bahadur, der seine Tochter innerlich schon losgelassen hatte, versuchte, seine Frau zu trösten, indem er sagte: »Es ist Schicksal, meine Liebe, es ist Karma. Wir alle unterliegen diesem Gesetz.«

Alle, die in dem Raum versammelt waren, schauten gespannt auf Shanti, wie sie sich nun entscheiden würde. Diese hatte sich inzwischen wieder gesammelt und ihre Tränen abgewischt. Sie löste sich aus der Umarmung ihrer ersten Mutter und sagte nun im Flüsterton zu dieser und zu ihrem früheren Vater: »Vergebt mir, Mutter Jagti und Vater Chaturbhuj.« Und dann nahm sie die Hand ihrer jetzigen Mutter, und beide gingen durch die Tür nach draußen.

Inzwischen hatten sich diese Ereignisse schnellstens herumgesprochen. Ein jeder, der davon vernommen hatte, wollte dieses Mädchen wenigstens gesehen haben. So kostete es einige Mühen, wieder zum Bahnhof zurückzugelangen.

Stellen Sie, liebe Leserin und lieber Leser, sich einmal vor, Sie hätten von solch einem Ereignis in unmittelbarer Nähe gehört. Wie hätten Sie sich verhalten? Oder wären Sie zu Hause geblieben und hätten sich gesagt: »Bestimmt sind Reporter zur Stelle. Die werden schon herausfinden, was an der Sache dran ist. Ich werde davon dann sicherlich morgen in der Zeitung lesen.« Und je nachdem, wie der Reporter über solch einen Fall berichtet, hätten Sie sich von jenem Ereignis ein Urteil gebildet. Aber stellen Sie sich nur einmal vor, jener Reporter hätte einen Vorgesetzten, der die Reinkarnation und alles, was damit zusammenhängt, von vornherein als Unsinn abstempelt, wie wäre dann wohl dieser Bericht in der Zeitung ausgefallen? Welche Meinung hätten Sie sich dann bilden können? Wäre es eine objektive gewesen? Oft können Reporter die Begebenheiten leider nicht so wiedergeben, wie sie sie wahrgenommen oder erlebt haben. Auch sie unterstehen den Richtlinien ihrer Zeitungsoberen. Diese bestimmen, was man der Leserwelt vorzusetzen hat oder als Wahrheit weitervermitteln kann. Wenn ein Reporter sich nicht an jene Richtlinien hält, wird er zuerst ermahnt und bei wiederholter Überschreitung seiner Grenzen dann entlassen. Ich kenne einige Journalisten, die von der Reinkarnation vollkommen überzeugt sind, jedoch mit ihrer Überzeugung hinterm Berg halten und schon gar nicht darüber zu schreiben wagen.

Möchten Sie, verehrte Leserin und verehrter Leser, noch mehr über Shanti Devi lesen? Ich gehe einmal davon aus.

Fünf Jahre später machte sich ein wissbegieriger Wissenschaftler daran, den Fall Shanti Devi, die inzwischen zu einer indischen Berühmtheit geworden war, nochmals genauer zu überprüfen. Dieser Dr. Bose suchte den früheren Ehemann von Shanti auf, um herauszufinden, was er mit jenem Mädchen alles besprochen hatte, als er sich bei seinem ersten Besuch mit ihr in ein Nebenzimmer zurückgezogen hatte. Nachdem Dr. Bose ihm versichert hatte, dass er nicht aus Neugier von jenem Gespräch erfahren wolle, sondern dass es ihn als Wissenschaftler interessiere, war Herr Chobey einverstanden. Er sagte ihm, dass er bisher noch mit niemandem sonst über sein Gespräch mit Shanti gesprochen habe, so dass Herr Bose der Erste sei, dem er nun darüber berichten wolle. Und er erzählte, dass er Shanti gebeten hatte, ihm etwas über Dinge zu berichten, die nur sie und er wissen konnten, woraufhin sie meinte, dass seine jetzige Frau zuerst den Raum verlassen solle. Doch ihr früherer Mann versicherte ihr, dass sie auch in ihrer Gegenwart frei sprechen könne. Sie entgegnete dann: »Frage mich, was du wissen willst, und ich werde dir alles ausführlich beantworten.« Er erinnerte sie daran, wie sie einen Unfall gehabt hatte, der ihr damals sehr große Schmerzen bereitet hatte. Shanti konnte ihm nun in allen Einzelheiten jenen Vorgang schildern und ihm auch genau jene Stelle am Körper zeigen, wo sie sich damals bei dem Fall verletzt hatte. Diese genauen Beschreibungen hätten ihn, wie er meinte, vollkommen von der Richtigkeit ihrer Behauptungen überzeugt.

Dr. Bose suchte nun die etwas älter gewordene Shanti selbst auf. Er wollte aus ihrem Munde nochmals den Unfall geschildert bekommen. Sie konnte sich noch genauestens daran erinnern, wie sie im Übrigen auch sonst alles aus ihrem früheren Leben noch in bester Erinnerung hatte. Und dann fragte Dr. Bose sie: »Kannst du dich auch noch daran erinnern, wie du gestorben bist und was du danach erlebt hast?«

Hier zögere ich, ob ich Ihnen dieses Gespräch wiedergeben soll, denn für viele von Ihnen sind jene Wahrheiten, die sich auf ein Leben nach dem Tod beziehen, noch sehr ungewohnt. Aber ich versichere Ihnen, dass ich selbst solcherlei Berichte bei Hunderten von Leuten, die ich in ihre jeweiligen früheren Leben zurückgeführt habe und die auch die Erlebnisse nach ihrem damaligen physischen Tod wiedererlebt haben, gehört habe; an ihrer Gültigkeit habe ich in den meisten Fällen keine Zweifel.

Shanti Devi schilderte nun Dr. Bose ihre Erlebnisse beim und nach ihrem Tod. Sie habe sich kurz vor ihrem Ableben in einer Dunkelheit befunden. Doch dort entdeckte sie über sich ein schimmerndes Licht. In einem Zustand, den sie nur als dampfartig bezeichnen könne, sei sie auf dieses Licht zugeschwebt. Ihren irdischen Köper habe sie nicht mehr auf dem Bett wahrgenommen, da sie sich auch nicht nach ihm umgedreht habe. Sie habe auch keinerlei Schmerzen mehr gefühlt. Doch plötzlich stand sie in einem hellen Licht. Sie sah, wie sich ihr vier jugendliche Gestalten in gelben Gewändern näherten und sie in einen wunderschönen Garten führten, wie sie auf Erden nie einen gesehen hatte. »Er war«, wie sie sagte, »schöner, als ich es mit Worten beschreiben könnte. Die Wesen dort erschienen mir wie Heilige. Es waren Männer und Frauen.« Ihr wurde vieles erzählt, so dass es zum Beispiel dort, wo sie jetzt war, keine Dunkelheit, also auch keine Nacht gebe, sondern immer nur Licht. Alle Menschen seien als Seele gleich, so dass es eigentlich keine Unterschiede gebe, ob einer nun Hindu, Moslem oder Christ sei. Nachdem sie lange Zeit in jener jenseitigen Welt verbracht hatte, sagte man ihr, dass sie wieder auf die Erde zurückzukehren habe, da sie in Delhi als ein Mädchen wiedergeboren werden würde. Auch wurde ihr schon der Name des Vaters genannt, dessen Tochter sie sein würde. Sie erlebte den Abstieg als einen Weg zurück in die Dunkelheit hinein, und als der skeptische Dr. Bose die Dreizehnjährige nun fragte, wie sie dies empfunden haben könnte ohne ihre fünf körperlichen Sinne, antwortete sie, dass sie nicht in der Lage sei, ihm die Dinge, die sie erlebt habe, zu erklären. Aber auch ohne den physischen Körper sei sie in der Lage gewesen, sogar durch Mauern hindurchzusehen, also Dinge wahrzunehmen, die mit den physischen Augen in dieser Art nicht wahrzunehmen wären. In ähnlicher Weise verhielte es sich mit den anderen Sinnen.

Erst durch die Forschungen der Ärztepioniere Elisabeth Kübler-Ross und Raymond Moody haben wir in den siebziger Jahren über jene Erfahrungen gehört, die Menschen im klinisch toten Zustand erleben, also in jenem Zustand, in dem bei ihnen kein Herzschlag mehr gefühlt und auch keine Gehirnwellenaktivitäten mehr gemessen werden konnten. Sie stimmen im Wesentlichen mit denen von Shanti Devi überein, die jene bereits vierzig Jahre zuvor mitteilte. Übrigens ist Shanti Devi 1988 verstorben. Gemäß ihrem Gelübde, das sie als Lugdi ihrem Mann gegeben hatte, heiratete sie nicht wieder. Sie war davon überzeugt, dass sie mit dieser Inkarnation als Shanti Devi ihre irdischen Reinkarnationen abgeschlossen habe und also nicht mehr auf die Erde zurückkehren müsse.[7]

Professor Stevenson bezeichnet diesen Fall als einen »klassischen« für die Beweisführung eines Reinkarnationsnachweises. Denn die Aussagen, die Shanti Devi vor ihrem Besuch in Mathura gemacht hatte, sind dokumentiert und von Zeugen bestätigt worden. Danach erst wurden die Einzelheiten vor Ort bestätigt. Auch war es dem Mädchen nicht möglich gewesen, etwas über den früheren Ehemann oder über dessen Wohnort zu erfahren. Ebenso war ihr Vater vormals nicht in Mathura gewesen. Hier muss also von einem sehr überzeugenden Fall gesprochen werden, der für die Reinkarnation spricht.

Sicherlich hätte der amerikanische Professor sich gewünscht, dass der Fall Shanti Devi in seine Forschungszeit hineingefallen wäre, denn er hätte ihn bestimmt mit all seinen wissenschaftlichen Mitteln bis in jedes Detail erforscht. Aber ihm war es gegeben, über 2500 Fälle zu recherchieren und über siebzig von ihnen ausführlich zu beschreiben. Darin behaupten vornehmlich Kinder, früher schon einmal gelebt zu haben. Er hat in seinem Leben wohl Hunderttausende von Kilometern zurückgelegt, um die vielen Fälle, die ihn an Reinkarnation denken ließen, zu überprüfen.

In Brasilien fand er einen Fall vor, in welchem die sterbende Person einer anderen sagte, dass sie als deren Kind wiedergeboren werden wolle. Und tatsächlich, so geschah es auch. Für mich hat es den Anschein, dass jene Wünsche, die wir in Bezug auf ein irdisches Weiterleben in einer zukünftigen Zeit äußern, in vielen Fällen wahr werden können. Bei Hunderten von Personen, die ich in ihre früheren Leben zurückversetzte, habe ich sie gerade jene letzten Augenblicke vor dem Tod wiedererleben lassen. Hier setzen die Sterbenden in Gedanken oder auch verbal oft Programmierungen, die in einem nächsten Erdenleben in Erfüllung gehen.

»Ich wünsche, als deine Tochter wiedergeboren zu werden.«

Brasilien · Marta

Maria Januaria de Oliviero war die Tochter eines reichen adligen Gutsbesitzers im Süden Brasiliens. Sie wurde von Freunden Sinha (ausgesprochen Sinja) genannt und hatte eine in einfacheren Verhältnissen lebende Freundin namens Ida, die Ehefrau von Herrn Lorenz, einem deutschstämmigen Schullehrer dieser Gegend. Ihrer beider Wohnorte waren etwa zwanzig Kilometer voneinander entfernt. Mit achtundzwanzig erkrankte Sinha im Jahre 1918 an Tuberkulose, eine damals noch nahezu unheilbare Krankheit. Auf dem Totenlager versprach sie ihrer Freundin Ida, dass sie als ihre Tochter wiedergeboren zu werden wünsche, und fügte hinzu: »Wenn ich als deine Tochter wiedergeboren bin, werde ich dir über das Geheimnis der Wiedergeburt berichten. Ich werde dir dann viele Dinge aus meinem jetzigen Leben erzählen, damit du alles als wahr erkennen wirst.«[8]

Zehn Monate später gebar Ida Lorenz eine gesunde Tochter, welcher der Name Marta gegeben wurde. Als sie noch sehr klein war und nur wenige Worte sprechen konnte, kam der Gutsbesitzer Herr de Oliviero in Begleitung eines Mannes bei der Familie Lorenz auf einen kurzen Besuch vorbei. Obwohl der andere Herr sich dem kleinen Kind sogleich in freundlicher Weise zuwandte, ging dieses auf Herrn de Oliviero zu, umarmte ihn, streichelte ihn liebevoll am Bart und nannte ihn »Papa«. Als das Kind etwa zweieinhalb Jahre alt war, bat Marta ihre ältere Schwester Lola, sie zu tragen. Auf deren Ablehnung hin sagte die Kleine: »Als ich groß war und du klein warst, habe ich dich auch oft getragen.« »Wann warst du groß?«, fragte die Schwester zurück. »Damals wohnte ich nicht hier. Ich lebte weit weg von hier, wo es Kühe, Ochsen, Apfelsinen und Ziegen gab, die aber keine Ziegen waren.« (Sie meinte Schafe, wusste aber deren Namen nicht.) Als Lola den Eltern von diesen Äußerungen ihrer kleinen Schwester erzählte, waren sie überrascht, trafen diese Aussagen doch genau auf Sinhas Anwesen zu. Sie hatten ihren Kindern nichts von Sinhas damaliger Absicht erzählt, als Tochter ihrer jetzigen Eltern wiedergeboren zu werden. Vater Lorenz forschte nun selbst bei seiner jüngsten Tochter nach und sagte, dass er nie dort gewohnt habe, wo es Ziegen gab, »die aber keine waren«, woraufhin die Kleine entgegnete: »Ja, damals hatte ich auch andere Eltern.« Und eine der anderen Schwestern fragte im Scherz, ob sie denn damals auch ein schwarzes Dienstmädchen gehabt hätte, wie sie jetzt selbst eines hätten. Marta erzählte nun, dass sie früher einen schwarzen Diener, eine schwarze Köchin und einen schwarzen Jungen gehabt hätten. Dieser sei eines Tages von ihrem Vater geschlagen worden, da er vergessen hätte, Wasser zu holen.

Doch ihr Vater fiel ihr ins Wort und sagte: »Aber ich habe niemanden geschlagen.«

»Aber es war doch mein anderer Vater, der ihn geschlagen hat«, entfuhr es der Kleinen. »Der schwarze Junge flehte mich damals an: ›Sinhazinha, hilf mir!‹ Ich bat meinen Vater daraufhin, ihn nicht zu schlagen. Er ließ ihn los, und der Junge lief davon, um Wasser zu holen.«

Der Vater forschte weiter: »Holte er das Wasser aus einem Bach?« »Nein, nein«, erklärte das Mädchen, »einen Bach gab es nicht, aber eine Quelle.« Der Vater, der das Anwesen der de Olivieros kannte, wusste, dass diese Angaben richtig waren. Und er wollte von ihr weiterhin wissen, wer denn diese Sinha oder Sinhazinha (ausgesprochen Sinjazinja, eine Koseform des ersten Namens, der weiße Katze heißt) gewesen sei. »Das war ich selbst. Aber ich hatte noch einen anderen Namen. Ich hieß Maria. Und ich hatte noch einen Namen. Doch den habe ich vergessen.«

Verehrte Leserin, verehrter Leser, Sie sehen, dass es sich bei Marta nicht um bloßes Gedankenlesen handeln kann, denn Herr Lorenz kannte zwar den vollen Namen von Maria, wusste aber nichts von den Schlägen, die Herr de Oliviero jenem Dienstboten erteilt hatte, eine Tatsache, die später von dem Vater Marias bestätigt wurde. Hier handelt es sich also um einen wirklichen Fall der Rückerinnerung.

Herr Lorenz begann nun, alle Aussagen und Hinweise, die das frühere Leben von Marta betrafen, aufzuzeichnen, so dass er mit der Zeit 120 solcher Erklärungen in seiner Kurzschrift notiert hatte. Leider hatte sie später jemand aus seiner Familie, der nichts mit diesen Aufzeichnungen anzufangen wusste, weggeworfen. Wären diese Aufzeichnungen erhalten geblieben, dann handelte es sich bei dieser Rückerinnerung eines Kindes an ein früheres Leben um einen der wohl bestdokumentiertesten Fälle. Herr Lorenz hat jedoch später aus dem Gedächtnis nochmals Aufzeichnungen angefertigt. Vieles von dem, was Marta erzählte, war der Familie Lorenz unbekannt, da sie die Verhältnisse und Begebenheiten von Sinhas Zuhause bei ihren dortigen Besuchen nicht so genau kennengelernt hatte.

Einmal fragte Frau Lorenz ihre jüngste Tochter, wie sie sie als Sinha empfangen hatte, wenn sie zu ihr zu Besuch kam. Und Marta antwortete, dass sie ihr zur Freude das Grammophon angestellt habe. Dies wusste nur Frau Lorenz, da sie zu niemand anderem aus der Familie darüber gesprochen hatte. Als einmal Besuch aus ihrer früheren Familie kam, erkannte das Mädchen jene Dame sofort und nannte sie beim Namen. Als man dieser Frau gegenüber erklärte, dass Marta ihre frühere Tante Maria gewesen sei, fragte sie nun ihrerseits die Kleine: »Wenn du wirklich Sinha warst, dann sage doch, wie wir verwandtschaftlich miteinander verbunden waren.« Und Marta erklärte richtig, dass sie ihre Cousine, aber auch gleichzeitig ihr Patenkind war.

Marta drängte ihre Eltern, sie doch auf das Anwesen ihres »Vaters« zu bringen, und als sie zwölf Jahre alt war, war es dann endlich so weit. Erst bei dieser Gelegenheit erfuhr Herr de Oliviero, dass die jüngste Tochter des Ehepaares Lorenz seine wiedergeborene Tochter Maria war. Vollends wurde er von dieser Tatsache überzeugt, als Marta durch das Haus ging, die Veränderungen darin kommentierte und schließlich vor einer hängenden Wanduhr stehen blieb und sagte: »Dies war früher meine Uhr. Auf der Rückseite ist in goldenen Lettern mein Name eingraviert.« Man hängte nun diese Uhr von der Wand ab und fand tatsächlich zum allgemeinen Erstaunen auf der Rückseite in Goldbuchstaben den Namen »Maria Januaria de Oliviero«.

Ab ihrem siebten Lebensjahr begannen die Erinnerungen Martas an ihr früheres Leben als Maria jedoch zu versiegen. Als Professor Stevenson die inzwischen verheiratete Marta 1962 in Porto Allegre aufsuchte, hatte sie anscheinend schon vieles aus ihrem früheren Leben vergessen, konnte ihm aber immerhin noch genau die Einzelheiten der letzten Monate in Marias Leben schildern. Insbesondere konnte sie ihm über den Krankheitsverlauf verschiedene Begebenheiten genauestens schildern, was ihn als Arzt besonders interessiert haben mag.

Als Marta eine Frau geworden war, fiel jenen älteren Leuten, die Maria noch gekannt hatten, auf, wie sehr die beiden einander glichen. Auch waren beider Handschriften nahezu identisch. Maria war an Tuberkulose gestorben und hatte unter starken Halsschmerzen gelitten. Diese schien Marta »geerbt« zu haben, denn oft waren ihr ihre Kehlkopfschmerzen unerträglich, so dass sie schon als Mädchen häufig mit rauer Stimme sprach, oder sie versagte komplett.

Als Stevenson sie 1972 wieder aufsuchte, um für seine Recherchen weiteres Material zu sammeln, war er erstaunt, wie viele Einzelheiten im Nachhinein doch noch aus dem Unterbewusstsein hochzukommen schienen. So habe sich damals Marias Lehrer, in den sie verliebt war und den sie heiraten wollte, das Leben genommen, nachdem ihr Vater, von seinem Standesdünkel geleitet, ihm erklärt hatte, dass eine Heirat auf keinen Fall infrage käme. Als junges Mädchen wusste Marta schon, dass sie diesen geliebten Lehrer namens Florzinho einmal als ihr Kind wieder zur Welt bringen würde, und tatsächlich gebar sie zwei Söhne, die jedoch schon bald nach ihrer Geburt verstarben. Sie ist überzeugt davon, dass sie zweimal hintereinander Florzinho zur Welt gebracht hat, denn beide Male hatten diese Babys an ihren Köpfen genau jene Geburtsmale, die ihr früherer Geliebter an der gleichen Stelle gehabt hatte.

Mit den Geburtsmalen und vor allem den angeborenen Missbildungen werden wir uns noch eingehender beschäftigen, denn diese gehören selbstverständlich zu den überzeugendsten Beweisen für die Reinkarnation. Doch wir wollen uns jetzt einem Fall zuwenden, in welchem ebenfalls jemand einer Frau ankündigt, bei ihr wiedergeboren zu werden; er sagt ihr weiterhin, dass sie ihn an seinen Narben wiedererkennen werde. Dieser Fall wurde ebenfalls von Professor Stevenson untersucht. Der Ort, an dem dieses Ereignis stattfand, ist das südöstliche Alaska.

»Ich komme als dein nächster Sohn zurück.«

Alaska · Corliss

Auf diesen Fall des Indianerjungen Corliss komme ich in meinen Vorträgen über die Reinkarnation gern zu sprechen, zeigt er doch viele interessante Aspekte. Dieser Junge gehörte zum Stamm der Tlingit-Indianer, von denen heute noch etwa siebentausend in ihren ursprünglichen Gebieten im Südosten Alaskas leben. Der Glaube an die Reinkarnation – oder ich sollte besser sagen: das Wissen um die Reinkarnation – ist dort weit verbreitet, ähnlich wie bei vielen der Indianer- und Eskimostämme.

Victor Vincent war ein Tlingit-Fischer. In den letzten Jahren vor seinem Tod besuchte er immer häufiger seine Nichte, Frau Corliss Chotkin sen., die Tochter seiner Schwester Gertrud. Er schien seine Nichte besonders gern zu haben, vor allem aber mochte er deren jüngste Tochter, von welcher er glaubte, dass sie die Wiedergeburt seiner Schwester Gertrud sei. Mit anderen Worten, jene Tochter war ihre eigene Großmutter, die Schwester von Vincent.

Etwa ein Jahr vor seinem Tod sagte er zu seiner Nichte: »Ich komme als dein nächster Sohn zurück. Ich hoffe, dass ich dann nicht mehr so sehr stottere wie jetzt. Dein Sohn wird diese Narben haben.« Und er zog sein Hemd hoch und zeigte auf eine Narbe auf seinem Rücken, die infolge einer vor Jahren erfolgten Operation zurückgeblieben war. Auch waren um diese Narbe herum die Einstiche der Operationsnadeln noch deutlich zu erkennen. Dann deutete Vincent auf eine andere Operationsnarbe, die er an seiner Nase hatte, und sagte, dass diese ebenfalls ein Erkennungsmal in seinem nächsten Leben als ihr Sohn sein würde. Er erklärte seiner Nichte auch, warum er gerade bei ihr wiedergeboren werden wolle: »Ich weiß, dass ich bei dir ein gutes Zuhause haben werde. Du wirst nicht losgehen und dich betrinken.« Leider gab es eine ganze Reihe von Alkoholikern in seiner Verwandtschaft, und der Alkohol lag wie ein Fluch auf ihr.

Achtzehn Monate nach seinem Tod gebar Frau Chotkin sen. einen Jungen, dem der Name seines Vaters gegeben wurde und der dementsprechend Corliss Chotkin jun. hieß. Für seine Eltern stand fest, dass in dem Sohn Onkel Victor wiedergeboren worden war, waren doch an der Nase und auf dem Rücken genau die von ihm damals bezeichneten Narben zu erkennen.

Als er dreizehn Monate alt war, versuchte die Mutter ihrem Sohn beizubringen, seinen Namen Corliss auszusprechen. Doch auf einmal deutete er auf sich und sagte:»Ich Kahkody.« Das war der Stammesname von Victor gewesen. Und da er einen immer, wenn man ihn mit Corliss anredete, verbesserte und Kahkody genannt werde wollte, blieb man schließlich bei diesem Namen. Als eine Tante die Mutter besuchte und diese ihr mitteilte, dass ihr Sohn die Wiedergeburt von Vincent sei, entgegnete jene:»Ich habe es gewusst. Denn nach seinem Tod ist Victor in meinem Traum erschienen und hat gesagt, dass er jetzt in deinen Körper gehe, um als dein Sohn wiedergeboren zu werden.« Die Mutter hatte vergebens selbst auf solch einen Traum gewartet, kam es doch bei ihnen oft vor, dass die zu reinkarnierende Seele sich vorher im Traum ankündigt.

Als Corliss zwei Jahre alt war, reiste die Mutter mit ihm in die benachbarte Hafenstadt, wo sie einer jungen Frau begegneten. Und bevor irgendein Wort gesagt worden war, nannte der Kleine erfreut den Namen dieser Person, ja er hüpfte geradezu vor Freude herum und nannte auch noch den Tlingitnamen dieser Frau. Denn diese war in seinem früheren Leben seine Stieftochter gewesen. Wenig später erspähte der Junge einen Mann unter den Straßenpassanten, zeigte auf ihn und sagte zu seiner Mutter:»Dort ist William, mein Sohn.«

Ein Jahr später hatte Frau Chotkin ihren Sohn zu einem großen Tlingit-Treffen mitgenommen. Unter den vielen Anwesenden erblickte er eine ältere Frau und rief:»Das ist die alte Dame, das ist Rose.« Bei dieser Person handelte es sich um seine frühere Frau, die er damals als Victor immer gern als ›alte Dame‹ bezeichnet hatte. Auch noch in seinen nächsten Jahren erkannte Corliss Verwandte oder Freunde von Victor wieder und nannte sie oft nicht nur bei deren Vornamen, sondern auch bei ihren Stammesnamen.

Corliss erzählte einmal von einem Ereignis, das er als Victor erlebt hatte. Er war mit seinem Fischerboot eines Tages weit in eine der offenen, breiten und langgestreckten Buchten hinausgefahren, als sein Motor streikte. Hilflos trieb er auf den Wellen. Als er ein Schiff sah, zog er den bei sich geführten Anzug der Heilsarmee an, da er dachte, dass man einem winkenden Indianer auf seinem Boot keinerlei Beachtung geschenkt hätte. Tatsächlich näherte sich ihm das Schiff und nahm sein Boot in Schlepptau. Onkel Victor hatte einmal vor langer Zeit diese Geschichte im Beisein von Frau Chotkin erwähnt, aber sie war sicher, dass niemand sie Corliss erzählt haben könnte. Ein andermal sagte er zu seiner Mutter. »Wenn die ›alte Dame‹ und ich dich früher besucht haben, dann haben wir immer in diesem Raum geschlafen.« Dabei deutete er auf einen Raum, der jetzt für ganz andere Zwecke vorgesehen war. Auch diese Aussage war zutreffend.

Viele solcher Wiedererinnerungen tauchten plötzlich in ihm auf. Doch mit etwa neun Jahren ließen seine Erinnerungen an sein früheres Leben nach, und als Stevenson ihn interviewte, war Corliss bereits fünfzehn und meinte, er könne sich an nichts mehr aus seinem früheren Leben erinnern. Allzu oft ist es ihm, dem emsigen Forscher, leider missglückt, noch Kinder anzutreffen, die sich genauestens an ihre früheren Leben zurückerinnern konnten. So hat er sich in vielen Fällen auf die Aussagen verlassen müssen, die die Familie oder andere im Nachhinein machten. Denn Kinder, die sich an frühere Leben zurückerinnern können, beginnen meist schon ab zwei Jahren darüber zu sprechen. Doch ab dem sechsten Lebensjahr werden die Äußerungen oft spärlicher und könnten mit neun Jahren schon ganz aufgehört haben.

Aber noch sind wir mit dem Bericht über diesen Indianerjungen nicht fertig. Frau Chotkin kämmte ihrem Sohn immer das Haar nach hinten, doch Corliss strich oder kämmte es immer wieder nach vorn, und zwar in der gleichen Weise, wie es sein verstorbener Urgroßonkel getan hatte; er stotterte sogar wie dieser. Sein Wunsch aus dem vergangenen Leben, nicht mehr stottern zu müssen, erfüllte sich jedoch, als man ihn mit zehn Jahren eine Sprachtherapie machen ließ, und als Stevenson mit ihm sprach, stotterte er nicht mehr. Victor war ein sehr religiöser Mensch gewesen und hatte sich deshalb auch der Heilsarmee angeschlossen. Dieselbe Gesinnungsausrichtung machte sich auch bei Corliss bemerkbar, als er eifrig in der Bibel las und schließlich aus freien Stücken eine Bibelschule aufsuchte. Victor war ferner ein begeisterter Fischer gewesen; er hätte, wie er einmal sagte, sein ganzes Leben auf dem Wasser verbringen können. Auch war er sehr geschickt darin, alles zu reparieren, besonders die Motoren der Boote. Das gleiche Geschick zeigte auch Corliss. Ohne dass man ihm diese Dinge beibringen musste, begann er, die verschiedensten Gerätschaften zu reparieren, vor allem die Motoren von Booten. Von seinem Vater konnte er all dies nicht vererbt bekommen haben, denn dieser bewies in dieser Hinsicht überhaupt kein Geschick. Zu guter Letzt war Corliss wie Victor Linkshänder.

Wenn wir uns jetzt diese letzten Aussagen näher betrachten, dann könnten wir zu der Feststellung kommen, dass wir unsere Talente wie auch viele Eigenheiten und Körpermerkmale eher aus unseren eigenen früheren Leben mitbringen, als dass wir sie von unseren Eltern vererbt bekommen hätten. Überlegen Sie, verehrte Leserin und verehrter Leser, einmal, welche Eigenschaften Sie ganz eindeutig von Ihren Eltern genetisch vererbt bekommen haben und welche ganz anderen Eigenschaften Ihnen mit der Geburt zuteilgeworden sind. Eventuell sind das nämlich solche, die Sie in einem früheren Leben schon gehabt hatten und die Sie jetzt in dieses Leben wieder mit hineingebracht haben.

Übrigens bleibt noch zu erwähnen, dass Stevenson sich die bei der Geburt sichtbaren Muttermale betrachtete. Dasjenige an der Nasenwurzel – bei Victor die Folge einer kleinen Operation, der er sich 1938 unterzog, bei welcher der rechte Tränensack entfernt wurde – war noch gut zu erkennen. Auch jenes größere Mal auf dem Rücken, untypisch für allgemeine Geburtsnarben, war etwa zwei Zentimeter lang. Es war pigmentiert und sogar leicht erhöht und dehnte sich etwa fünf Millimeter in der Breite aus. »Entlang seinen Rändern«, wie Stevenson beschreibt,[9] »konnte man noch leicht einige kleine runde Male außerhalb der Hauptnarbe erkennen. Vier davon waren auf der einen Seite aufgereiht wie Nadelwunden bei chirurgischen Operationen.« Stevenson ließ sich auch aus jenem Krankenhaus, in welchem 1940 die Operation am Rücken von Victor Vincent vollzogen worden war, einen zusammenfassenden Bericht zuschicken. Die Narbe, die Corliss auf seinem Rücken trug, entsprach genau jener Operationsnarbe, die bei Victor von seinem chirurgischen Eingriff zurückgeblieben war. Dies allein ist schon ein deutlicher Beweis für die Reinkarnation.

Was meinen Sie, die Sie jetzt darüber gelesen haben? Doch der große Forscher Stevenson kann noch mit anderen Beweisen aufwarten, über die ich in diesem Buch noch ausführlich sprechen werde. Doch zunächst wollen wir uns einem Fall zuwenden, den eine seiner Schülerinnen und Mitforscherinnen in Indien mit seinen Methoden untersucht hat.

»Ich bin als Mädchen im Brunnen ertrunken.«

Indien · Manju

Manju Sharma wurde 1969 als Tochter einer ärmeren Brahmanenfamilie in einem Dorf namens Pasauli im Staat Uttar Pradesh geboren. Als sie etwa zwei Jahre alt war, begann sie zu erzählen, dass sie eigentlich aus Chaumula (einem etwa fünf bis sechs Kilometer entfernten Nachbardorf) stamme. Sie nannte die Namen des Vaters und des Bruders aus ihrem früheren Leben und fügte hinzu, dass Ersterer einen Laden hatte. Sie berichtete Einzelheiten über jenen Tag, an welchem sie starb. Nachdem sie als Neunjährige aus der Schule gekommen sei, begab sie sich zu einem Brunnen, um daraus Wasser hochzuziehen, da sie die mitgebrachte Götterstatue waschen wollte. Aber sie verlor das Gleichgewicht, fiel in den Brunnen und ertrank. Obwohl sie genaue Angaben über ihr früheres Zuhause gemacht hatte, gingen ihre Eltern der Sache nicht nach, da sie dachten, ihre Tochter könne sich alles auch nur ausgedacht haben. Vielleicht hegten die Eltern aber unterschwellig den Verdacht, dass sie doch recht haben könnte mit ihren Behauptungen. Sie fürchteten womöglich, dass die Tochter Sehnsucht nach ihrer früheren Familie haben und zu ihr zurückkehren könnte.

Wenige Monate später kam ein Mann auf seinem Fahrrad in ihr Dorf, um dort Geschäfte abzuwickeln. Als er gerade im Begriff war, sich wieder auf sein Rad zu schwingen, kam die kleine Manju auf ihn zugelaufen, hielt sein Fahrrad fest und sagte: »Du bist mein Onkel!« Jener entgegnete: »Ich kenne dich aber nicht. Wessen Tochter bist du denn?« Worauf Manju erwiderte: »Du kennst mich nicht. Aber ich kenne dich. Du bist der Bruder meines Vaters. Mein Vater heißt Ladali Saran.« Der Mann war verblüfft, denn dieser Name war tatsächlich der Name seines Bruders. Da er annahm, sie sei eines der Kinder seines Bruders, an das er sich jedoch augenblicklich nicht erinnern konnte, fragte er sie nun, wie sie in dieses Dorf komme.

Daraufhin erklärte ihm die Zweijährige, dass sie in den Brunnen gefallen sei, als sie die Statue waschen wollte. Jetzt erst mag es bei Babu Ram, so hieß dieser Mann, zu dämmern begonnen haben, dass sie von einem früheren Leben sprach, denn tatsächlich war vor Jahren eine Tochter seines Bruders im Brunnen ertrunken. Als Manju ihn aufforderte, sie mit nach Hause zu nehmen, versprach er ihr, sie ein andermal hinbringen zu wollen.

Wieder nach Chaumula zurückgekehrt, berichtete er der Familie seines Bruders über das in Pasauli Erlebte. Als Erstes machte sich die Mutter der ertrunkenen Tochter Krishna auf, um sich zu überzeugen, ob es sich bei diesem Mädchen wirklich um ihr so unglücklich verlorenes Kind handelte. Als sie zu ihrer Familie zurückkehrte, versicherte sie, dass es wirklich ihr Kind sei. Als Nächstes machte sich der Bruder von Krishna auf, um sich von der Wahrhaftigkeit der Aussagen zu überzeugen. Auch er kehrte als Überzeugter zurück. Nun wollte auch der Vater herausfinden, ob es sich bei diesem Mädchen wirklich um seine verstorbene Tochter handelte. Manju jedoch erkannte auch ihn, wie sie alle erkannt hatte, die gekommen waren, und nannte ihn beim richtigen Namen. Sie begann beim Anblick ihres Vaters sogar zu weinen. Dieser stellte ihr viele Fragen über das Leben seiner verstorbenen Tochter, die sie alle richtig beantworten konnte. Krishnas Eltern baten nun die Eltern von Manju, deren Tochter auf einen Besuch mit nach Chaumula nehmen zu dürfen. Jene erlaubten es, jedoch nur unter der Bedingung, dass ihr Bruder sie begleiten könne. In ihrem früheren Elternhaus angekommen, erkannte Manju viele Gegenstände wieder, besonders jene, die ihr gehört hatten.

Als die Parapsychologin Frau Dr. Pasricha 1977 die inzwischen Achtjährige aufsuchte, erzählte sie ihr, dass sie immer noch hin und wieder ihre früheren Eltern in deren Dorf aufsuche. Die Forscherin konnte sich davon überzeugen, dass niemand aus beiden Familien vorher von der Existenz der anderen gewusst hatte und folglich der kleinen Manju auch nicht bewusst oder unterbewusst etwas an Informationen zufließen lassen konnte. Von den dreiundzwanzig gesammelten Angaben konnte die Forscherin neunzehn verifizieren, während sich die übrigen nicht mehr ermitteln ließen.

1988 heiratete Manju, blieb aber weiterhin in Kontakt mit ihrer Familie aus dem früheren Leben. Zu jener Zeit hatte sie die unmittelbaren Eindrücke an Einzelheiten aus ihrem früheren Leben vergessen bis auf jene, die mit ihrem damaligen tragischen Tod zusammenhingen.

Auf einen Umstand möchte ich noch hinweisen, da er sehr interessant ist. Manju hatte sich immer geweigert, zum Brunnen zu gehen. Wie wir aus der Reinkarnationstherapie wissen, bewirken die Dinge, Situationen oder Personen, die mit einer Todesursache in einem früheren Leben zusammenhängen, eine scheinbar unerklärliche Aversion im heutigen Leben. Das Unterbewusstsein möchte den Betreffenden davor warnen, abermals in eine ähnliche Situation zu geraten, um nicht nochmals einer gleichen Gefahr ausgesetzt zu werden. Überlegen Sie doch einmal, verehrte Leserin und verehrter Leser, wogegen Sie selbst Aversionen haben. Je stärker diese sind, desto heftiger muss der Grund dafür gewesen sein, der sich Ihrem Unterbewusstsein eingeprägt hat.[10]

Nachdem Dr. Pasricha akribisch viele Reinkarnationsfälle bei Kindern recherchiert hatte, wollte sie feststellen, wie viele Inder sich an frühere Leben erinnern konnten – beziehungsweise wie viele sich als Kind an solche erinnert hatten. Sie bildete einen ganzen Mitarbeiterstab für diese Untersuchung aus. In den Jahren 1978 und 1979 begann dieses Helferteam, in neun Dörfern in der Provinz von Agra 8611 Personen zu befragen, ob sie sich in ihrer Kindheit an frühere Leben erinnern konnten und ob sie sich damals darüber anderen gegenüber geäußert hatten. Neunzehn Personen behaupteten, sich als Kind an ein früheres Leben erinnert zu haben. Nun wurden auch Verwandte und Bekannte dieser Personen befragt, ob sie sich daran erinnerten, dass jene Personen als Kind Aussagen über ein früheres Leben gemacht hatten, und bei allen neunzehn Fällen konnten die Behauptungen bestätigt werden. Rechnet man diese Untersuchungen hoch, so könnte es sein, dass sich jeder vierhundertdreiundfünfzigste Inder in seiner Kindheit an ein früheres Leben zurückerinnern konnte und sich darüber auch geäußert hat. »Jedoch«, so fügt die Wissenschaftlerin hinzu, »sollte man solche

Zahlen mit Vorsicht betrachten und sie nicht generalisieren, da diese Untersuchung sich nur auf ein kleines Gebiet erstreckt.«[11]

Wir, die wir uns für die Verbreitung von ewigen Wahrheiten engagieren, müssen dankbar sein, dass es in unserer Zeit solche eifrigen Wissenschaftler gibt wie Stevenson, Pasricha, Banerjee, Haraldsson und viele andere, die mit wissenschaftlichen Methoden der Reinkarnation auf den Grund gehen, um herauszufinden, ob es denn wirklich so etwas gibt wie wiederholte Erdenleben.

Doch wenden wir uns jetzt einem anderen Forscher zu, der ursprünglich mit Dr. Stevenson zusammenarbeitete, dann aber seine eigenen Forschungsprojekte auf dem Gebiet der Reinkarnation startete, schließlich einen Lehrstuhl an der Universität von Kalifornien annahm und dort auch das *Journal of Parapsychology* herausgab.

Der Junge, der im Schlaf nach seiner früheren Tochter schrie

Türkei · Ismail

Der Inder Professor Dr. H. N. Banerjee – neben Professor Stevenson und Professor Haraldsson in der zweiten Hälfte des zwanzigsten Jahrhunderts der wohl bekannteste Forscher auf dem Gebiet der Reinkarnation – ist in den Vereinigten Staaten durch den Fall Joe Wilke bekannt geworden. Ein dreijähriges Mädchen aus Iowa – in einer streng katholischen Familie aufgewachsen, die jegliche Gespräche über Reinkarnation ablehnte –, behauptete plötzlich, früher Joe Wilke geheißen zu haben. Seine Frau heiße Sheila. Beide seien am 20. Juli 1975 in Brookfield, Illinois, auf einem Motorrad tödlich verunglückt. Professor Banerjee hörte von den Aussagen dieses Mädchens, ließ sich von ihm nochmals alle Details schildern und schrieb dann an einen in Chicago wohnenden Arzt namens Dr. Adrian Finkelstein und bat ihn, vor Ort zu recherchieren, was an den Behauptungen dieses Mädchens dran sein könne. Dieser schrieb zurück, dass nach einem Polizeibericht am 20. Juli 1975 um 5.33 Uhr ein Joseph Wilke aus Brookfield zusammen mit seiner Frau auf seinem Honda-Motorrad bei einem Unfall ums Leben gekommen war. Hier könnte der Skeptiker noch einwenden, jemand habe Dr. Banerjee einen Streich spielen wollen, indem er einem dreijährigen Kind von einem ihm selbst bekannten Unfall erzählte und ihm auftrug, diese Geschichte dem Forscher gegenüber als seine eigene aus einem früheren Leben auszugeben. Aber ein erfahrener Forscher wie Professor Banerjee würde sich nicht von einem kleinen Mädchen täuschen lassen. Ich möchte nun noch von einem anderen Fall berichten, dem dieser Professor nachgegangen ist und der mir noch beweiskräftiger erscheint.

In Adana, an der Südostküste der Türkei gelegen, lebte die Familie von Mehmet Altinklish. Eines Tages sagte sein etwa zweijähriger Sohn zu ihm: »Ich will hier nicht mehr wohnen. Ich möchte zu meinem Haus und meinen Kindern zurück.« Und der Vater entgegnete: »Was hast du gerade gesagt, Ismail?« »Nenne mich nicht Ismail, ich heiße Abeit«, erwiderte das Kind. Der Vater wollte nun wissen, wie er darauf komme, so etwas zu behaupten. Und der Sohn erklärte ihm, dass er eigentlich Abeit Suzulmus heiße und eine Großgärtnerei betrieben habe. Aber dann seien drei Männer gekommen und hätten ihn getötet.

Der Vater konnte sich daran erinnern, dass einige Monate vor der Geburt seines Sohnes der Großgärtner Abeit Suzulmus, etwas über einen Kilometer vom Haus des Herrn Altinkish entfernt wohnend, von drei Männern in seinem Haus mit Eisenstangen erschlagen worden war. Die Zeitungen hatten darüber berichtet. Alles geschah am 31. Januar 1956. Herr Suzulmus hatte drei Männern, die sich um eine Anstellung in einer seiner Gärtnereien beworben hatten, angeheuert. Sie lockten ihn in den Stall und erschlugen ihn. Danach drangen sie in das Haus ein und töteten dort seine zweite Frau und ihre zwei Kinder. Die drei Mörder wurden gefasst; zwei von ihnen wurden nach einem aufsehenerregenden Prozess gehängt, während der dritte im Gefängnis verstarb.

Ismail beharrte weiterhin darauf, Abeit zu sein, und bat seinen Vater wiederholt, ihn zu seinem früheren Haus zu bringen. Öfter rief er zudem im Traum »Gulsarin! Gulsarin!« und weinte. Die Eltern wussten, dass jene im Traum genannte Person, wie ihnen ihr Sohn erklärt hatte, seine frühere Tochter war. Aber erst, als Ismail drei Jahre alt war, gestattete es ihm sein Vater, zu jenem Haus des ermordeten Gärtners hingeführt zu werden. Elf Leute begleiteten ihn damals, und Ismail bestand darauf, dass man ihm das Haus, das aufgesucht werden sollte, nicht zeigen sollte, denn er behauptete, den Weg dahin zu kennen. Obwohl die ihn Begleitenden oftmals eine andere Richtung einschlagen wollen, ging er unbeirrt seinen Weg. Niemals war der Junge vorher diesen Weg gegangen. Als man ins Haus hineingegangen war, hatten sich etwa dreißig Personen darin eingefunden, denn man wollte ihn testen, ob er auch wirklich noch seine früheren Familienmitglieder erkennen würde. Er ging sofort auf eine Frau zu, nannte sie beim Namen und sagte, dass diese seine erste Frau sei. Dann erblickte er seine frühere Tochter, nach welcher er so sehnsuchtsvoll im Traum geschrieen hatte, und nannte sie wie auch seine zweite Tochter und seinen Sohn beim Namen, die beide ebenfalls zugegen waren. Schließlich sagte er:»Und nun will ich euch zeigen, wo ich ermordet worden bin.« Er führte sie zu jenem Stall, in dem das furchtbare Verbrechen stattgefunden hatte. Dort bezeichnete er auch jene Dinge, die sich in der Zwischenzeit verändert hatten. All diese Begebenheiten ereigneten sich in einem moslemischen Land, in welchem die islamische Staatsreligion in keiner Weise den Glauben an die Reinkarnation lehrt. Allerdings gibt es dort kleinere Sekten wie die Aleviten und auch die Sufis, die an die Reinkarnation glauben.

Eine Zeitung schrieb dennoch über dieses Ereignis und wusste auch noch über folgende Begebenheit zu berichten. Der kleine Ismail habe einen Eisverkäufer wiedererkannt und ihn beim Namen genannt. Dann fragte der Junge:»Kennst du mich noch?« Nachdem der Angesprochene verneint hatte, sagte Ismail:»Ich bin Abeit. Früher hast du keine Eiscreme, sondern Wassermelonen und Gemüse verkauft.« Der Verkäufer bejahte diese Aussage. Und der Junge erzählte ihm weiterhin, dass er ihm einstmals die Vorhaut beschnitten hatte. Nun war auch der Eisverkäufer vollkommen davon überzeugt, dass dieser kleine Junge der frühere Gärtnereibesitzer war. Einmal begegnete ihm ein Mann, und der Junge sagte zu diesem, dass er ihm früher Geld geliehen habe und dass er dieses der Familie Suzulmus immer noch schulde. Dieser Mann gab zu, dass dem wirklich so sei. Ein andermal sah er einen Mann, der eine Kuh an der Leine führte. Ismail sprach diesen Mann an und fragte ihn, ob das nicht »die Gelbe« sei, die dem Herrn Suzulmus gehört habe, was jener bestätigte.

Professor Banerjee ist davon überzeugt, dass es sich bei dieser ganzen Geschichte nicht um Betrug handelt, denn beiden Familien lag überhaupt nichts daran, durch solch einen Fall bekannt zu werden, zumal er ihnen auch noch Konflikte mit den religiösen Führern bescheren könnte. Als Banerjee diesen Fall recherchierte und die Familien interviewte, fand er, dass man sogar möglichst alle

Dinge geheim halten wollte. Außerdem mieden beide Familien einander, denn die Familie des Ermordeten warf der Familie von Ismail vor, sie ins Gerede gebracht zu haben. Wie wir sehen, geschehen solcherlei Vorkommnisse, dass sich Kinder an frühere Leben erinnern, nicht nur in solchen Ländern, wo der Glaube an die Reinkarnation zu Hause ist, sondern auch in solchen, wo ein solcher Glaube sogar verpönt ist.[12]

Doch wenden wir unseren Blick nun nach Sri Lanka, wo der Glaube an die Reinkarnation ein wichtiger Bestandteil der Staatsreligion ist. Ich möchte Ihnen nun den dritten berühmten Professor vorstellen, der sich für seine Forschungen auf dem Gebiet der Parapsychologie und der Reinkarnation einen großen Namen gemacht hat. Es ist Professor Elendur Haraldsson, der 1992 auf dem Kongress *Gibt es ein Leben nach dem Tod?* in Düsseldorf von der Kongressleitung übrigens gebeten worden war, meiner Gruppenrückführung vor etwa vierhundert Leuten als Gutachter beizuwohnen.

Das Mädchen, das die Zeichnung aus einem früheren Leben vollendete

Sri Lanka · Dilukshi

Als Dilukshi zwei Jahre alt war, weckte sie den Ärger ihrer Eltern, indem sie jene immer Tante und Onkel und nicht Mutter und Vater nannte; sie betonte sogar immer wieder, dass man sie nach Hause zu ihren wirklichen Eltern in Dambulla bringen möge. Die Eltern schimpften sie aus und taten alles als Unsinn ab, die Kleine erwiderte jedoch schlagfertig: »Meine richtigen Eltern haben mich nie ausgeschimpft, vielmehr haben sie mich ›Liebling‹ und ›liebes süßes Töchterlein‹ genannt.« Sie erklärte ihren Eltern auch noch, dass sie in dem Fluss bei ihrem Dorf ertrunken sei. Schließlich wandten sie sich um Rat an die Mönche des benachbarten Klosters. Diese fanden den Fall derart interessant, dass sie dem Journalisten Herrn Abeypala davon erzählten, der für die Zeitschrift *Weekend* einen Bericht über die Aussagen dieses Mädchens schrieb.

Ein Reisbauer aus Dambulla las diesen Bericht, und er erinnerte ihn an seine Tochter Shiromi, die im September 1983, ein Jahr vor Dilukshis Geburt, im benachbarten Fluss ertrunken war. Er und seine Frau schrieben nun an die Zeitung, berichteten über die traurigen Ereignisse und erklärten sich bereit, diesem Mädchen gegenübergestellt zu werden. Ich kann mir gut vorstellen, wie sich jener Journalist gefreut haben mag, diesen Fall als Reporter seiner Zeitung zu recherchieren, war er als Journalist doch eher daran gewöhnt, über Dinge zu berichten, die schon passiert waren, statt über jene, die sich erst ereignen sollten.

Er verabredete sich mit den Eltern von Dilukshi, und mit ihnen und ihrer Tochter fuhr er in die Nähe des rund hundert Kilometer entfernt liegenden Ortes, wo sie die letzten Kilometer zu Fuß an Reisfeldern entlang zurücklegen mussten. Und nun überlassen wir das Wort dem Journalisten:»Dies war eine eigenartige Geschichte – wiedergeboren zu werden und seine Eltern aus dem vorausgegangenen Leben wieder aufzusuchen. So etwas geschieht selbst in Sri Lanka nur selten. Doch war ich zugegen, als das Mädchen seine Eltern wiedererkannte. Nicht nur sie, auch den Bruder, die Schwester, ihre Tante, ihre Großmutter. Ich habe alles mit eigenen Augen gesehen. Für mich war das Beweis genug.« Man holte nun das Spielzeug und die Kleider der Verstorbenen herbei, und sie erkannte alles wieder: ihre Kleidungsstücke, die Trinkflasche für die Schule, die Schiefertafel, die Schreibstifte, ihre Sonnenbrille und andere Dinge mehr. Als man ihr ein Heft gab, in dem sich ihre Zeichnungen von früher befanden, entdeckte sie eine davon und sagte, dass sie diese nicht mehr beenden konnte. Sie setzte sich sogleich hin und malte sie zu Ende.

Dr. Haraldsson, der erst später von dieser Begebenheit hörte und sich dieser nun annehmen wollte, meinte, dass dieser Fall als Beweis in vielem mangelhaft sei. Denn man hätte der Kleinen mehrere Dinge von einem bestimmten Objekt zeigen und sie dann erst auffordern sollen, unter den vorgezeigten Dingen die ihren aus einem früheren Leben zu bezeichnen. Somit hatte man eine gute Chance verpasst. Und trotzdem gab es noch genug an vorliegendem Material, das für die Echtheit dieses Falles sprach. Denn als man die Kleine zum Fluss führte, bezeichnete sie exakt, wo sie ertrunken war. Sie nahm einen Stein in die Hand, und voller Entrüstung warf sie diesen in jene Stelle, wo sie den Tod gefunden hatte.

Als Professor Haraldsson den englischen Publizisten Jeffrey Iverson einige Jahre später an diese Stelle des Flusses führte, sagte er, dass es interessant sei, dass Dilukshi, bevor sie hierhergeführt worden war, gesagt habe, dass die Stelle, an der sie ertrunken war, sich direkt bei einer Hängebrücke befand. Als man sie aber zu diesem Ort führte, war diese bereits abgebaut worden. Die Aussagen stimmten jedoch. Dilukshi habe auch, bevor man sie hierhergeführt hatte, gesagt, dass man von einem kleinen Felsen aus das Dach ihres Elternhauses sehen könnte. Und Herr Iverson stellte sich auf jenen Fels und konnte tatsächlich das Dach jenes Hauses sehen. Anlässlich eines Films, den Herr Iverson über Reinkarnation erstellte, hatte man Dilukshi und ihre Eltern eingeladen. Das Mädchen fühlte sich bei ihrer früheren Familie vollkommen zu Hause und hatte kleine Geschenke für ihre früheren Eltern mitgebracht. Und Jeffrey Iverson meinte, dass er Zeuge einer Familienzusammenkunft gewesen sei, bei der Freude und Leid eng beisammenlagen. Freude sicherlich auf der Seite der Familie des Reisbauern, dass sie die Verstorbene erneut lebend wusste, jedoch Schmerz darüber, dass sie ja nicht mehr bei ihnen weilte, da sie jetzt einer anderen Familie zugehörte.

Professor Haraldsson erklärte dem englischen Journalisten gegenüber, dass es siebzehn bewiesene Tatsachen in diesem Falle gebe, dass sich aber dreizehn noch nicht beweisen ließen. Zum Beispiel hatte Dilukshi von einem Gemüseladen gesprochen, der nun nicht mehr aufzufinden war. Sie hatte auch erwähnt, dass der Inhaber ein ganz dünner junger Mann gewesen sei, jedoch hatte man bisher noch niemanden finden können, auf den diese Beschreibung passte. Haraldsson zeigte dem Filmteam auch die Stelle am Fluss, die das Mädchen ihnen gezeigt hatte, und in diesem Augenblick kam ein junger dünner Mann aus seiner Hütte, und der Professor fragte ihn, ob er hier früher Gemüse verkauft habe. Dies bestätigte der junge Mann. Auf Shiromi angesprochen, sagte er, dass er sich noch gut an sie erinnern könne, sei sie doch häufig in seinen Laden gekommen. Auf den »dünnen jungen Mann« hingewiesen, erklärte er, dass man ihn früher immer als den »dünnen Bruder« bezeichnete hätte.[13]

Ich schätze, verehrte Leserin und verehrter Leser, dass Sie ob der Fülle der Beweise bereits nachdenklich geworden sind und sich gut vorstellen können, dass wir viele Erdenleben haben. Ich bin jedoch fest davon überzeugt, dass Sie, wenn Sie bis zu den letzten Beweisführungen, die in diesem Buch zusammengestellt sind, durchhalten, die Reinkarnation als Tatsache nicht mehr zurückzuweisen vermögen. Wenden wir den Blick nun noch einmal nach den Vereinigten Staaten.

Streit der Zwillinge im Bauch der Mutter

USA · Robert

In seinem sehr interessanten Buch *Life Before Life* [14] schildert der Autor Dr. med. Jim Tucker folgenden Fall: In dem amerikanischen Staat North Carolina lebte ein Junge namens Robert Hodges, den man Bobby nannte. Er sagte zu seinen Eltern, dass er zu seinen wirklichen Eltern Susan und Ron gehöre; Ron ist der Bruder seines Vaters. Bobbys Eltern dachten, dass er lieber zu der Familie seines Onkels gehören wolle, hatten diese doch vier Kinder, während er nur einen zwei Jahre jüngeren Bruder namens Donald hatte, und mit diesem befand er sich öfters in heftigem Streit. Als er viereinhalb Jahre alt war, fragte er den jüngeren Bruder, warum er, als sie zu zweit im Bauch von Susan gewesen waren, nicht geboren werden wollte und ihn selbst daran hinderte, bei ihr geboren zu werden. Donald, der Zweieinhalbjährige, antwortete: »Ich wollte zu Papa.« Da schrie Bobby zurück: »Und ich wollte zu Onkel Ron!« Zu diesem Zeitpunkt hatten beide nicht gewusst, dass Susan wirklich Zwillinge als Fehlgeburten zur Welt gebracht hatte, wobei man feststellte, dass die Nabelschnur des einen sich um den Hals des anderen gewunden hatte. Niemand hatte nach diesem tragischen Ereignis in der Familie mehr darüber gesprochen, so dass Bobby und Donald nichts davon aufgeschnappt haben konnten.

An seinem vierten Geburtstag sagte Robert zu seiner Mutter, die mit ihm eine schwere Geburt mit Kaiserschnitt durchmachen musste, dass er unbedingt aus dem Bauch herauskommen wollte, weshalb er mit den Füßen getreten habe. Aber Hände hatten ihn immer wieder zurückgeschoben, was ihn richtig wütend werden ließ. Bei der Geburt hatte, wie die Mediziner der Mutter damals berichteten, sein Kopf in der oberen Bauchhälfte gelegen, weshalb man versucht hatte, ihn umzudrehen; Bobby hatte das so empfunden, als wolle man ihn weiterhin im Bauch gefangen halten.

Bobby sprach auch über andere frühere Leben. In dem einen starb er durch eine Kugel, in dem anderen als Teenager bei einem Autounfall. Und dann fügte er zum Erstaunen der Mutter hinzu: »Mutter, in der anderen Welt wird man nicht krank. Dort wartete ich, bis ich wiedergeboren werden wollte.« Ein anderes Mal vertraute er ihr an, dass er beabsichtigte, bei Tante Susan wiedergeboren zu werden, doch in ihrem Bauch befand sich schon ein Mädchen. Deshalb sei er zu ihr gekommen. Bobby konnte sich auch an die Hochzeit seiner Eltern erinnern, denn als seine Mutter ihm ein Hochzeitsfoto zeigte, sagte er, dass er dabei gewesen war, und er konnte im Einzelnen beschreiben, was sie dort gegessen hatte.

Ist es nicht erstaunlich, was manche Kinder vor ihrer Geburt, sei es in früheren Leben, im Jenseits oder im Bauch der Mutter, schon alles erlebt haben, was sie auch oft genauestens wiedergeben können? Und wie Dr. Tucker, der die von Professor Ian Stevenson gesammelten Fallberichte auswertete, konstatiert, berichten zehn Prozent der sich an frühere Leben zurückerinnernden Kinder über ihr Leben in der jenseitigen Welt. Er rät den Eltern, den Aussagen der Kinder mehr Beachtung zu schenken.

Ein Junge entlarvt den Namen
seines früheren Mörders

Titu · Indien

Im Dezember 1983 wurde in einem Dorf in der Nähe von Agra ein Junge mit dem Namen Titu Singh geboren. Mit vier Jahren begann er zu behaupten, dass er Suresh Verma heiße, dass seine Frau Uma mit seinen zwei Kindern in Agra wohne und dass sie dort ein Radiogeschäft hätten. Er bat seine jetzigen Eltern, die er als solche ablehnte, ihn nach Hause zurückzubringen. Er erzählte auch, dass er von zwei Männern ermordet worden sei. Er konnte sich genau erinnern, was passiert war: Er sei eines Tages mit seinem Auto nach Hause gekommen und habe gehupt, damit seine Frau das Tor öffnete. Dann kamen plötzlich zwei Männer auf ihn zugerannt und schossen auf ihn. Eine Kugel habe ihn am Kopf getroffen. Er nannte auch die Namen der beiden Männer. Derjenige, der ihn mit der Pistole erschossen hatte, sei der Geschäftsmann Sedick Johaadien gewesen. Die ganze Familie Singh war ungehalten über dieses penetrante Verhalten ihres Sohnes, der immer wieder behauptete, Suresh zu heißen, und nach Agra gebracht werden wollte.

Titus älterer Bruder erkundigte sich bei einem Aufenthalt in Agra danach, ob es wirklich ein Geschäft mit dem von seinem jüngeren Bruder bezeichneten Namen gab – und entdeckte tatsächlich ein Radiogeschäft mit dem Namen *Suresh Radioshop*. Er ging in diesen Laden und erkundigte sich nach einem Suresh Verma. Man teilte ihm mit, dass der Ladenbesitzer vor einigen Jahren verstorben sei. Von Uma Verma, der Witwe, erfuhr er dann, dass ihr Mann, als er eines Tages mit dem Auto zurückkehrte, vor dem Haus erschossen worden war. Sie konnte ihm allerdings nicht sagen, von wem, da dieser Mord bislang unaufgeklärt geblieben war. Titus Bruder offenbarte nun dieser Frau, dass sein kleiner Bruder behauptete, ihr verstorbener Mann zu sein, und er berichtete ihr, was Titu ihnen zu Hause alles erzählt hatte.

Die Witwe von Suresh wollte diesen Jungen nun selbst aufsuchen. Sie erzählte die Begebenheiten in ihrer Familie, und nun entschlossen sich auch die Eltern von Suresh und seine drei Brüder mitzukommen. Als Titu seine Eltern und seine Frau sah, lief er erfreut auf sie zu und umarmte sie. Anschließend schlug er mit der flachen Hand auf einen Hocker, wie es Suresh als Kind immer getan hatte, um seiner Freude Ausdruck zu geben. Man beschloss nun, Titu mit der Erlaubnis seiner jetzigen Eltern mit nach Agra zu nehmen, um vor Ort seine Erinnerungen an sein früheres Leben zu überprüfen. Dort angekommen wollten die Brüder, dass er ihnen den Weg zu jenem Radiogeschäft zeigen solle. Sie versuchten mehrmals, ihn vom Weg abzubringen, doch der Vierjährige ließ sich nicht beirren. Selbst als sie kurz vor dem Radiogeschäft den Fahrer baten, schneller zu fahren, schrie der Junge plötzlich: »Stopp, hier ist mein Laden!« Die Familie von Suresh war nun vollkommen davon überzeugt, dass es sich um den ermordeten Suresh handeln musste.

Als Professor Chatdah von der Universität in Delhi von diesem Vorfall hörte, interessierte er sich gleich für diesen Fall. Er begab sich zu Uma, der Witwe von Suresh, und fragte sie, was sie denn am meisten davon überzeugt habe, dass es sich bei diesem Jungen um die Wiedergeburt ihres verstorbenen Mannes handele. Sie beschrieb ihm nun eine Begebenheit, an die sich Titu ganz genau erinnern konnte, eine Begebenheit, von der nur ihr Mann und sie etwas gewusst hatten. Denn Titu erinnerte sie bei einem Picknick daran, dass er ihr damals bei einem ähnlichen Ausflug eine große Tüte mit Bonbons geschenkt hatte.

Professor Chatdah hatte wohl seinem Kollegen Professor Stevenson über diesen Fall berichtet, denn dieser sandte nun von der Universität in Virginia eine seiner Mitarbeiterinnen, Antonia Mills, nach Agra, um mit Professor Chatdah vor Ort zu recherchieren. Sie wollten vornehmlich feststellen, ob nicht irgendein Betrug vorliegen könne, ob also Titu im Vorfeld etwas über jenen Mordfall gehört haben könnte. Aber all ihre Recherchen bestätigten, dass es sich hierbei um einen authentischen Fall von Reinkarnation handelte. Natürlich untersuchten sie auch den Kopf von Titu, um festzustellen, ob von dem damaligen Einschuss noch irgendwelche Narben mit in dieses Leben hineingebracht worden waren. Und tatsächlich! Sie entdeckten auf der rechten Seite, an welcher bei Suresh die tödliche Kugel eingedrungen war, eine Delle, die genau einer Einschusswunde entsprach. Auf der anderen Seite des Kopfes, wo jene Kugel wieder herausgekommen war, entdecken sie dagegen ein sternförmiges Mal – ähnlich wie die Wunde, die eine aus dem Körper wieder austretende Kugel reißt. Titu hatte zudem ja den Namen seines Mörders genannt. Als die Polizei von Agra diesen daraufhin zur Rede stellte, gestand er den damaligen Mord.[15]

Bleibt Ihnen, liebe Leserin und lieber Leser, nicht »die Spucke weg«, wenn Sie von diesem Fall lesen? Ich glaube, ich habe Ihnen erst einmal genügend Beispiele vorgelegt von Kindern, die sich an ihre früheren Leben erinnern konnten. Ich könnte Ihnen noch Dutzende von ähnlich interessanten und beweiskräftigen Fällen liefern, und in meinem Buch *Reinkarnation aktuell. Kinder erinnern ihre Wiedergeburt* beschreibe ich weitere Kindererinnerungen an ihr früheres Leben[16], um Ihnen, verehrte Leser, noch mehr Beweise für die Reinkarnation zu geben. Doch wenden wir uns nun jenen Fällen zu, in welchen sich Erwachsene an ihre früheren Leben erinnern konnten.

II.

Erwachsene erinnern sich an ihre früheren Leben

Das Déjà-vu-Erlebnis in der Kathedrale von Salisbury

England

Verehrte Leser, ist es Ihnen vielleicht auch schon einmal so ergangen, dass Sie an einen Ort kamen und Ihnen alles derart bekannt vorkam, so dass Sie vielleicht gemeint haben: Hier bin ich schon einmal gewesen? Und trotzdem wissen Sie ganz genau, dass Sie im jetzigen Leben noch nie an diesem Ort gewesen sind und auch keinen Film über diesen Ort gesehen haben. Vielen Tausend Menschen ist es so ergangen. Andere treffen zum ersten Mal einen bestimmten Menschen, und sie möchten beschwören, dass sie ihn schon von irgendwoher kennen. Wieder andere erleben eine Situation, und sie sind überzeugt davon, dass sie das, was gerade geschieht, schon einmal in allen Einzelheiten erlebt haben. In der Wissenschaft spricht man bei solchen Erfahrungen von Déjà-vu-Erlebnissen. *Déja-vu* kommt aus dem Französischen und bedeutet »schon gesehen«.

Es sind die verschiedensten Erklärungen für diese Art von Wiedererleben gegeben worden. Es mag sein, dass eine Kryptomnesie vorliegt – das heißt, wir erinnern uns an etwas, das wir einmal wussten, aber vergessen hatten; eine solche Rückerinnerung wird ausgelöst durch eine ähnliche, gleiche oder identische Person, einen Ort, eine

Situation oder gar durch ein Gefühl. Oft werden solche Déjà-vu-Erlebnisse auch mit Telepathie in Zusammenhang gebracht, so dass man die Gedanken oder das Unterbewusstsein eines anderen Lebenden oder Toten beziehungsweise eines Erdgebundenen anzapft und dessen Erinnerungen plötzlich als die eigenen erlebt. Es mag aber auch sein, dass etwas, von dem man geträumt hatte, ohne sich anschließend daran erinnern zu können, sich plötzlich als Realität zeigt und diesen Déjà-vu-Effekt bewirkt. Wissenschaftler denken bei solchen Erlebnissen, wenn überhaupt, nur selten an mögliche Wiedererinnerungen an frühere Leben.

Kommen Sie zum Beispiel zum ersten Mal in einen Ihnen noch fremden Ferienort und Ihnen erscheint alles sehr vertraut, ohne je einen Filmbericht über diesen Ort gesehen zu haben, so mag es sein, dass Sie in einem vergangenen Leben schon einmal dort gewesen sind. Genauso erging es dem Dirigenten Bruno Walter, als er zum ersten Mal nach Wien kam. Ihm war die ganze Innenstadt vollkommen vertraut, und er wusste, dass er, wenn er an eine bestimmte Straßenecke käme und nach rechts oder links schaute, dann die und die Gebäude entdecken würde; er kannte sogar deren Baustil. Dieses Erlebnis hatte er sicher seinem Freund und Lehrer Gustav Mahler erzählt, der ein Anhänger der Reinkarnation war, und er wird das Erlebnis eventuell als eine Art Wiedererinnerung an ein früheres Leben eingeordnet haben. Dieses Erlebnis und die Erklärungen seines Mentors mögen ihn dazu gebracht haben, sich später eingehend mit der Anthroposophie Rudolf Steiners auseinanderzusetzen.

Aus meiner Sicht muss in solch einem Fall nicht die Rückerinnerung an ein früheres Leben vorliegen. Wir Menschen haben die Eigenschaft, sehr neugierig zu sein. Wenn wir uns in der Nacht oder in den Nächten vor der Abreise in ein neues Ferienland schlafen legen, gehen wir mit unserem feinstofflichen Astralkörper gern aus dem irdischen Körper heraus und besuchen jenes Ferienziel. Es mag also auch bei Bruno Walter so gewesen ein, dass er im Schlaf Wien schon ein oder gar mehrere Besuche abstattete, so dass er sich später an viele Einzelheiten erinnern konnte. Haben Sie, verehrte Leserin und verehrter Leser, einmal ein solches Erlebnis, dann versuchen

Sie doch einmal herauszufinden, ob zum Beispiel das Ferienhotel genau so aussieht, wie Sie es in Erinnerung haben. Sind die Blumenrabatten, die Bäume vor dem Haus, die Farbe und das Aussehen der Fassade des Hotels identisch? Sollte alles bis ins Detail so sein, wie Sie es in Erinnerung haben, dann dürfte es sich in den meisten Fällen um ein Erinnern an ein Astralerlebnis handeln. Wenn Sie jedoch feststellen sollten, dass das ein oder andere etwas anders aussieht, dass zum Beispiel die Blumenrabatten gar nicht vorhanden oder anders bepflanzt sind, dann kann es sich um einen Ähnlichkeitseffekt handeln – Sie erinnern sich dann an einen Ort, der sehr ähnlich aussah. Es kann sich aber auch um eine Erinnerung an ein früheres Leben handeln wie bei unserem nächsten Beispiel.

Herr Richard ist Bankier in London. Schon immer hatte er sich für die Architektur des christlichen Mittelalters interessiert, aber er hatte nie darüber nachgedacht, woher sein starkes Interesse daran herrühren könnte. Eines Tages wollte er mit seiner Frau mal wieder nach Stonehenge fahren, doch es regnete in Strömen. Sie beschlossen deshalb, in das benachbarte Salisbury zu fahren, um sich einstweilen die dortige Kathedrale anzusehen, bis der Regen nachlassen würde.

Als sie dort angekommen waren und die Kathedrale betreten hatten, hatte Herr Richard immer mehr das Gefühl, schon einmal hier gewesen zu sein, denn alles kam ihm so bekannt, ja vertraut vor. Doch als er zur Decke hinaufschaute, war dieser Effekt des Vertrautseins sofort wieder verschwunden. Sobald er sich aber wieder die Wände anschaute, war er wieder da. Und dann geschah es auf einmal, dass er sich in einer Vision als Arbeiter in einer einfachen Kleidung sah, der Steine schleppte und sie mit einem Seil hochhievte. Er konnte sehen, dass die im Bau befindliche Kathedrale noch kein Dach hatte, und er nahm seine Kollegen genauestens wahr. Dann sah er sich plötzlich in einem Haus. Er wusste, dass er verheiratet war, sah seine Frau und seine Kinder. Sie alle lebten in Salisbury. Kurzum, er erlebte alles in diesen paar Minuten, als ob es sich um die Gegenwart handelte. Und dann war plötzlich alles wieder vorbei.

Er versuchte, seiner Frau, die wieder zu ihm gestoßen war, zu berichten, was gerade geschehen war. Es war, als ob er gerade einen Film gesehen hätte, in welchem er die Hauptrolle spielte, aber es war mehr als ein Film, denn er hatte auch alles mitempfunden, das Hochheben der schweren Steine, die Liebe zu seiner Familie.

An diesem Beispiel sehen wir, dass es sich um eine Rückerinnerung an ein früheres Leben handeln musste, denn Herr Richard hatte die Kathedrale in einer Phase ihrer Entstehung gesehen. Die Bilder und Eindrücke, die er wiedererlebte, waren zudem derart, dass sie der heutigen Zeit nicht zuzuordnen sind, und sein Déjà-vu-Erlebnis bezog sich daher wirklich auf ein früheres Leben. Hätte er in dieser Kathedrale jedoch ein Déjà-vu-Erlebnis über eine Begebenheit zu einer Zeit gehabt, als das Gebäude im Wesentlichen genauso aussah wie heute, dann wäre die Gewissheit, eine Wiedererinnerung an ein früheres Leben gehabt zu haben, nicht gegeben gewesen. Er hätte sich dann genau daran erinnern müssen, in welcher Kleidung ihm die anderen Personen erschienen waren oder welche Unterschiede zu heute eindeutig festzustellen waren.[17] Solche Déjà-vu-Erlebnisse geschehen oft ganz spontan, sie sind häufig an Orte, Personen, Situationen oder Gegenstände gebunden, können aber auch unabhängig davon – vor allem in Meditationen und entspannten Situationen – auftreten.

Der nächste Bericht ist dem aufsehenerregenden Buch *Kehren die Opfer des Holocaust wieder?* von Yonassan Gershom entnommen. Eine ganze Reihe von Klienten kommt in meine Rückführungstherapie, und ihre Leiden wie Asthma, Alpträume oder Dickleibigkeit stellen sich als Nachwirkungen erlebter Traumata im Holocaustgeschehen heraus. Rabbi Yonassan Gershom gibt in seinem Buch vor allem jene Erlebnisse wieder, in denen heutige Juden und Nichtjuden über ein früheres Leben im Holocaust berichten.

Er erstand erneut die Uhr aus einem früheren Leben

Kanada

Herr Whittier wuchs in einem kanadischen Dorf mit 1600 Einwohnern auf. Dort gibt es keine Juden, wie er auch sein ganzes Leben lang, von zwei flüchtigen Begegnungen und dem Treffen mit Rabbi Gershom abgesehen, keinerlei Begegnungen mit Juden hatte. Auch besaß er keine jüdischen Vorfahren. Vielmehr wurde er ganz im christlichen Glauben erzogen, und zwar sehr streng. Er trat später der Sekte der Pfingstgemeinde bei und erlernte bei ihnen, gemäß der Pfingstbotschaft im Neuen Testament mit fremder Zunge zu reden. Jene Sektenmitglieder sind davon überzeugt, dass derjenige, der plötzlich in einer fremdem Sprache spricht – meist sind es alte Sprachen wie Aramäisch oder Hebräisch –, in solch einem Moment vom Heiligen Geist besetzt wird, der bewirkt, dass solche Phänomene geschehen dürfen. Man sagte ihm, dass jene Sprache, die der Heilige Geist durch ihn spreche, jiddisch sei. Er hatte diese Sprache allerdings nie irgendwo gehört, noch wusste er sie geographisch einzuordnen. Herr Whittier hatte zudem einen Widerwillen gegen Schweinefleisch, und als er einmal in einem Secondhand-Kleiderladen den Wühltisch durchsuchte, entdeckte er zwei kleine runde Kopfbedeckungen, die er sich kaufte und öfter im Haus aufsetzte, denn er fühlte sich darunter besonders wohl. Erst später erfuhr er, dass es sich um jüdische Kippas handelte.

Seit dem April 1991 hatte er über eine Zeit von zwei Wochen hin nahezu jede Nacht einen sich wiederholenden Traum, der jedoch hin und wieder auch mehrere neue Episoden aus einem Leben als Jude im Zweiten Weltkrieg in Holland beinhaltete. Er sah sich in einem Keller, in welchem er sich mit Mitgliedern seiner Familie vor den Polizisten und der SS versteckt hatte, um nicht ebenfalls abgeholt und abtransportiert zu werden, wie es mit vielen

Juden schon geschehen war. Hinter vollen Kartoffelsäcken hielten sie sich versteckt. Weniges hatten sie aus ihrer Wohnung mit in den Keller gebracht, doch zu diesen Gegenständen gehörte auch eine Standuhr, die besonders wertvoll war und an der die Familie hing. Auch ihr Hund als Teil der Familie war im Keller versteckt gehalten worden. Herr Whittier sah im Traum, wie er seinen schwarzweißen Hund an der Leine kurz vor der Morgendämmerung nach draußen in den hinteren Garten führte. Plötzlich schien der Hund eine Gefahr zu spüren. Dann erklang aus der dämmrigen Dunkelheit auf einmal eine Stimme, und der Hund, der die nun Hervortretenden ansprang, wurde sogleich erschossen. Herr Whittier wurde festgenommen.

Er wachte aus diesen Träumen immer sehr aufgewühlt auf. Vor dem Ende des dritten Traumes wurde ihm gesagt, dass diese Standuhr sich jetzt in Kanada befinde. Außerdem wurde ihm mitgeteilt, dass er auf der Bundesstraße 1 in Neu-Schottland in einem Antiquitätengeschäft eben diese Standuhr wiederfinden könne. Nachdem er aufgewacht war, blieb ihm dieser Traum lebhaft in Erinnerung. Wer mochte im Traum zu ihm gesprochen haben? War es der Heilige Geist, der sich schon öfter durch ihn in einer fremden Sprache mitgeteilt hatte? Er nahm sich vor, dem Hinweis bei nächster Gelegenheit nachzugehen. Aber noch kamen immer wieder neue Hinweise in den Träumen. Er kam nie darauf, dass es sich um Erinnerungen aus einem früheren Leben handeln könnte, verbat doch seine Kirche diesen »Aberglauben« aufs Schärfste. Er sah sich nun in einem folgenden Traum in Sträflingskleidung zusammen mit anderen Männern und Frauen, unter denen er auch seine damalige Frau wahrnahm, wie sie von reitenden Soldaten zu einem offenen Massengrab geführt wurden, wo sie alle erschossen und in dieses Grab hineingeworfen wurden.

Nachdem diese Träume aufgehört hatten, beschloss Herr Whittier, mit einem Freund nachzuforschen, ob es an jener Bundesstraße wirklich ein Antiquitätengeschäft gab, wo diese Standuhr zu finden war. Sie entdeckten einen solchen Laden, dessen Name in altmodischer Schreibschrift auf sich aufmerksam machte und in dem viele alte und auch kostbare antike Gegenstände zu sehen waren. Aber sie entdeckten keine Standuhr. Sie wollten schon enttäuscht den Laden verlassen, als sein Besitzer durch die geöffnete Hintertür eintrat, wobei er diese hinter sich schloss. Jetzt konnten die beiden Besucher eine Standuhr entdecken, die bis dahin durch die geöffnete Tür verborgen gewesen war. Und Herr Whittier stellte sich wie gebannt vor diese Uhr. Er wusste auf einmal, dass diese Uhr genau jene war, die er im Traum öfter gesehen hatte. Er wusste auch, dass diese Uhr vormals ihm gehört hatte. Aber wie konnte dies alles möglich sein, wenn es doch seinem Glauben gemäß keine wiederholten Erdenleben gab?

Er fragte den Ladenbesitzer, woher er all diese schönen Gegenstände habe, und jener erzählte den beiden Herren, dass er vor kurzem von einer Einkaufsreise aus Holland wiedergekommen sei. Die Behörden hätten dort endlich beschlagnahmtes Gut, was früher den abtransportierten Juden gehört hatte, zur Versteigerung freigegeben. So habe er einen großen Teil seines Bestandes dort erwerben können. Die Frage, ob diese Uhr auch aus jenem Kauf in Holland stamme, bejahte er. Als Herr Whittier nun nach dem Preis dieser Uhr fragte, musste er jedoch einsehen, dass er sie sich nie leisten könnte, und so verließen die Freunde den Laden wieder.

Doch Herr Whittier konnte diese Uhr mit allem, was er in den Träumen erlebt hatte, nicht mehr vergessen. Ja, es folgten noch mehrere Träume, und wenn er sich entspannt hinsetzte und sich in das darin Erlebte hineinversetzte, kamen die Erinnerungen an jenes Leben in Holland von ganz alleine.

Er hörte von einem Rückführungsexperten, der Leute in Trance versetzte, damit diese sich an ihre früheren Leben zurückerinnern konnten, und die Zurückgeführten sollten ihre früheren Erlebnisse aus anderen Leben so plastisch und lebhaft wiedererleben, dass es für sie danach oft keine Zweifel mehr gebe, dass das, was sie in der Rückführung erlebt hatten, wahr sei. Herr Whittier suchte nun diesen Rückführungsexperten auf und ließ sich von ihm in Trance versetzen. In dieser Rückführung konnte er sein vorausgegangenes Leben als holländischer Jude mit dem Namen Stefan Horwitz in allen Details wiedererleben. Er erfuhr nun, wie er und seine Familienmitglieder sich im Gemüsekeller ihres Großvaters versteckt hielten, wie seine Frau jeweils mit einem Seil einen Kartoffelsack zurückzuziehen wusste, so dass die Lücke geschlossen wurde und ein ungebetener Besucher nichts Auffälliges oder Verdächtiges in jenem Keller finden konnte. Auch entdeckte er dort jene Standuhr wieder, die ein Familienerbstück war. Er erlebte nun auch wieder, wie jene Männer der SS ihn schlugen, bis er ihnen das Versteck in jenem Keller zeigte. Alle, die sich dort versteckt gehalten hatten, wurden auf Lastwagen und später in Zügen abtransportiert. Bis zu seinem grauenvollen Ende konnte er alles erneut miterleben. Alles, was die Träume und auch weitere plötzliche Rückblicke ihm schon offenbart hatten, wurde nun bestätigt.

Aber er konnte auch das erleben, was unmittelbar nach seiner Erschießung mit ihm geschehen war. Er schwebte plötzlich im Licht und sah dort seine Frau Helen, wie sie ihm die Hände entgegenstreckte. Diese genaue Beschreibung zu lesen, möchte ich Ihnen, verehrte Leser, sehr empfehlen.[18] Ebenfalls wurde ihm hier der Sinn seines vergangenen Erdenlebens offenbart.

»Nach dieser großartigen Vision des nachtodlichen Lebens«, wie Herr Whittier später an Rabbi Gershom schrieb, »konnte ich mich endlich von den Qualen und Ängsten der Holocaust-Erinnerungen befreien.«

Ähnliches haben mir meine Klienten berichtet, die ebenfalls durch ein ähnliches früheres Horrorleben gegangen sind. Rabbi Gershom hat über dieses Erlebnis, das ihm Herr Whittier aus Kanada mitgeteilt hat, öfter in seinen Vorträgen berichtet. Es fanden sich daraufhin Leute, die einen Obolus für den Erwerb dieser Uhr aufbrachten, so dass ihr vormaliger Besitzer im Mai 1996 wieder in den Besitz seiner Standuhr kam.

Sie sehen, liebe Leserin und lieber Leser, dass Träumen oft sehr große Bedeutung beizumessen ist, geben sie doch manchmal aus dem Unterbewusstsein und manchmal aus dem Überbewusstsein – oder aus anderer Quelle stammend – Informationen über frühere

Leben. Viele Menschen haben durch Träume zum ersten Mal über Ereignisse aus ihren früheren Leben erfahren, die im Nachhinein als wahr bestätigt werden konnten.

Das Wiedersehen mit dem Bruder aus einem früheren Leben

Ägypten

Der Arzt Dr. Allen Haimes hatte schon als Junge Wiederholungsträume, in welchen er sich in einer Wüste erblickte. Er, wie auch die anderen Menschen, war in die Kleidung der Wüstenbewohner gehüllt. Diese Träume endeten meistens damit, dass er – wie es ihm schien – im Sand versank, während er noch eine Frauenstimme rufen hörte: »Suliman!« Doch bevor er starb, wachte er irritiert und wahrscheinlich schweißgebadet auf. Diese Träume wiederholten sich bei dem Jungen sehr häufig. Er wusste noch nicht einmal, was »Suliman« bedeuten konnte: War es eine Person, ein Ort oder bezeichnete es irgendetwas anderes?

Neben seinem Medizinstudium studierte er Archäologie des Mittleren Orients und wurde immer mehr in den Bann der Pyramidologie gezogen. Er hatte späterhin auf Reisen den Mittleren Orient besucht, doch noch nie war es ihm gelungen, Ägypten, seinem Reisewunschland, einen Besuch abzustatten. Als sein vierzigster Geburtstag gefeiert wurde, bestand das Geschenk seiner Ehefrau Judith darin, ihm eine Ägyptenreise zu spendieren. Zusammen reisten sie los.

Als sie während einer Nilschifffahrt in der Stadt Edfu Hand in Hand durch die engen Straßen spazierten, fühlten beide, dass ihnen alles so »unglaublich« vertraut vorkam. Judith glaubte, die Sprache der Leute auf einmal verstehen zu können. Und als sie schließlich die Tempelanlagen von Luxor durchschritten, meinte Allen, dass der ägyptische Touristenführer genauso aussehe wie eine der Personen, die er in seinen Träumen immer wieder gesehen hatte. Er vertraute ihr auch an, dass jener und er sich in einem früheren Leben vor über tausend Jahren befunden hatten und dass dieser Mann damals sein Bruder gewesen sei. Ihr Vater war damals ein Schreiber gewesen, und in seinen Träumen habe jener Bruder Ahran geheißen. Er sei der Ältere von ihnen gewesen.

Und dann passierte Folgendes: Als jener Touristenführer bei seinem Vortrag seine Blicke zu Allen gleiten ließ, hielt er plötzlich mitten im Satz inne und schaute unentwegt und wie hypnotisiert in die Augen von Judiths Mann. Alle Augen der Anwesenden blickten nun auch auf jenen Amerikaner, der den Vortragenden anscheinend aus dem Konzept gebracht hatte. Allen, der sich irritiert fühlte, zog nun seine Frau aus jener Gruppe heraus, und beide begaben sich im Taxi zurück zu ihrem Nilschiff. Doch er konnte nicht aufhören, über sein Leben damals in Ägypten zu sprechen. Am Abend erhielten sie von der Schiffsrezeption einen Anruf, dass für sie ein Gast bei ihr warte.

Als beide zur Rezeption kamen, erhob sich ein Mann von seinem Sitz und kam auf sie zu. Es war jener ägyptische Touristenführer. Allen wurde ganz bleich, wie Judith bemerkte, doch der Ägypter streckte nun seine Rechte aus und stellte sich beim Händeschütteln als Emil vor. Er habe, wie er sagte, Wichtiges mit ihnen zu besprechen. Wie er weiterhin ausführte, sei er zwar ein koptischer Christ, jedoch glaube er, schon viele Male auf Erden gewesen zu sein. In seiner Jugend wurde er schon von sehr heftigen Träumen heimgesucht, die ihm Erlebnisse aus früheren Leben widerspiegelten. »Heute, als ich während der Tempelbesichtigung in Allens Augen schaute, wusste ich, dass wir schon einmal miteinander verwandt waren. Ich weiß, dass wir vor etwa eintausend Jahren in Edfu gelebt haben.«

Allen begann, sich die Fakten, die Emil weiter aus einem gemeinsamen Leben angab, auf der Rückseite eines Briefumschlages zu notieren. Auch Judith sei damals ein Familienmitglied geworden, als sie den damaligen Allen geheiratet hätte, und nach der Hochzeit seien beide nach Luxor gezogen. Allen fragte ihn nun, welchem Beruf er nachgekommen sei. Emil führte daraufhin aus, dass Allen damals ein Schreiber wie der Vater wurde, während er als der Älteste, dem dieser Beruf nach der Tradition des Hauses eigentlich zugestanden hätte, einen anderen erlernen musste, da seine rechte Hand verkrüppelt war und sich nicht zum Schreiben eignete. Allens Aufgabe war es damals auch, die abgelieferten Säcke mit Weizen zu zählen, zu sortieren und sie in die Kornspeicher bringen zu lassen. Dort sei es auch geschehen, dass er in das Korn fiel und darin versackte, so dass man ihn nur noch tot daraus bergen konnte. Und Allen, der immer angenommen hatte, er sei früher im Sand versunken, sich aber keinen Reim darauf machen konnte, erfuhr nun, worin er wirklich versunken war. Weiterhin berichtete Emil, dass er ihn mit der damaligen Judith zu diesen Kornspeichern begleitet hätte. Und dann, als jener dort hineinfiel, habe seine Frau einen furchtbaren Schrei ausgestoßen und seinen Namen, nämlich »Suliman«, gerufen. Allen hatte sich inzwischen gesetzt. Jetzt erfuhr er, wer in seinen Träumen damals den Namen »Suliman« gerufen hatte, der ihn dann jeweils aus diesem Traum zurückholte. Es war seine damalige Frau gewesen, die er in diesem Leben wieder geheiratet hatte. Judith und Allen sind seitdem Freunde von Emil, und sie haben ihn in den folgenden Jahren öfter besucht.[19]

Haben Sie nicht selbst für eine bestimmte Zeit in der Geschichte, für ein historisches Ereignis oder gar für eine berühmte Person vergangener Zeit ein gesteigertes Interesse? Geht Ihr Interesse gar so weit, dass Sie sich Bücher über jene Zeit oder Person zulegen? Manchmal kann solch ein Interesse zu einer Leidenschaft, ja zu einer Besessenheit werden. Ich kenne Personen, die zum Beispiel alles über Alexander den Großen, über die Römerkaiser, über Napoleon, über Metternich, über Bismarck, über den Siebenjährigen Krieg, den Dreißigjährigen Krieg oder über den letzten Weltkrieg lesen oder sich die entsprechenden Filme darüber ansehen. Es gibt Sammler, die sich auf bestimmte historische Gebiete begrenzen, sie sammeln zum Beispiel alles, was sie von und über die Biedermeier-Zeit, die Gründerzeit oder über die Jugendstilzeit erwerben können. Meist haben sie, das kann ich aus meiner Erfahrung als Rückführungsleiter sagen, tatsächlich in der jeweiligen Zeit gelebt. Was uns also vormals lieb und teuer war, zieht uns meist wieder in seinen Bann.

Dr. Frederick Lenz gibt in seinem Buch die Geschichte eines amerikanischen Geschäftsmannes wieder, der sich leidenschaftlich mit dem Amerikanischen Bürgerkrieg des letzten Jahrhunderts auseinandersetzte.

Auf dem Schlachtfeld
kehrten die Erinnerungen zurück

USA · Gettysburg

Alexis war ein pensionierter Geschäftsmann aus dem US-Staat South Carolina. Solange er sich zurückerinnern konnte, war er fasziniert gewesen vom Amerikanischen Bürgerkrieg, der sich in den Jahren 1861 bis 1865 in den Vereinigten Staaten von Amerika zutrug, als die Unionssoldaten des Nordens sich aufmachten, die Soldaten der Südstaatenkonföderation zu bekämpfen. Es ging in diesem Krieg in erster Linie darum, die farbigen Sklaven in den Südstaaten zu befreien. Alexis wollte schon als kleiner Junge immer einen Soldaten der Konföderation spielen, und später, als diese Passion für den Sezessionskrieg zu einer Obsession wurde, hatte er schon längst viele Bücher über jene Zeit gelesen, ja er trat sogar einem Fanclub bei, deren Mitglieder sich von jenem Krieg ebenfalls immer noch berauschen ließen.

Es gibt in Amerika mehrere solcher Clubs, die sich fast ausschließlich nur mit jenem Krieg befassen, sei es in den Nordstaaten oder in den Südstaaten. Diese Mitglieder tragen zu gewissen Anlässen auch die Soldatenuniformen der damaligen Zeit, doch viele von ihnen glauben nicht an ein früheres Leben, obwohl es auf der Hand liegt, dass sie aller Wahrscheinlichkeit nach in einem früheren Leben an eben diesem Krieg mittelbar oder unmittelbar beteiligt waren. Trauen sich diese Menschen einmal, zu einem Rückführungsexperten zu gehen, um herausfinden zu lassen, ob sie schon einmal in jener Zeit gelebt haben, dann werden sie wahrscheinlich herausfinden, dass dem so war. Hunderte von Menschen haben in meinen Rückführungen jene Plätze oder historischen Zeitperioden wiedererlebt, mit denen sie sich schon lange aktiv oder passiv beschäftigt hatten.

Alexis' Spezialgebiet in diesem großen Bürgerkrieg war die Schlacht von Gettysburg, die im Juli 1863 ausgefochten wurde und mit dem Sieg der Nordstaaten endete. Er hielt sogar Vorträge über diese Schlacht in seinem Club. Als er sich wieder einmal für einen erneuten Vortrag vorbereiten wollte, besuchte er erneut jenes riesige Schlachtfeld, das heute zu einem historischen Monument geworden ist, zu dem jährlich Zehntausende von Menschen pilgern. Doch als er über diese weiten Felder schritt, überdeckte eine andere Zeit die jetzige. Er befand sich als Soldat der Konföderation mitten in der Schlacht. Überall roch es nach Pulver. Er hörte das Donnern der Kanonen und das Schreien von Verwundeten oder die Befehle der Offiziere. Dann sah er, wie die geschlossenen Reihen der Unionssoldaten wie eine feste Mauer auf ihn und die Seinen zumarschierten. Plötzlich fühlte er einen Schmerz an seinem Bein und wusste, dass er von einer Kugel getroffen worden war, und einer seiner Kameraden bückte sich zu ihm nieder, legte die blutende Wunde bloß, um sie notdürftig zu verbinden. Doch dann kamen plötzlich vier blauuniformierte Soldaten und schossen auf beide. Der Kompagnon stürzte tödlich getroffen über den Verwundeten, der auf einmal ebenfalls von einer Kugel in den Bauch getroffen wurde, dort noch einen heißen Schmerz fühlte – und plötzlich wieder in die heutige Gegenwart zurückgekehrt war.[20]

Oft haben solche Menschen, die in einem vergangenen Leben an einer Wunde gestorben sind, im heutigen Leben genau an dieser Stelle entweder eine äußere Narbe oder aber eine innere Schwachstelle, so dass jemand heute zum Beispiel in seinem Bauch ständig oder doch häufig chronische Schmerzen haben kann, während die Ärzte nach gründlicher Untersuchung zu dem Ergebnis kommen, dass kein medizinischer Grund vorliegt, der Betreffende entweder sich den Schmerz einbildet oder ein Hypochonder ist. Wie die Rückführungstherapie jenen mit solcherlei Schmerzen, aus einem früheren Leben noch herrührend, helfen kann, werde ich noch im nächsten Teil dieses Buches erläutern. Meistens haben Menschen, die ein grauenvolles Ende durch eine Person oder Situation erlebten, im heutigen Leben einen Horror vor allem, was mit jenem Erlebnis zusammenhängt. Je grauenvoller und langwieriger das Sterben war, desto schlimmer sind die heutigen Nachwirkungen. Eventuell ist das Sterben von Alexis auf dem Schlachtfeld von Gettysburg sehr kurz gewesen, so dass er seine Begeisterung für den Krieg, die er damals empfunden hat, in diesem Leben noch beibehielt.

Doch wir wollen uns nun solchen Erinnerungen zuwenden, in denen sich die sogenannte »Liebe auf den ersten Blick« als eine Liebe aus einem früheren Leben herausstellte.

Den Geliebten aus einem früheren Leben wiedergefunden

USA · North Dakota

Eine Produktionsassistentin erzählte Brad Steiger folgende Geschichte: Sie ging eines Tages zu einem Gestüt, um dort wieder ein wenig zu reiten. In jenem Stall begegnete sie einem jungen Burschen, und als sie ihn ansah, überkam sie ein eigenartiges Gefühl von Nähe. Sie begrüßte ihn spontan mit dem Namen »Wesley«, ein Name, der ihr gerade so einfiel, und jener Junge grüßte zurück mit dem Namen »Lillian«. Keiner von beiden fühlte, dass das für beide ein aus der Luft gegriffener Name war. Beide wurden sofort miteinander vertraut, und es entwickelte sich eine platonische Freundschaft. Sie erklärten sich ihre eigenartige Attraktion füreinander damit, dass sie sich schon in einem früheren Leben gekannt haben mussten, und nannten sich weiterhin Lillian und Wesley.

Doch eines Nachts hatte diese Frau einen fürchterlichen Traum, der für sie zu lebhaft war, um ihn einfach nur als Traum ablegen zu können. Sie lebte in der Mitte des achtzehnten Jahrhunderts als junge Frau in einer kleinen Stadt in Süddakota. Sie sah die Obstbäume und die ungepflasterte Hauptstraße, die sich durch dieses kleine Städtchen zog. Dann stand auf einmal wutentbrannt ihr früherer Mann vor ihr. Er hatte herausgefunden, dass sie ein Liebesverhältnis mit einem jungen Mann hatte, und er warf in seinem Zorn die Öllampe nach ihr. Das herausfließende Öl entzündete ihre Kleider im Nu, und sie verbrannte bei lebendigem Leib. Plötzlich sah sie sich außerhalb ihres Körpers. Sie erblickte, wie ihr Liebhaber mit dem Namen Wesley sich eilig dem Hause näherte. Doch die Flammen hatten schon das ganze Zimmer erfasst, und er konnte nicht mehr zu ihr, die schon tot war, gelangen. Er ahnte, was sich ereignet hatte. Wesley holte sein Gewehr und schoss dem Ehemann seiner Geliebten eine Kugel in den Bauch. Lillian konnte noch sehen, wie Wesley für diesen Mord gehängt wurde.

Diese Geschichte hätte man jetzt als eine »schöne« Geschichte abtun können, indem man argumentierte, dass jene Frau nach einer Erklärung für ihre Zuneigung zu dem jungen Mann gesucht habe; ihr Unterbewusstsein könnte ihr diese Erlebnisse vorgegaukelt haben. Doch das Eigenartige ist, dass zur selben Zeit der junge Mann ebenfalls aus einem furchtbaren Alptraum aufwachte. Seine Eltern hatten ihn im Schlaf den Namen »Lillian« schreien hören, die er vor einem Feuer retten wollte. Wie er später seiner »Lillian« erzählte, habe sich alles in einer kleinen Stadt abgespielt, in welcher sie seine Geliebte gewesen war. Ihre damaligen Zusammenkünfte konnten nur in größter Heimlichkeit stattfinden, da sie ja verheiratet gewesen war. Sie teilten sich nun gegenseitig all das mit, was sie geträumt hatten, und stellten fest, dass das von beiden im Traum Erlebte genau übereinstimmte.[21]

Wenden wir uns nun einer anderen Geschichte zu, in der die Betreffenden an Liebe auf den ersten Blick glaubten, da sich ihnen ihr früheres Leben erst zu einem späteren Zeitpunkt offenbarte.

Die jetzige erfüllte Liebe als Ausgleich für eine frühere unerfüllte Liebe

USA · England im Mittelalter

Auf einer Party trafen sich 1967 der Jurastudent John und Alison, die Vertreterin einer Telefonfirma. Sofort fühlten sie sich zueinander hingezogen, und es dauerte auch nicht lange, bis sie sich ihre Liebe füreinander eingestanden. Im darauffolgenden Jahr heirateten sie und zogen in das Studentenviertel von Cambridge. Beide hatten das Gefühl, dass sie sich schon seit langem kennen. Doch erst nach einigen Jahren wurde John in einer Vision offenbart, woher sie sich eigentlich kannten.

Denn während die beiden im Bett saßen und sich einander betrachteten, veränderte sich auf einmal das Gesicht von Alison, wie auch der ganze Raum sich völlig umgestaltete. Die Vision schob sich über die augenblickliche Realität. Er sah sich und seine Frau in altertümliche Kleidung gehüllt, während auch die Wände mit Wandteppichen ausgestattet waren. Er wusste auf einmal, dass sie sich zur Zeit des Mittelalters in England befanden. Beide waren ineinander verliebt, doch hatten die Eltern für die Tochter schon eine andere Eheschließung vereinbart. In völliger Verzweiflung darüber, nicht mit ihrem Geliebten vermählt werden zu können, vergiftete sie sich. Er hingegen war außer sich vor Verzweiflung. Er beschloss, England für immer den Rücken zu kehren. Er stürzte sich als angeheuerter Soldat in die verschiedensten Kämpfe, um dort den Tod zu suchen. Schließlich kehrte er dennoch nach England zurück und verbrachte die restlichen Jahre seines Lebens als Mönch in einem Kloster.

Diese Vision hatte nur einige Minuten gedauert, und trotzdem war es, als ob er einen ganzen Film gesehen hätte. Ihm wurde klar, dass sie beide aus dem Grund wieder zusammengekommen waren, um in diesem Leben das beenden zu dürfen, was sie vormals nicht beenden konnten.[22]

Wie ich meine, lag eventuell bei beiden in jenem früheren Leben noch eine zu lernende Lektion vor, oder es stand noch ein karmischer Ausgleich an. Wie wir Rückführungstherapeuten immer wieder in den Reinkarnationstherapien bei unseren Klienten erfahren, sind die meisten der seelischen und körperlichen Leiderfahrungen auf Leben zurückzuführen, in denen die Leidbetroffenen selbst anderen Leid oder Schmerz zugefügt hatten. So könnte es sein, dass Alison in einem noch früheren Leben ihrer damaligen Tochter eine Ehe mit dem Geliebten verboten hatte, die sich dann aus Verzweiflung ebenfalls das Leben genommen haben könnte. John mag in jenem Leben der Vater dieser Tochter gewesen sein. Wir Menschen scheinen nur ein richtiges Verhalten nach den göttlichen Gesetzen erlernen zu können, indem wir genau das, was wir anderen antun, ebenfalls an uns zu spüren bekommen. Das Gesetz des karmischen Ausgleichs dient allein der seelischen Reifung. Es ist immer gerecht. Es hat nichts mit Bestrafung zu tun. Es dient allein dem Erkennen und Begreifen durch Erfahrung. So sind auch viele unserer jetzigen Schicksalsschläge auf den karmischen Ausgleich zurückzuführen. Doch kann sich das Karma auch positiv auswirken. Hat zum Beispiel jemand etwas sehr Gutes im Sinne der göttlichen Gesetze vollbracht, so kann er dafür in diesem Leben belohnt werden. Denn was immer wir einem anderen in Gedanken, Worten oder Taten antun, wird uns in dem gleichen Maß angetan werden. Wenn jemand ein segensvolles nächstes Leben haben möchte, dann sehe er zu, dass er in diesem Leben liebevoll in Gedanken, Worten und Taten zu und mit anderen ist.

Mit den eigenen Kindern aus dem früheren Leben wieder vereint

Irland · Cockell

Jenny Cockell wurde 1953 in England geboren. Sie hatte einen älteren und einen jüngeren Bruder. In ihrem Elternhaus herrschte meistens eine unangenehme Spannung, da ihre Eltern sich nicht verstanden. Jenny wurde vielleicht auch daher zu einem introvertierten Mädchen, was sie auch dazu veranlasste, von dem, was sie innerlich erlebte, kaum etwas anderen gegenüber zu äußern. Jedoch waren ihre Erinnerungen an vier frühere Leben derart präsent, dass sie ständig Szenen aus jenen anderen Leben sah, ja sie sogar wiederzuerleben schien. Die meisten Rückerinnerungen hatte sie an eine Mutter mit acht Kindern, für die sie sorgte. Sie wusste, dass sie Mary hieß und sie selbst diese Mutter war. Sie sah sich durch den Ort und zum Markt gehen, sie sah von außen und besonders oft von innen ihr einfaches Häuschen, das weniger als einen Kilometer vom Ortskern entfernt lag, umgeben von Feldern und Bäumen. Auch ein Bach war ganz in der Nähe, und auf der anderen Seite der Straße gab es eine Moorlandschaft. Sie wusste von Anfang an, dass das Land, in welchem sie lebte, Irland war. Ihr damaliger Ehemann befand sich meistens außerhalb des Hauses, und sie selbst ging ganz für ihre Kinder und im Haushalt auf. Sie sah sich nähen, kochen, aufräumen. Sie nahm jedes ihrer Kinder wahr mit all seinen charakteristischen Eigenschaften, doch es fiel ihr schwer, sich klar an deren Namen zu erinnern; genauso konnte sie auch den Namen jenes Ortes nicht abrufen. Dafür gab es einige Szenen aus jenem Leben, die sich besonders klar darstellten. Sie sah sich mit einem langen Schal umwunden bei Dämmerung an einem hölzernen Steg stehen, um auf ein Boot zu warten. Öfter sah sie auch folgende Begebenheit: Ihre Jungen hatten eine Falle aufgestellt und fanden am Morgen einen Hasen darin. Sie waren erfreut, etwas gefangen zu haben, während sie selbst entsetzt darüber war, dass sie diese Falle aufgestellt hatten. Gott sei Dank, wie sie sah, war der Hase noch am Leben und konnte wieder freigelassen werden.

Als Jenny vier Jahre alt war, vertraute sie ihrer Mutter etwas aus jenem Leben als Mary an, das für sie Realität war und von dem sie glaubte, dass es eines ihrer früheren Leben war. Die Mutter belächelte nicht, was ihre Tochter ihr erzählte, sondern hörte sich alles an. Dennoch meinte sie als strikte Katholikin, dass der Glaube an frühere Leben nur Wunschvorstellung sei und nichts mit der Wahrheit zu tun hätte. Die kleine Jenny war nun über diese Einstellung der Mutter sehr enttäuscht. Hinfort behielt sie alles, was sie aus ihrem Unterbewusstsein über ihre früheren Leben erfuhr, ganz für sich. Doch sie blieb bei ihrer Überzeugung, dass das von ihr Erlebte Wirklichkeiten aus früheren Leben waren. Sogar in ihren Träumen sah sie Szenen aus vergangenen Zeiten, und einer dieser Träume war ein furchtbarer Alptraum, der sogar öfter wiederkehrte. Es war das Todeserlebnis der fünfunddreißigjährigen Mary. Sie sah sich in einem Krankenhauszimmer mit hoher Decke und fühlte, dass sie Fieber hatte und schwer nach Atem rang. Was sie am meisten vermisste, war, dass ihre Kinder sie nicht besuchen kommen durften. Nur ihrem Mann erlaubte man Zutritt zu ihrem Bett. Irgendwie wusste sie, dass sie sterben werde. Sie fühlte keine Angst vor dem Tod, aber in sich verspürte sie eine starke Wut gegen das Schicksal, das sie den Kindern entziehen wollte. Denn ihnen galt ihre ganze Sorge. Dann sah sie sich auf einmal außerhalb ihres Körpers und erblickte ihren Mann von oben, der an ihrem Bett saß. An dieser Stelle wachte sie regelmäßig aus dem Alptraum auf und fühlte immer noch jene Wut auf das Schicksal, das ihren Kindern die Mutter weggenommen hatte.

Doch die meisten Erinnerungen kamen während des Tages. Als sie älter geworden war, zeichnete sie die Bilder ihrer Erinnerungen auf, wie zum Beispiel ihr kleines Haus, in welchem sie als Mary gewohnt hatte. Sie legte auch eine Ortskarte und eine Karte der Straßen und Wege an, die sie noch in Erinnerung hatte. Sie wusste, dass der damalige Ort, unweit von ihrem Haus entfernt, in nordöstlicher

Richtung von Dublin lag. In ihrem Schulatlas schlug sie schließlich die Karten von Irland auf und fand einen nordöstlich von Dublin gelegenen Ort mit dem Namen Malahide, dessen Zubringerstraßen genau mit ihrer selbstgefertigten Landkarte übereinstimmten. Als sie siebenundzwanzig Jahre alt war, konnte sie sich einen Ortsplan von Malahide besorgen. Sie verglich diesen mit ihrer vor Jahren angefertigten Ortskarte, und sie war überrascht, dass alle wichtigen Straßen und Gebäude richtig darin eingetragen waren.

Mit fünfundzwanzig Jahren hatte sie sich ihrer ersten hypnotischen Rückführung unterzogen, denn ihre Erinnerungen an ihre früheren Leben, besonders an das von Mary, hielten an. Jener Alptraum über ihr Sterben war allerdings schon seit Jahren nicht mehr aufgetaucht. In der Rückführung ging sie nun nochmals im Detail Szenen aus ihrem damaligen Leben durch, einschließlich der ihres Todes. Sie wusste, dass sie damals im letzten oder vorletzten Jahr ein totes Kind zur Welt gebracht hatte und dass man sie daraufhin gewarnt hatte, nicht nochmals schwanger zu werden. Sie war jedoch wiederum schwanger geworden und an den Folgen der Geburt eines gesunden Mädchens mit dem Namen Elisabeth gestorben. Ihr Todesjahr wurde mit 1932 angegeben. Ebenfalls erfuhr sie jetzt einige Namen ihrer übrigen Kinder, und so wusste sie nun, dass ihre älteste Tochter genau wie sie geheißen hatte.

Jenny war inzwischen verheiratet und hatte selbst zwei Kinder. Ihr Mann zeigte viel Verständnis für ihren Drang, ihr früheres Leben als Mary zu erforschen, und 1989 reiste sie zum ersten Mal nach Malahide in Irland. Als sie dort ankam, war sie schockiert darüber, was sich in den letzten sechsundfünfzig Jahren alles verändert hatte. Überall waren neue Gebäude und Wohnhäuser zu sehen. Und dort, wo ihrer Erinnerung nach ein Hof mit zwei Toren sein musste, breitete sich ein Supermarkt aus. So fiel es ihr schwer, den Ort so wiederzuerkennen, wie sie ihn oft in ihren spontanen Erinnerungen gesehen hatte. Schließlich fand sie den Weg, der zu ihrem früheren Haus geführt hatte. Aber dort war kein Haus mehr zu finden außer einer verfallenen Ruine, und auch der benachbarte Bach war zu einem verwaisten Rinnsal in einem Graben geworden. Erst bei einer wiederholten Reise nach Malahide war sie sich sicher, dass jene Ruine ihr Haus gewesen war. Als sie darin herumlief, kamen ihr plötzlich Szenen aus jenem früheren Leben in diesem kleinen Haus wieder in Erinnerung, verbunden mit den Gefühlen, die sie damals gehabt hatte.

Durch Befragungen in der Nachbarschaft erfuhr sie, dass in jenem Haus ein gewisser John Sutton mit seiner Frau Mary und ihren Kindern gewohnt hatte. Sie schrieb nun die verschiedensten Briefe an Behörden, wo sie noch Unterlagen über die Familie Sutton zu erhalten glaubte, forschte in den Tauf- und Sterberegistern nach, schrieb an alle Suttons, die sie im Telefonbuch auffinden konnte, und setzte Annoncen in die Lokalzeitung, um Leute zu finden, die ihr über jene Familie noch mehr Auskünfte geben könnten. Sie erfuhr, was sie ja schon durch die eigenen Erinnerungen und jene Rückführungen wusste, dass sie 1897 geboren und 1932 bei der Geburt eines Kindes gestorben war. Im Taufregister fanden sich sechs ihrer früheren Kinder mit Namen und Geburtstag. Jeffrey Sutton war 1923 geboren worden, gefolgt von den Geschwistern Philomena, Christopher, Francis, Bridget und als Letzte folgte Elisabeth. Doch dies waren nur sechs Namen, sie war jedoch überzeugt, acht Kinder gehabt zu haben. Erst später sollte sich herausstellen, dass sie doch acht Kinder geboren hatte, doch die beiden nicht in dem Taufregister des Ortes verzeichneten Kinder, nämlich Sonny und Mary, waren in einer anderen Kirche getauft worden. Sie erhielt durch einen »Zufall« sogar die Adresse ihres ältesten Sohnes Sonny, der inzwischen in England wohnte.

1990 hatte man sie mit einer Fernsehjournalistin zusammengebracht, die sich für ihr Bemühen, ihrer Familie aus einem früheren Leben auf die Spur zu kommen, sehr interessierte. Jenny war es eigentlich nicht recht, dass zu dieser Zeit schon etwas darüber an die Öffentlichkeit gelangen sollte. Doch auf der anderen Seite wusste sie bald die Vorzüge zu schätzen, die eine solche Zusammenarbeit brachte. Diese Fernsehjournalistin wollte, bevor Jenny ihrem früheren Sohn gegenübergestellt würde, ihn selbst vor der Kamera interviewen, um ihm Fragen über sein Leben und seine Jugend in Irland zu stellen; sie wollte insbesondere auf das Leben im Elternhaus zu sprechen kommen, ohne diesem nun Einundsiebzigjährigen den wahren Grund für dieses Interview verraten zu wollen. Denn Jenny hatte der Journalistin aufgetragen, ihm nicht zu sagen, dass sie selbst dessen frühere Mutter sei, um ihn nicht von vornherein abzuschrecken. Doch Jenny rief nun Sonny Sutton noch vor diesem Fernsehinterview direkt an. Sie legte dar, dass sie Träume habe, in welchen eine Mary Sutton ihr aus ihrem Leben in Irland erzähle und ihr Bilder eingebe. Sie beschrieb ihm auch das Haus von außen und innen, und Sonny Sutton bestätigte alles als der Wahrheit entsprechend. Also wurde ein Termin für einen Besuch am 23. September 1990 verabredet.

Jenny hatte ihren Mann und die beiden Kinder nach Leeds mitgebracht, die sich natürlich ebenfalls dafür interessierten, ob sie wirklich die frühere Mutter von diesem Mann war. Denn wenn sich beider Aussagen deckten, wäre eindeutig der Beweis dafür erbracht, dass Jenny nicht irgendetwas phantasiert hatte, sondern dass ihre schon in der Kindheit begonnenen Erinnerungen über ein früheres Leben in Irland auf Tatsachen zurückzuführen waren. Obwohl Sonny Sutton schon ein betagter Herr war, erkannte Jenny ihn bei diesem Besuch sofort wieder, vor allem an der Art, wie er sich gab. Sie erzählte ihm nun, was seine verstorbene Mutter ihr im Traum über das Leben in Irland mitgeteilt hatte, und Herr Sutton musste mit Erstaunen zugeben, dass jene Durchgaben richtig waren. Die Fernsehjournalistin, die ihn zuvor aufgesucht und interviewt hatte, hatte ihn gebeten, einen genauen Lageplan des Hauses in Malahide von innen und außen zu skizzieren. Nun holte Jenny ihre Skizzen hervor, die sie schon vor vielen Jahren als Jugendliche angefertigt hatte, und beide verglichen ihre Zeichnungen miteinander. Jenny musste zu ihrem Mann immer wieder sagen: »Schau, auch das stimmt ganz genau überein!« Sie beschrieb ihm nun Einzelheiten des Grundstückes und die Nachbarhäuser, und ihr Gegenüber bestätigte die Richtigkeit der Feststellungen und verwunderte sich immer wieder über das exakte Wissen dieser Frau über die Welt seiner Kindheit. Alsdann kamen sie auf die einzelnen Personen in der

Familie zu sprechen. Jenny beschrieb sie richtig und konnte bestimmte Charakterzüge von ihnen wiedergeben. Dann beschrieb sie seine Mutter und zählte auf, was sie alles an Kleidungsstücken getragen hatte; selbst der Haarknoten, den sie getragen hatte, wurde von Sonny bestätigt. Schließlich kamen sie auf Marys Vater zu sprechen, der ein Bahnbeamter gewesen war und eine Schranke betreut hatte, neben welcher ein Bahnhäuschen gestanden hatte, in dem er oft die Nächte zugebracht hatte. Komischerweise hatte Jenny nur wenige Erinnerungen an ihren damaligen Ehemann erhalten, und so war sie jetzt froh, von Sonny mehr über ihn zu erfahren. Sie erinnerte sich allerdings daran, dass er oft Dachgerüste angefertigt hatte und während des Ersten Weltkrieges Soldat gewesen war. Doch das Verhältnis des Ehepaares musste gelitten haben, denn John Sutton ließ sich danach nur noch selten zu Hause sehen. All dies bestätigte dessen Sohn und fügte hinzu, dass sein Vater zu einem Alkoholiker wurde und grob auf ihn eingeschlagen habe.

Jenny erzählte ihm, dass seine Mutter ihm von einer Falle erzählt hätte, in der die Kinder einen Hasen gefangen hatten, und Sonny konnte noch zusätzliche Details zu diesem Ereignis hinzufügen, denn es hatte sich ihm tief eingeprägt. Für ihn war es ein unfassliches Phänomen, wie diese ihm fremde Frau, die ihm da gegenübersaß, das alles so genau wissen konnte. Jenny fragte ihn, was die Mutter mit dem Bild gemeint haben könnte, dass sie ihr öfter durchgab: Sie stand auf einem hölzernen Steg und wartete in der Dämmerung auf ein Boot. Herr Sutton erklärte ihr, dass sie auf ihn gewartet habe, denn er sei damals jeden Abend von einer benachbarten Insel, wo er als Golfjunge sein erstes Geld verdiente, mit dem Boot zurückgerudert. Pro Tag brachte er zwei Schillinge und sechs Pence nach Hause. Jene zwei Schillinge habe er immer der Mutter gegeben, den Rest habe er behalten. Selbst an den Schal, den Mary damals um den Hals geschlungen hatte, konnte sich deren Sohn noch gut erinnern. Sonny bestätigte auch, dass seine Mutter eine Totgeburt gehabt hatte und dass sie bei der Geburt der jüngsten Tochter in einem Krankenhaus in Dublin gestorben sei. Ihre Söhne wurden nun in Waisenhäusern und ihre Töchter in Klosterschulen untergebracht. Für Jenny war klar, dass sie ihren ältesten Sohn aus dem Leben als Mary Sutton wiedergefunden hatte. Dann offenbarte sie ihm, dass sie seine frühere Mutter war. Er brauchte eine ganze Weile, um sich mit diesem Gedanken anzufreunden, aber schließlich akzeptierte er sie als diejenige, für die sie sich ausgab, und zwischen ihnen entwickelte sich eine anhaltende Freundschaft.

Mit Sonnys Hilfe und dank eigener Nachforschungen konnte Jenny fünf ihrer acht noch lebenden Kinder wiederfinden, und 1993 fand ein großes Familienzusammentreffen aller dieser fünf Kinder von Mary Sutton, wiedergeborene Jenny Cockell, statt. Die beiden Schwestern Phyllis (Philomena) und Betty (Elisabeth) galten für die drei Brüder, die sich zusammen mit ihrem inzwischen verstorbenen Bruder Jeffrey 1985 nach langer Zeit zum ersten Mal wiedergetroffen hatten, als unauffindbar. Sie hatten ihre Schwestern seit sechzig Jahren nicht mehr gesehen. Ihre Mutter aus einem früheren Leben, die in diesem Leben eines jeden Tochter hätte sein können, hatte sie aber alle wieder vereinigt. Und natürlich war das Fernsehen dabei, denn solch ein einmaliges Zusammentreffen wollten sie dokumentarisch festhalten und selbstverständlich auch den Fernsehzuschauern präsentieren. Sonny hatte seine Geschwister gefragt, was sie darüber dachten, dass Jenny ihre frühere Mutter sein könnte. Die meisten von ihnen vermochten die Reinkarnation nicht als Tatsache anzuerkennen, da ihre katholische Kirche solches nicht lehrte. So glaubten sie, dass ihre Mutter aus dem Himmel durch Jenny gewirkt habe, um die ganze Familie wieder zusammenzubringen.

Jenny konnte sich auch noch an ein Leben erinnern, das zwischen jenem in Irland und dem jetzigen in England lag. Sie wurde 1940 als Junge in England geboren und starb im Alter von fünf Jahren an einer Virusinfektion. Ihr Buch *Unsterbliche Erinnerung (Yesterday's Children)*,[23] in welchem sie ihre Suche nach ihren früheren Kindern aus einem vergangenen Leben beschreibt, wurde ein Bestseller und in eine ganze Reihe von Sprachen übersetzt.

Liebe Leserinnen und liebe Leser, was denken Sie über diese erfolgreiche Suche nach den Kindern aus einem früheren Leben? Ist dieser Bericht nicht ein überzeugender Beweis für die Reinkarnation, der eigentlich auch strikten Kirchengläubigen zu denken geben müsste? Das Kreuz mit der Kirche besteht eigentlich darin, dass die Frühkirche der ersten fünf Jahrhunderte die Reinkarnation durchaus lehrte, allen voran Origines, der erste große Kirchenlehrer. Selbst Jesus hat sich zur Reinkarnation bekannt, indem er in Johannes dem Täufer die Reinkarnation von Elias sah.[24] Erst später wurde das Wissen darüber aus den Aufzeichnungen gelöscht.

In den beiden nächsten Berichten spielt die Rückführung zwar eine gewichtige Rolle, doch ich habe sie trotzdem mit in diesen Teil, der sich mit Erinnerungen Erwachsener an frühere Leben befasst, einbezogen, da die eigentliche Beweisführung über die Realität eines früheren Lebens schon vor einer Rückführung stattfand, während die Fakten, die durch das Hinabtauchen in frühere Leben aufgedeckt wurden, nur noch Ergänzungen und Bestätigungen brachten. In dem ersten nun folgenden Bericht wurden die Aussagen eines Mediums im Nachhinein bestätigt.

Die Durchgaben eines Mediums über ein früheres Leben werden bestätigt

Indianerleben · Sutphen

Dick Sutphen könnte man »Mister Reincarnation of America« nennen, denn er ist Amerikas berühmtester Promotor der Reinkarnation. Dick hat eine ganze Anzahl von Büchern zum Thema geschrieben, über dreihundert besprochene Kassetten, CDs, nebst Videos und DVDs herausgegeben, er ist in über dreihundert Fernsehsendungen aufgetreten und seine Gruppenrückführungsseminare sind von mehr als Hunderttausend Teilnehmern besucht worden. Er hat außerdem Pionierarbeit auf dem Gebiet der Rückführungstherapie geleistet, und ich hatte die Ehre, ebenfalls von ihm zum Rückführungstherapeuten ausgebildet zu werden. In seinem Buch *You Were Born Again to Be Together*[25] erzählt er Folgendes:

Er leitete schon Anfang der siebziger Jahre in einem Hypnosezentrum ein Seminar, das sich mit Gruppenrückführungen in frühere Leben befasste. Eine seiner besten Schülerinnen war Trenna, die es schon nach kürzester Zeit fertigbrachte, sich selbst in frühere Leben zu versetzen. Dick und Trenna verliebten sich ineinander und zogen zusammen. Während Dick eines Abends noch an seinem Schreibtisch saß, versetzte Trenna sich selbst in einen Trancezustand, um zu sehen, ob sie mit Dick schon in einem früheren Leben zusammen gewesen war. Auf ihrem »inneren Bildschirm« sah sie sich als eine junge Indianerin, die bei Sonnenuntergang auf eine mit Gras bewachsene, hügelige Landschaft hinausstarrte und auf ein Urteil oder eine Entscheidung wartete, die hinter ihr in einem Zelt getroffen werden sollte. Sie fühlte, dass der Stamm gegen sie eingestellt war. Dann trat ein großer Indianer mit einer Halskette auf sie zu, nahm sie bei der Hand und führte sie in den Kreis der anderen. Dort klopfte er sanft mit der Hand auf ihren Bauch und bedeutete somit den Umstehenden, dass alles in Ordnung sei. Und die Indianerin wusste, dass sie das Kind in ihrem Bauch zu ihrer Freude austragen und behalten durfte.

Nachdem Trenna aus dieser Selbstrückführung zurückgekehrt war, ging sie zugleich zu ihrem Freund und berichtete, was sie soeben über ihn als früheren Indianer und sich als Indianerin erlebt hatte. Plötzlich wurde Dick hellhörig, denn irgendjemand hatte ihm doch schon einmal vor einiger Zeit die gleiche Situation beschrieben, in welcher er ein Indianer gewesen war. Wer und wo war das nur gewesen? Und dann erinnerte er sich an ein berühmtes Medium, das er vor zwei Jahren aufgesucht hatte. Es handelte sich um Kingdon Brown. Er konnte sich jetzt nur noch schwach an dessen Durchgaben erinnern, aber es hatte auf jeden Fall mit dem zu tun, was nun Trenna selbst aufgedeckt hatte. Er selbst hatte ihr nie etwas darüber berichtet.

Er wusste, dass er diese Durchgaben von Kingdon damals aufgenommen hatte, und irgendwo musste dieses Tonband liegen. Und da Dick gerne Genaueres über das von Trenna soeben Erlebte wissen wollte, schlug er ihr vor, sogleich noch einmal gründlicher in einer von ihm geführten Rückführung in ihrem Unterbewusstsein nachzuforschen, was eigentlich genau passiert war.

Sie sah sich dann als jene Indianerin in einem Zelt vor jenem Indianer sitzen. Dieser war über sie enttäuscht. Auf Dicks Frage hin, warum dieser Indianer enttäuscht sei, teilte sie ihm mit, dass sie von Kriegern eines feindlichen Stammes gefangengenommen und mitgenommen worden war. Man hatte sie vergewaltigt. Sie habe es aber geschafft, jenem fremden Stamm zu entkommen und den Weg zurück zu ihrem eigenen Stamm zu finden. Der Indianer, der vor ihr sitze, sei ihr Verlobter gewesen. Er sei enttäuscht darüber, dass sie sich nicht selbst das Leben genommen habe, nachdem man sie vergewaltigt hatte. Alle Leute hätten, nachdem sie zurückgekehrt war, mit Abscheu auf sie geschaut. Allein dieser Indianer schien nun seine Meinung geändert zu haben. An ihm liege es, ob er sie trotzdem als seine Frau nehmen wolle und ob er auch das Kind nach der Entbindung leben lassen würde. Indem Dick sie die weiteren Stadien ihres damaligen Lebens wiedererleben lässt, sieht sie, wie ihr Junge heranwächst, aber von allen als Außenseiter betrachtet wird, der mit einem Makel behaftet ist. Und als Dick sie auffordert, zu einem für sie sehr wichtigen Erlebnis zu gehen, sieht sie, wie ihr Sohn wegen seiner Tapferkeit von den anderen ausgezeichnet wird, denn er konnte seinen Stamm noch rechtzeitig vor Feinden warnen. Kurz vor ihrem Tod und auf ihr Leben zurückblickend, berichtete sie, dass ihr Sohn nun Kinder habe und dass für sie das bedeutendste Ereignis ihres Lebens darin bestanden hatte, dass ihr Sohn im Stamm völlig akzeptiert wurde.

Am nächsten Tag suchte Dick unter seinen vielen Tonbändern und fand schließlich jenes, auf dem die Durchgaben des Mediums aufgezeichnet waren. Kingdon Brown hatte sich damals in einer leichten Trance befunden und beschrieb zuerst eine Indianerin, die schwanger war. Dann sah er sie, wie sie das Kind auf den Schultern trug. Schließlich wechselte die Szene, und er erblickte einen großen Indianer, eingehüllt in eine Decke, der bei Sonnenuntergang auf- und abschritt und mit einer Entscheidung zu ringen hatte. Und nach einer längeren Pause fuhr Kingdon fort: »Er muss entscheiden, ob ein Kind, das bald geboren werden wird, leben darf oder nicht.« Und zu Dick gewandt, sagte er, dass er dieser Indianer sei und dass dieser sich doch dazu entschlossen habe, dass Kind leben zu lassen.

Ich habe in früheren Jahren sehr viele Medien in den verschiedensten Ländern aufgesucht, um mehr über mich und auch über meine früheren Leben zu erfahren, eine Praxis, die ich schon lange nicht mehr befolge. Oft sind diese Durchgaben ungenau, vage, allgemein oder auch vollkommen falsch. Doch hin und wieder sind sie auch verblüffend richtig – wie in diesem Fall. Es ist meiner Meinung nach wichtig, sich nie (!) abhängig zu machen von irgendwelchen Durchgaben, denn es ist unsere Aufgabe, allein Entscheidungen zu treffen. Selbst wenn wir die falsche Entscheidung treffen, lernen wir daraus und werden bei einem ähnlichen Fall, durch die vorausgegangene, falsche Entscheidung klug geworden, nun möglicherweise die richtige Entscheidung treffen. Solche, die ihre Entscheidungen abhängig machen von den Durchgaben von Medien, scheuen sich davor, sich selbst zu entscheiden. Aber gerade darum geht es doch im Leben: dass wir für unser Handeln die Verantwortung übernehmen. Suchen wir allerdings befähigte Medien auf, um aus einer höheren Quelle Hinweise zu erhalten, die unser spirituelles Wachstum fördern, dann sind solche Durchgaben oft von großem Wert.

Den folgenden Fall habe ich dem Buch *You Will Live Again* von Brad Steiger entnommen. Er ist einer der gefragtesten Sachbuchautoren der Vereinigten Staaten auf dem Gebiet der Parapsychologie. Er hat bisher über hundertfünfzig Bücher geschrieben, ist in ungezählten Fernsehsendungen aufgetreten und ist unermüdlich damit beschäftigt, uns das Wissen um die ewigen Wahrheiten, die wir in unserer technischen Zivilisation verloren haben, wieder in einer leicht verständlichen Art zugänglich zu machen.

Er fand seine Frau aus einem früheren Leben wieder

Trapperleben · Roy

Ein Mann erzählte Brad Steiger folgende Geschichte:[26] Mitte der siebziger Jahre ruderte der Mann, der sich Roy nannte, mit seinem Sohn auf dem *Baker Lake* im Norden des Staates Washington. Roy hatte sich einer der neuen christlichen Sekten angeschlossen und dort eine Wiedertaufe erfahren. Auf dem See kam es ihm plötzlich so vor, als ob dieser See, die Berge, ja die ganze herumliegende Landschaft ihm bekannt sei. Er hatte das Gefühl, als habe er das alles schon einmal gesehen, allerdings nicht auf einer Ansichtskarte oder in einem Film. Er sah sich auf einmal in einem Kanu und paddelte allein auf diesem See. Er hatte einen anderen Körper und trug eine andere Kleidung, die der eines Fallenstellers vergangener Zeiten glich. Er hatte also ein typisches Déjà-vu-Erlebnis. Er war von dessen Echtheit vollkommen überzeugt, was hieß, dass er zugeben musste, soeben eine Erinnerung aus einem früheren Leben gehabt zu haben. Nun stand er vor dem Dilemma, ob er an die Reinkarnation als Faktum glauben sollte oder eher daran, dass der »Teufel« ihm gerade einen Streich gespielt hatte. Denn den Glaubensvorstellungen seiner Sektenmitglieder zufolge gab es natürlich keine früheren Leben, wohl aber den Teufel, der uns trügerische Dinge vorgaukelt, um uns vom rechten, ja vom einzig wahren Glauben abzulenken und uns schließlich in sein Reich, eben in seine Hölle zu führen. Von der Richtigkeit des Glaubens seiner Sekte überzeugt, betete er voller Inbrunst zu Gott, damit er diese irritierenden Bilder einer früheren Existenz von ihm wegnehme, denn immer wieder drängten sich ihm Rückerinnerungen an dieses Leben als Fallensteller auf. Irgendwann glaubte er, in einem Gebet Gottes Stimme zu hören, die ihm sagte, dass er ihm noch die Frau zuführen würde, welche er in jenem Leben geliebt hatte.

Der »Teufel« ließ ihm indes keine Ruhe. Roy besorgte sich heimlich Bücher über die Reinkarnation, und schließlich wagte er es, sich zu einem Rückführungstherapeuten zu begeben, um herauszufinden, ob er denn wirklich jenes frühere Leben als Trapper im Nordwesten der Vereinigten Staaten geführt hatte. In dieser hypnotischen Rückführung erfuhr er Folgendes, das sich ihm aus seinem Unterbewusstsein offenbarte, in welchem alles, was er je in Erdenexistenzen erlebt hatte, aufgezeichnet ist.

Er war in den Jahren vor der Französischen Revolution geboren worden, trug den Namen Jacques und floh mit seinen Eltern nach Kanada. Dort wurde er später ein Fallensteller, der von dem Verkauf der Felle lebte. Sein Jagdgebiet waren die Gebirge und Wälder im Südwesten Kanadas und im Nordwesten der Vereinigten Staaten. Ihm gelang es einmal, den Häuptling eines Stammes vor einer Todesgefahr zu bewahren, was ihm dessen Freundschaft gesichert hatte. Dieser Häuptling vertraute ihm seine Pflegetochter an und erklärte ihm, dass sie die Tochter eines weißen Mannes sei, der sie einst in seine Obhut übergeben habe. Dieser weiße Mann sei Alkoholiker, der seine eigene Tochter misshandelt hatte, weswegen sie vor ihm die größte Angst habe. Er wisse, dass ihr Vater bald zurückkehre, um seine Tochter Isabel abzuholen, und er bitte nun Jacques, sie in die Wälder mitzunehmen, um sie vor ihrem Vater in Sicherheit zu bringen. Jacques nahm nun Isabel mit in die Wälder. In den ersten Monaten ließ er sich mit ihr am Bakersee nieder. Er verliebte sich in dieses Mädchen und schwor ihr, sich nie von ihr trennen zu wollen. Später zogen sie an die Küste des *Puget Fjords* und bauten sich dort ein Holzhaus. Sie führten ein sehr glückliches Leben, das allein getrübt wurde durch die Fehlgeburt eines Jungen. Doch bevor er dreißig war, wurde Jacques von einem Bären getötet. Er erfuhr in jener Rückführung auch – wahrscheinlich durch sein Höheres Selbst oder seinen Geistführer –, dass Isabel wenig später aus Einsamkeit und Todessehnsucht ebenfalls gestorben war.

Roy war nun restlos von der Wahrhaftigkeit der Reinkarnation überzeugt, denn das, was er in spontanen Erinnerungen aus jenem Leben gesehen hatte, entsprach genau dem, was er nun in der

Rückführung erlebt hatte. Aber das war noch nicht das Ende der Geschichte. Inzwischen war er von seiner ersten Frau geschieden worden, und in seiner Kirche, in der er trotz seines Glaubens an die Reinkarnation geblieben war, erblickte er eine junge Frau, von der er seine Augen gar nicht mehr abwenden konnte. Er fühlte sich sofort zu ihr hingezogen, aber seine Scheu ließ es nicht zu, sie anzusprechen. Doch immer wieder geschah es, dass sie einander begegneten. Bei solch einer Begegnung unterhielten sie sich und stellten fest, dass sie beide mit Leidenschaft Bridge spielten. So trafen sie sich häufiger in einem Club und spielten als Partner Bridge. Nach einem solchen Abend saßen sie im Auto, und Roy vertraute ihr, die Susie hieß, sein Geheimnis an. Er erzählte ihr, dass er in einem früheren Leben als Trapper im Nordosten auf dem Gebiet der heutigen Vereinigten Staaten gelebt habe, wo er mit einer jungen Frau in einem Blockhaus … Hier unterbrach ihn Susie und sagte, dass sie dieses Haus kenne. Sie beschrieb nun in Einzelheiten jenes Haus, und Roy glaubte, seinen Ohren nicht trauen zu können. Und zu seiner weiteren großen Verwunderung fügte sie hinzu: »Wir hatten eine Totgeburt. Es war ein Junge.« Da schaute Roy ihr tief in die Augen. Er glaubte jetzt ganz sicher, die Reinkarnation von Isabel vor sich zu haben. Was hatte nochmals jene Stimme Gottes zu ihm gesagt? Hatte sie nicht von einer Frau gesprochen, die er ihm zuführen werde und die jene Isabel gewesen sein soll? Auf seine Frage hin, woher sie wisse, jene Frau gewesen zu sein, antwortete sie, dass sie vor zwei Jahren in der Meditation von diesem Leben erfahren und danach auch alles niedergeschrieben habe. Und auf einmal umarmten sie sich und weinten Tränen der Freude. Sie versprach ihm, diese Aufzeichnungen bei ihrem nächsten Treffen mitzubringen.

Roy, als er schließlich die schriftlichen Aufzeichnungen von Susie las, erfuhr nun, dass in jener Meditation zu ihr ein Mann namens Jacques gekommen sei, der seine Arme um sie gelegt und ihr gesagt hätte, dass sie beide Ende des achtzehnten Jahrhunderts am *Purget Fjord* zusammengelebt hätten, dass er ein französischer Trapper aus Kanada sei und er bald zu ihr käme, denn sie beide gehörten zusammen, doch habe er zuerst noch einige Knoten aufzulösen. Er sei in Frankreich geboren worden, und seine Eltern seien nach Kanada ausgewandert. Jacques habe ihr auch genau jenes Blockhaus beschrieben, in welchem sie gewohnt hatten, samt der umliegenden Gegend. Auch habe er ihr von der Totgeburt ihres gemeinsamen Sohnes erzählt.

Susie hatte einigen nahen Freunden von diesem Meditationserlebnis berichtet, und diese meinten, dass es sich um eine Ankündigung ihres Seelenpartners handeln müsse. Jedoch nach einem Jahr hatte sie die Aufzeichnungen fortgelegt und in der Folge auch nicht mehr an jenes Meditationserlebnis gedacht.

Zwei Wochen später hatten sie sich aufgemacht, jene hundertfünfzig Kilometer zum Bakersee zu fahren, wo Roy seine ersten Déjà-vu-Erlebnisse gehabt hatte. Dort angekommen, meinte Roy, ein wenig im Wald herumzugehen, um »die Fallen zu überprüfen«. Susie war einverstanden und blieb in der Nähe des Wagens zurück, denn sie wollte sich an den See setzen und meditieren. Doch sobald Roy außer Sicht war, wurde Susie von einer Panik ergriffen, die ihr völlig unbekannt war. Sie hätte am liebsten nach ihm gerufen, damit er schnell zu ihr zurückkehre.

Als Roy von seinem Spaziergang zurückgekehrt war, erzählte sie ihm von ihrer panischen Angst, dass ihm etwas im Wald passieren könnte. Roy hatte inzwischen die Rückführungstechnik erlernt, und er schlug ihr vor, an diesem Abend zu Hause eine Rückführung mit ihr vorzunehmen. Susie sah sich dort in jenem Leben als die Tochter eines Elternpaares im östlichen Teil der Vereinigten Staaten; sie hieß Isabel. Dann verstarb ihre Mutter. Der Vater wurde daraufhin zum Trinker, schlug sie oft und missbrauchte sie auch sexuell. Schließlich sei er, als sie neun Jahre alt war, nach dem äußersten Westen jenes Kontinents gezogen und mit einer Gruppe von Männern durch die Wälder gestreift. Hier habe er einen Häuptling kennengelernt. Sie wusste aber nicht, ob der Häuptling sie gekauft oder dem Vater gestohlen hatte. Er behandelte sie auf alle Fälle wie seine Tochter, und als sie etwa zwölf Jahre alt war, kamen Gerüchte auf, dass ihr Vater zurückkommen würde, um sie zurückzuholen. Darum bat der Häuptling seinen weißen Freund Jacques, sie in die Wälder mitzunehmen, bis die Gefahr vorbei sein möge. Sie zogen an jenen See, und der Vater hat sie nie gefunden. Dort und später an einer Bucht lebten sie sieben Jahre lang, bis Jacques hinter der Hütte von einem Bären überrascht und getötet wurde. Sie selbst habe damals die Hütte nicht mehr verlassen und sei darin verhungert.

Nun hatten beide ihre frühere Geschichte von verschiedenen Seiten wiedererlebt. Für sie war es klar, dass alles der Wirklichkeit entsprach, dass sie früher jenes Leben in den Wäldern gehabt hatten. Es dauerte auch nicht lange, dann waren sie ein Paar. Ich bin fast geneigt zu schreiben »Und wenn sie nicht gestorben sind, dann ...« Sie wissen schon, was ich meine. Denn oft ist die Wirklichkeit märchenvoller als irgendwelche Phantasiegebilde.

Viele Menschen haben ganz eigenartige äußere und innere Erlebnisse, wagen aber nicht, jemand anderem darüber zu berichten – aus Furcht, nicht verstanden zu werden oder gar als versponnen zu gelten. Doch vielleicht sind diese Menschen nicht »versponnen«, sondern wir sind nur eingesponnen in Kurzsichtigkeit, Voreingenommenheit oder Unwissenheit. Denn es gibt so viele Dinge, die wir noch nicht verstehen, die wir jedoch mit der Zeit, sei es in diesem oder in zukünftigen Leben, noch verstehen werden. Anfang der zweiten Hälfte des zwanzigsten Jahrhunderts war der Glaube an die Reinkarnation noch wenig verbreitet. Nun aber verbreitet sich der Glaube um die Reinkarnation in Windeseile, denn die Fakten, die dafür sprechen, sind überwältigend, und sie sind – wie Sie, verehrte Leserin und verehrter Leser, in diesem Buch noch erfahren werden – nicht mehr anzuzweifeln.

In dem nun folgenden dritten Teil dieses Buches komme ich auf jene Beweise zu sprechen, die sich durch Rückführungen in frühere Leben ergaben. Da ich schon über tausend Berichte über die früheren Leben der von mir in Einzel- oder Gruppenrückführungen Zurückgeführten angehört habe, bin ich, wie man so schön sagt, zu einem Experten auf diesem Gebiet geworden, und ich freue mich darauf, Ihnen im nächsten Teil mehr darüber berichten zu dürfen.

III.

Beweise für die Reinkarnation durch Rückführungen

Der Zahnarzt, dem es kalt
den Rücken hinunterlief

USA · Theuer

Schon mehrfach sind in den Beispielen des vorausgehenden Teiles hypnotische Rückführungen erwähnt worden, denen sich Menschen unterzogen haben, die ein Déjà-vu-Erlebnis oder einen Traum über ein früheres Leben hatten und die nun nachforschen wollten, ob das Geschaute oder Geträumte wirklich wahr war. Manche wollte auch erfahren, was sich sonst noch alles in jenem Leben zugetragen hatte. Im Trancezustand kommen wir an unser Unterbewusstsein heran, in welchem alles aufgezeichnet ist, was wir wo auch immer erfahren haben, und sei es vor Tausenden von Jahren gewesen. Denn alles, was wir je erlebt haben, ist in dem Supergedächtnis (wie auf einem Computerchip) unserer rechten Gehirnhälfte gespeichert. Als erstes Beispiel für diesen Teil des Buches möchte ich ein Erlebnis wiedergeben, das Dr. Bruce Goldberg ziemlich gleich zu Anfang seiner Karriere als Rückführungstherapeut erleben durfte.

Ich hatte Bruce im Oktober 1996 in seinem Haus nördlich von Los Angeles aufgesucht, und wir tauschten unsere Erfahrungen auf dem Gebiet der Rückführungstherapie aus. Bruce war Zahnarzt gewesen und hatte die Hypnose erlernt, um gewisse Patienten auch ohne Betäubungsmittel schmerzfrei behandeln zu können. Er hatte dann über tranceinduzierte Rückführungen gelesen und probierte sie mit großem Erfolg selbst aus. Er ist inzwischen zu einem der gefragtesten Autoren und Fernsehgäste auf dem Gebiet der Reinkarnation und der Rückführung in Amerika geworden; eines seiner bekanntesten Bücher trägt den Titel *Past Lives – Future Lives*. Wir hatten uns über drei Stunden lang unterhalten, und er stellte mir sein neues Modell vor, wie wir noch in diesem Leben unseren Reinkarnationszyklus abschließen können. Ich kam auch auf den Namen »Thayer« zu sprechen, der in dem folgenden Bericht eine große Rolle spielen wird, und sagte, der ich mittelalterliche Geschichte und die althochdeutsche Sprache studiert hatte, dass es meines Wissens diesen Namen im zwölften Jahrhundert in Bayern nicht gegeben hat. Könnte dieser Name nicht zum Beispiel »Theuer« oder »Deuer« heißen. Bruce sprach den Namen daraufhin so aus, wie er ihn noch von seinem Klienten in Erinnerung hatte, denn die amerikanische Aussprache von europäischen Namen samt ihrer schriftlichen Wiedergabe unterscheidet sich oft von dem eigentlichen Namen. Deshalb werde ich den Lehrling in der folgenden Geschichte »Theuer« nennen.

Anfang der siebziger Jahre kam ein etwa vierzigjähriger Mann in die Hypnosepraxis von Dr. Goldberg in Baltimore.[27] Arnold war Handelsvertreter einer Gerätefirma. Sein Hauptproblem, weshalb er zu einer Reinkarnationstherapie gekommen war, bestand darin, dass er sich bei seinen Verkaufsgesprächen unsicher fühlte und damit Gefahr lief, seinen Job zu verlieren, da er nicht die Minimalumsätze garantieren konnte. Er berichtete auf Dr. Goldbergs gezielte Fragen hin, dass er sich immer schon von seinen Verwandten, Bekannten und Freunden dominieren und ausnutzen lasse, worunter er selbst leide. Dr. Goldberg versetzte Arnold nun in Trance und führte ihn zu der Ursache seines Problems zurück, das sich in einem früheren Leben aufdecken ließ. Ich fasse in der Ich-Form die Aussagen von jenem Mann zusammen, während sich Dr. Goldberg im Dialog mit ihm unterhielt beziehungsweise ihm Fragen stellte.

»Ich liege unter dem Tisch. ... Dort esse ich. ... Ich bin dort angekettet an Händen und Füßen. ... Mein Meister hat mich angekettet. ... Ich bin sein Lehrling. Er ist Gold- und Silberschmied. ... Er heißt Meister Gustav. ... Ich heiße Theuer. Ich wohne in einer kleineren Stadt in Bayern. ... Es ist das Jahr 1132. ... Nach Werkstattschluss kettet er mich immer unter dem Tisch an, damit ich nicht weglaufe. ... Er hasst mich. Er schlägt mich mit einer Peitsche. Ich fürchte mich vor ihm. Er empfindet Genugtuung dabei, mich zu erniedrigen und mir wehzutun. Er missbraucht mich auch sexuell. ... Ein vornehmes Fräulein mit dem Namen Klothilde kommt öfter in die Werkstatt und bestellt Schmuck für die Familie. Sie scheint Interesse an mir zu bekunden, denn sie fragt immer nach mir. Doch Meister Gustav sagt ihr, ich sei ein Nichtsnutz. Sobald sie gegangen ist, schlägt er mich wieder. ... Jetzt kommt sie zu meinem Meister und bittet ihn, mich in ihr Haus kommen zu lassen, um dort an Ort und Stelle etwas zu reparieren. Doch Meister Gustav sagt ihr, dass man mir nicht trauen könne. Ich bin wütend. ... Ich bin jetzt schon größer und stärker geworden. Und als er mich wieder an den Tisch ketten will, leiste ich zum ersten Mal Widerstand. Ich habe eine solche Wut, dass ich ihn am liebsten umbringen möchte. Ich ergreife ein Werkzeug, um ihn zu erschlagen. Wir ringen miteinander. Ich versuche, ihm die Kehle zuzudrücken. Doch er lacht nur über mich. Jetzt stößt er mich von sich und ergreift ein großes Messer. Er stößt es mir mehrere Male in den Bauch. ... Ich schwebe auf einmal über meinem Körper. Ich habe keine Schmerzen mehr.«

Anderthalb Jahre nach dieser Rückführung mit Arnold kam ein Rechtsanwalt in die Praxis von Dr. Goldberg. Dieser wird in seinem Buch Brian genannt. Brian wollte einfach einmal eine Rückführung ausprobieren, denn er hatte schon viel darüber gehört und war neugierig geworden. Er war, wie Dr. Goldberg erfährt, ein sehr erfolgreicher Rechtsanwalt. Ihm wollte einfach alles gelingen, schien er doch die Gabe zu haben, Leute um den Finger wickeln zu können. Doch, wie er nun eingestand, habe er ein Problem. Er leide unter

Schlaflosigkeit, denn es plage ihn das schlechte Gewissen, Leute schamlos für seine Zwecke ausgenutzt zu haben. Nach seinen Hobbys befragt, sagte er, dass er ein leidenschaftlicher Sammler von Gold- und Silberschmiedestücken sei.

Nachdem der Rückführungstherapeut seinen Klienten in Trance versetzt hatte, ließ er jenen forschen, ob er in der Vergangenheit seines heutigen Lebens eine Ursache für sein heutiges Problem finden könnte. Als dieses *Scanning* (Durchforschen) des jetzigen Lebens nur Nebenursachen aber keine Hauptursache aufdeckte, ließ Dr. Goldberg seinen Klienten in ein früheres Leben gehen, in welchem die eigentliche Ursache für sein heutiges Problem zu finden sei. Auf einmal sah dieser sich in einem früheren Leben. Auf die jeweiligen Zwischenfragen eingehend, berichtete Brian Folgendes, das ich wieder in der Ich-Form zusammenfassen möchte.

»Ich arbeite in einer Werkstatt. Ich bin ein Gold- und Silberschmied – und ein sehr guter dazu. Ich heiße Gustav. Ich lebe in Bayern. Ich befinde mich im Jahre 1130. ... « Dr. Goldberg glaubte, seinen Ohren nicht trauen zu dürfen. Er hatte doch schon von jenem Goldschmied in Bayern gehört. Wer hatte ihm denn darüber schon einmal berichtet? In der Zwischenzeit waren so viele Klienten in seine Praxis gekommen, die ihre früheren Leben aufgedeckt haben wollten, dass er sich nicht sofort an den Fall erinnern konnte. Wer war nur jener Klient gewesen, der ihm über einen Goldschmied berichtet hatte? »Nein, ich bin unverheiratet. Es sind zwei Päpste gewählt worden. Ein jeder redet darüber.« (Laut Dr. Goldbergs Nachforschungen sind 1130 wirklich zwei sich befeindende Päpste gewählt worden.)

Nun stellte der Rückführungstherapeut dem in Trance Befindlichen die Frage: »Wen haben Sie in Ihrem Leben denn am meisten gehasst?« »Meinen Lehrling Theuer. Er ist ein Nichtsnutz. ...« Hier lief es Dr. Goldberg auf einmal kalt den Rücken hinunter. Er konnte sich jetzt wieder gut an jenen Vertreter Arnold erinnern, der von seinem Goldschmiedemeister Gustav erstochen worden war. Sollte es wirklich sein, dass er jetzt zufällig dessen Mörder vor sich auf der Couch liegen hatte? Ja, es konnte nicht anders sein. Und jener

Goldschmied antwortete auf Dr. Goldbergs Frage, warum er seinen Lehrling hasse: »Ich hasse ihn einfach. Ich scheine eine Befriedigung darin zu finden, ihn zu quälen.«[28] Die Stimme dieses Mannes war viel tiefer als jene, mit der Brian gesprochen hatte. Auch redete er schneller. Seine Denkart war grausam, gemein, sadistisch, denn er fuhr fort: »Ich bin viel zu gut zu diesem Burschen. ... Natürlich bezieht er Schläge von mir. Er verdient es auch nicht anders. ... Mein Geschäft blüht dank meiner Fähigkeiten, aber nicht dank dieses Nichtsnutzes. Er ist in Gedanken immer bei diesem verdammten Fräulein. ... Klothilde heißt sie. ... Sie ist eine Tochter aus vornehmer Familie. Und dieser Nichtsnutz bildet sich ein, sie könne sich für ihn, einen gewöhnlichen Menschen, interessieren. Außerdem ist er mein Besitz.« (Offenbar ist Gustav in seiner Berichterstattung zwei Jahre weiter vorangegangen.) »Und diese Klothilde hat die Dreistigkeit, mich zu fragen, ob sie Theuer mit sich nach Hause nehmen könne, damit er ihr dort etwas repariere. Warum bittet sie nicht mich? Ich bin doch der Meister, und der beste obendrein. ... Als sie gegangen war, nahm ich mir vor, diesem Burschen die größte Tracht Prügel seines Lebens zu geben. Ich will ihn jetzt wieder anketten. Aber dieser Unverschämte leistet auf einmal Widerstand. Er wirft sich auf mich und reißt mich zu Boden. Ich lache über seine vergeblichen Versuche, mich zu verletzen. Ich schlage ihn. Er umklammert meinen Hals. In meiner Wut werfe ich ihn gegen die Wand. Jetzt packe ich mein Messer und steche es ihm in den Bauch.«

Was, verehrte Leserin und verehrter Leser, sagen Sie dazu? Stellen Sie sich einmal vor, Dr. Goldberg zu sein, der dieselben Vorgänge von zwei verschiedenen Personen erzählt bekommt. Wäre Ihnen nicht auch ein Schauer über den Rücken gelaufen? Dr. Goldberg ist fest davon überzeugt, dass Brian und Arnold sich in diesem Leben nicht kennen oder voneinander gehört haben. Wie er meint, war es natürlich kein Zufall, dass er in seiner Praxis dieser Ereignisse von zwei verschiedenen Seiten berichtet bekam. Denn wenn man diese Doppelbestätigung eines im Mittelalter geschehenen Vorgangs von zwei beteiligten Personen nach dem Zufallsprinzip errechnen würde, ergäbe sich ein Verhältnis von eins zu ein paar Milliarden. Jeglichen Betrug schloss er aus. Hätte es sich dabei um ein abgekartetes Spiel gehandelt, hätte man dieses schon längst zu seinem Schaden aufgedeckt.

Doch Dr. Goldberg wollte auch nicht Gott spielen und die beiden Männer miteinander bekannt machen. Denn er meint, dass diese beiden früheren Kontrahenten sich in diesem Leben ohnehin treffen werden, wenn es von höherer Seite so geplant ist. Übrigens hatte Arnold ihm noch während der Rückführung mitgeteilt, dass Klothilde in seinem heutigen Leben seine Schwägerin sei, mit welcher er sich von allen Menschen am besten verstehe. Nach Gustav befragt, antwortete er, dass er diesen nicht in seinem heutigen Leben entdecken könne.

Rabbi Gershom berichtet hauptsächlich über sich Zurückerinnernde, die vormals als Juden im Holocaust den Tod fanden. Im folgenden Fall wird über eine amerikanische Jüdin berichtet, die vormals als SS-Aufseherin in Auschwitz ihrem grausamen Handwerk nachging.

Die KZ-Wärterin von Auschwitz

Israel · Ruth

Mein Freund, der israelische Arzt Professor Dr. med. Eli Lasch (1929–2009), berichtet in seinem einzigartigen Buch »*Sie sind wieder da*«[29], wie er als Therapeut eine ganze Reihe von Menschen in das vorausgegangene Leben zurückführte, die vormals den Holocaust als Opfer oder Täter erlebten. Er versetzt seine Probanden oder Klienten in eine tiefe Trance und lässt sie ihr vorausgegangenes Leben wiedererleben.

Zu ihm kam Ruth (Name geändert). Sie war eine 1948 in Boston geborene Jüdin, die es immer nach Israel hingezogen hatte, bis sie im Geschäft ihres Vaters einen Israeli kennenlernte, den sie heiratete und mit dem sie nach Jerusalem zog. Ruth hatte sich nie näher für den Holocaust interessiert, ja, sie vermied es, sich Filme oder Reportagen darüber anzusehen. Wenn es dennoch geschah, erfasste sie ein grauenvolles Entsetzen. Wenn sie jemanden der Shoa-Überlebenden traf, der am Unterarm in einem KZ-Lager tätowiert worden war, überlief sie ein Schauer, sie wagte aber nicht, die betreffende Person darauf anzusprechen. Sie wurde zuweilen von Horrorträumen heimgesucht, in welchen sie Baracken und Stacheldrahtzäune sah. Mit der Zeit begann sie, sich für Mystik und Reinkarnation zu interessieren, und somit besuchte sie einen der Vorträge über Reinkarnationstherapie von Professor Lasch, der sich nicht nur als Chefarzt einer Kinderklinik und dann auch von 1973–1985 als Direktor für das Gesundheitswesen in Gaza und Sinai einen Namen gemacht hatte, sondern auch als Rückführungstherapeut neue Wege der Heilung auskundschaftete. Bei ihm dachte sie, durch eine Rückführungstherapie von ihren Alpträumen geheilt zu werden.

Eli besaß die Gabe, bei manchen Menschen deren frühere Leben »sehen« zu können. Bei mir selbst sah er ein Leben, in welchem ich als Jude um 1650 in der heutigen Ukraine beheimatet war und in einem Pogrom, ausgelöst durch Kosakenbanden, den Tod fand. Und bei Ruth entdeckte er zu seinem Schrecken, dass sie entgegen seiner ersten Vermutung kein Opfer des Holocaust gewesen war, sondern zum Lager der Täter gehört hatte. Wie würde sie als Jüdin damit umgehen, wenn sie in einer Rückführung entdecken müsste, dass sie vormals eine SS-Aufseherin gewesen war? Doch Ruth wollte unbedingt wissen, woher ihre »Stacheldrahtträume« kamen. Eli bat um Hilfe von »oben«. Er sollte es, wie ihm mitgeteilt wurde, ihrem Höheren Selbst überlassen, sie zu der Ursache ihrer Schreckträume zu führen.

In der ersten Rückführung führte das Höhere Selbst von Ruth sie in ein Leben als Mönch im fünfzehnten Jahrhundert. Doch schon in der zweiten Rückführung gelangte sie in das dem heutigen Leben vorausgegangene. Sie wuchs als Katholikin bei einem Vater in Süddeutschland auf, der im Ersten Weltkrieg sein Bein verloren hatte, mit der geringen Invalidenrente aber nicht auskam. Seinen Beruf als Tischler konnte er nicht mehr ausüben, und er begann zu trinken, schlug seine Kinder und trat sehr bald der NSDAP bei, wobei er wie deren Mitglieder den Juden die ganze Schuld am verlorenen Krieg wie auch an den Wirren der Nachkriegszeit zuschob. Die in Trance Befindliche nannte ihren Vor- und Zunamen wie auch den Namen des Dorfes, in dem sie aufgewachsen war. Mit zwanzig trat Ilse B. der NS-Frauenschaft bei. Nach Kriegsbeginn suchte man dann Frauen als Wärterinnen für die Konzentrationslager in Polen, und sie meldete sich als Freiwillige. War sie bis zu ihrem Weggang von Zuhause von ihrem Vater drangsaliert und unterdrückt worden, konnte sie jetzt im KZ-Auschwitz ihre volle Macht entfalten. Und da man ihr eingetrichtert hatte, dass die Juden nur Untermenschen seien, die es als Arbeitskräfte auszubeuten oder zu ermorden galt, ließ sie ihre angestaute Wut besonders an ihnen durch Schläge und Schikanen aus. Als Kriegsverbrecherin wurde sie kurz nach Kriegsende in Polen gehängt. Nach ihrem Tod trat sie vor den »himmlischen Gerichtshof«, und erst dort wurde ihr klar, was sie alles an Schandtaten begangen hatte.

Nachdem Ruth wieder aus der Trance zurückgekehrt war, wurde ihr im Nachgespräch klar, dass ihr heutiges Leben als Jüdin darin bestand, ihr verfehltes Leben als Ilse B. ins Zeichen der Wiedergutmachung zu stellen. Sie wollte selbst als Jüdin wiedergeboren werden und hatte sich für ihr jetziges Leben außerdem einen liebevollen Vater ausgesucht. Sie hatte im Jenseits große Reue für ihre schlimmen Vergehen verspürt und sich vorgenommen, nach ihrer Wiedergeburt als Angehörige des jüdischen Glaubens ihrem Volk in Israel zu helfen. Und da sie im Jahr der Gründung Israels geboren worden war, entwickelte sie schon in ihrer Jugend eine große Sympathie für alles, was diesen Staat betraf. So engagierte sie sich schon in Amerika in pro-israelischen Organisationen und studierte späterhin Judaistik und biblische Archäologie. Zuhause in Boston wurde nie über den Holocaust gesprochen, und sie hatte sich auch mit niemandem der Überlebenden des Holocaust unterhalten. Ebenso war sie im heutigen Leben nie in Deutschland gewesen.

Professor Lasch, der den Namen der SS-Aufseherin und deren Geburts- und Wohnort in der Rückführung erfahren hatte, erkundigte sich bei dem zuständigen Einwohnermeldeamt. Er erfuhr, dass jene Frau tatsächlich in dem Ort geboren und als verschollen vermerkt worden war.

Professor Laschs Buch – wie auch die beiden Bücher von Yonassan Gershom – beweist, dass auch die Holocaustopfer »überlebt« haben und als Wiedergeborene unter uns weilen.

Beweise für frühere Leben
durch Gruppenrückführungen

Trutz Hardo

Gern besucht sind meine Gruppenrückführungen, die ich jetzt schon seit Mitte der achtziger Jahre im In- und Ausland durchführe. Die Teilnehmer bringen, so nicht vorhanden, Decken und Kopfkissen mit. Nach einer Einführung wird das Thema ausgesucht, das in der folgenden Rückführung behandelt wird, ein Thema, das natürlich auf alle zutrifft. Solche Themen können heißen: »Mein schönstes früheres Leben«, »Mein spirituellstes früheres Leben«, »Mein bedeutendstes früheres Leben«, »Mein dem jetzigen vorausgegangenes Leben«, »Mein schönstes Leben im anderen Geschlecht« und so weiter. Es gibt eine ganze Reihe von solchen Themen, die auf alle Teilnehmer zutreffen. Bei solch einer Rückführung, die etwa eine Stunde dauert, erleben siebzig bis neunzig Prozent der Teilnehmenden ihre früheren Leben. Jeder erlebt sie dabei für sich. Erst nach Beendigung der Rückführung wird in der Gruppe mitgeteilt, was von jedem erlebt worden ist. In Gruppenrückführungen verwende ich, anders als in Einzelrückführungen, keine Hypnose, sondern mache von einer Countdown-Entspannungsmethode Gebrauch, die ebenfalls den erwünschten Alphazustand beim Teilnehmer herstellt, um das, was in dem Unterbewusstsein der rechten Gehirnhälfte aus früheren Leben gespeichert ist, auf den inneren Monitor zu projizieren. Wenn ein sehr tiefer Alphazustand erzielt worden ist, erlebt man die Erlebnisse aus früheren Leben so, wie man die Ereignisse im heutigen Leben wahrnimmt. Alle Sinnesempfindungen werden simultan erlebt wie auch die Gefühle. Es ist wirklich ein großes Erlebnis, so eine Gruppen- oder Einzelrückführung einmal erlebt zu haben. Wer sich dafür interessieren sollte, den verweise ich auf mein Buch *Entdecke deine früheren Leben* und auf den Veranstaltungskalender über meine Seminare.[30] In Gruppenrückführungen gehen wir nicht in traumatische Erlebnisse hinein, damit keine nachträglichen Aufarbeitungen anstehen und somit gewährleistet ist, dass solch eine Gruppenrückführung ohne Störungen abläuft. Denn sollten Teilnehmer traumatische Erlebnisse wiedererleben, könnten sie zu zetern und schreien beginnen und die anderen aus ihren früheren Leben sofort in ihr heutiges zurückkehren lassen.

Während einer solchen Gruppenrückführung in der sächsischen Stadt Halle, in welcher das Thema »Ein schönes Leben im anderen Geschlecht« lautete, erlebte sich ein Journalist einer der größten deutschen Zeitungen als die eigene Großmutter, die in ihrem zweiundzwanzigsten Lebensjahr verstorben war. Er erlebte alles so plastisch und real, dass diese Rückführung für ihn ein großes Erlebnis war. Er wusste eigentlich überhaupt nichts über seine Großmutter außer der Tatsache, dass sie früh verstorben war. Ihre Schwester lebte allerdings noch, und sie konnte er über das Gesehene und Erlebte befragen. Diese war verwundert darüber, woher er all diese Einzelheiten aus der Kindheit, Jugend und über die Heirat ihrer Schwester wissen konnte. Sie musste aber all das von ihm Berichtete bestätigen. Er beschrieb ihr zum Beispiel genau die Nähmaschine, die die Großmutter benutzt hatte, denn diese besaß ein besonderes Muster oberhalb des Tretmechanismus; diese Nähmaschine befand sich nicht im Familienbesitz, so dass der Journalist sie nicht schon gesehen haben konnte. Für ihn war dieses Erlebnis ein Beweis für die Reinkarnation.

Bei einer Gruppenrückführung in ein spirituelles Leben berichtete eine Frau aus der Schweiz, dass sie sich als Benediktinermönch in Italien vor etwa fünfhundert Jahren gesehen hätte. Und jener ihr fremde Mann, der auf der Matte neben ihr lag, sei, wie sie sagte, dort ebenfalls ein Mönch mit dem Namen Domenico gewesen. Daraufhin sagte dieser: »Jawohl, ich habe mich auch in jenem Kloster gesehen. Du warst der Abt.« Beide saßen nach dem Seminar noch lange zusammen und beschrieben sich gegenseitig, was sie an Einzelheiten in jenem Kloster gesehen und erlebt hatten. Im folgenden Jahr fuhren beide nach Italien, um jenes Kloster zu finden, aber an jenem Ort sagte man ihnen, dass dieses schon vor sehr langer Zeit abgerissen worden sei. Übrigens lebten nun jene beiden ehemaligen Mönche als Lebenspartner zusammen.

Ich habe schon öfter erlebt, dass Seminarteilnehmer in Rückführungen erfahren, dass jemand anderes aus dem Seminar ebenfalls im selben früheren Leben mit ihnen gelebt hat. So fügen sich oft wieder Freundschaften oder aber auch Partnerschaften zusammen, die eventuell einige Jahrhunderte brachgelegen haben. Aus einem meiner Rückführungsseminare haben sich einmal drei Ehen ergeben.

Zwei Frauen hatten sich vor fünfundzwanzig Jahren in meinem Seminar getroffen und sofort Freundschaft geschlossen. Seitdem rufen sie sich täglich an, und oft geschieht es, dass die eine an einem Tag zur selben Uhrzeit genau dasselbe kauft wie die andere, obwohl sie dreihundert Kilometer voneinander entfernt wohnen. Nie hatte es irgendeinen Disput zwischen ihnen gegeben oder Eifersüchteleien bei Begegnungen mit Männern. Beide gehen oft Arm in Arm spazieren, haben aber kein lesbisches Verhältnis, sondern beide sind inzwischen verheiratet. In meinem Seminar stellte sich zur Verblüffung beider heraus, dass sich jede als ein Ritter des Hochmittelalters gesehen hatte: Jede sah den Zwillingsbruder vor sich. Sie berichteten über dieselben Erlebnisse mit dem jeweiligen Zwillingsbruder, und beide erfuhren in der Rückführung, dass die heutige Freundin dieser frühere Zwillingsbruder war. Der einen Frau wurde schon tags zuvor während des Wochenendseminars von ihrem Geistführer ein Stab mit einem Kreuz übergeben, und ihr wurde dabei gesagt, dass sie bald erfahren werde, was es mit diesem Stab auf sich habe. Diesen, wie sie nun berichtete, hatte sie in der Rückführung als jener Ritter in der Hand gehalten.

In meinen Gruppenrückführungen mögen es die Teilnehmer, sich eine Person aus dem Verwandten- oder Bekanntenkreis auszusuchen, um dann zu sehen, in welchen Leben man mit dieser Person schon zusammengelebt hat. Eine junge Frau nahm also ihre Mutter, die nicht anwesend war, und erlebte drei Leben mir ihr. Nach dem Seminar nach Hause zurückgekehrt, erzählte sie ihrer Mutter nichts über das im Seminar Erlebte – außer dass sie sie in drei verschiedenen Leben gesehen habe. Sie forderte sie nun auf, ebenfalls ein

Rückführungsseminar bei mir zu besuchen und nach ihr zu forschen. Die Mutter nahm nun an dem nächsten Gruppenrückführungsseminar in Berlin teil, und wie diese junge Frau mir später am Telefon mitteilte, sei die Mutter in zwei derselben früheren Leben gelangt, so dass sie dieselben Personen und Situationen gesehen hatten. Sie hätten auch unabhängig voneinander Skizzen ihrer Häuser und der Inneneinrichtungen angefertigt und sie später miteinander verglichen. Sie stimmten ebenfalls überein. Für beide war dies ein überzeugender Beweis für die Reinkarnation.

Einmal ist mir während eines Seminars in München selbst ein Schauer über den Rücken gelaufen. Ein Ehepaar hatte sich, ohne es vorher verabredet zu haben, gegenseitig als die Person ausgesucht, nach der geforscht werden sollte. Als beim *Sharing* (Mitteilen) des soeben in der Gruppenrückführung Erlebten der Ehemann über das von ihm Erlebte berichtete, sagte er, dass er seine Frau ausgesucht habe. Sie sei in jenem früheren Leben seine Mutter gewesen. Der Vater sei verstorben gewesen. Sie hätten in einem Dorf bei Nürnberg im Jahre 1845 gelebt. Er war ihr einziges Kind und hieß Karl. Zweimal in der Woche seien sie zum Nürnberger Wochenmarkt gegangen und hätten dort Obst und Feldfrüchte verkauft. Und auf einmal schreit seine neben ihm sitzende Frau: »Hör auf, hör auf! Ich habe dasselbe gesehen. Du warst mein Karlchen!« Nachdem ihre Emotionen wieder etwas abgeflaut waren, berichtete sie ausführlich, was sie alles als die Mutter ihres Sohnes Karl erlebt hatte. Sie konnte nun alles, was ihr Ehemann über jenes frühere Leben wiedergegeben hatte, bestätigen.

Wäre es Ihnen, verehrte Leserin und verehrter Leser, nicht ebenfalls kalt über den Rücken gelaufen, wenn Sie bei diesem Seminar dabei gewesen wären? Wer nicht an einer Gruppenrückführung oder Einzelrückführung teilnehmen kann, aber trotzdem etwas über seine verschiedenen Leben erfahren möchte, dem empfehle ich, sich CDs zu besorgen, mit denen man gefahrlos selbst in der Lage ist, seine früheren Leben aufzusuchen.[31]

Eine Psychologin beweist
die Reinkarnation als Tatsache

Helen Wambach · USA

Sind denn alle Rückerinnerungen der Teilnehmer in einem Gruppenrückführungsseminar wirkliche Begebenheiten aus früheren Leben? Wird da von den Einzelnen nicht viel hinzugedichtet? Heißt es nicht, dass viele sich als jemand Großes in der Geschichte sehen? Ist nicht jeder Dritte irgendeine Nofretete oder Kleopatra, ein Julius Caesar, ein Alexander der Große, ein Napoleon, eine Kaiserin Sissi und dergleichen mehr? In den Vereinigten Staaten gab es eine Psychologin, die wissenschaftlich herausfinden wollte, ob an solchen Rückführungen in frühere Leben irgendetwas Wahres dran sei. Oder sind all jene Erlebnisse aus sogenannten früheren Leben nur Wunschvorstellungen oder Hirngespinste, die das Bewusstsein oder Unterbewusstsein uns vorgaukelt und die wir als wirklich Erlebtes aus früheren Zeiten annehmen? Diese Professorin, die an der Berkeley Universität von Kalifornien lehrte, hieß Helen Wambach. Ich suchte sie 1981 in ihren Arbeitsräumen auf mit der Bitte, mich in eines meiner früheren Leben zu versetzten, da ich ein solches noch nie wiedererlebt hatte. Ich hatte schon eine Anzahl von Büchern über Rückführungen gelesen, aber noch fehlte mir das Erlebnis selbst.

In dieser ersten Rückführung sah ich mich als eine etwa zwanzigjährige Frau mit langen dunklen Haaren in einem rosa Kleid und schaute voller Trauer aus dem Fenster einer kleineren Burg. Vor mir breitete sich ein etwas verwilderter parkähnlicher Garten aus. Dann erblickte ich mich am Mittagstisch. Mir gegenüber saß meine Stiefmutter, die noch keine vierzig Jahre alt sein mochte. Ich fühlte die Kälte, die von ihr zu mir herüberflutete. Zu meiner Rechten saß der Bruder meines Vaters. Er hielt eine Lammkeule oder dergleichen in seiner linken Hand, und das Fett troff den Arm hinunter. Er schmatzte und fraß im wahrsten Sinne des Wortes, und ich empfand

Ekel. Am Kopfende des Tisches neben meinem Onkel saß mein Vater. Ihm gegenüber spürte ich eine tiefe Wärme, Verbundenheit und Vertrauen. Er schien mein einziger Trost in jenem Leben zu sein.

Nachdem ich aus jenem Leben – ich erhielt als Datum das Jahr 1204 und als Ort Frankreich – zurückgekehrt war, besprachen wir das von mir Erlebte. Ich war von den Bildern, aber noch mehr von der Intensität der Gefühle sehr überrascht. Denn wenn ich mich sonst an Ereignisse aus dem gegenwärtigen Leben zurückerinnere, sehe ich wohl noch innere Bilder, aber diese führen in ihrem Gefolge im Allgemeinen keine Gefühle mit sich. Es war für mich ein völlig neues Erleben von Vergangenem. Alles war so plastisch, nah, bekannt und ganz anders als in einem Film. Trotzdem war es für mich noch kein Beweis. Helen lud mich anschließend zum Essen in ein Restaurant ein und erklärte mir vieles über ihre Methoden, wie sie die Reinkarnation beweisen könne.

Sie meinte, man könne die Richtigkeit des in Rückführungen Erlebten nur statistisch beweisen. Eine Einzelrückführung mag für den Zurückgeführten Beweis genug sein, aber als objektiver Beweis mag sie in vielem anzuzweifeln sein. Doch wenn sie tausend Leute zurückführen würde und spezifische Fragen zu jener Zeit und Welt, in der sie damals lebten, stellen würde, dann müssten doch übereinstimmende Faktoren zutage treten, die bei allen gleich sein sollten. Sie habe für ihre Beweisführung 1088 Versuchspersonen in deren verschiedene frühere Leben zurückgeführt und sie dann gefragt nach Alter, Geschlecht, Rasse, Beruf, Bekleidung, Land, aber auch nach solchen Dingen wie: »Schau dir einmal das Geld an. Wie sieht es aus?« oder »Mit welchem Besteck isst du?«

Obwohl sich nach einer Allgemeinumfrage in den USA damals der überwiegende Teil der weißen Bevölkerung gewünscht hatte, als ein weißer Mann geboren gewesen zu sein, ergab sich aus der statistischen Erhebung ihrer Zurückgeführten doch, dass die Geschlechteraufteilung durch die Geschichte hindurch mit wenigen Schwankungen 50:50 war, bei einem leichten Übergewicht von 0,3 bis 0,6 Prozent für Männerleben. Und diese Resultate ergaben sich auch bei jenen Rückführungen, in denen die Versuchspersonen manchmal zu über fünfundsiebzig Prozent aus Frauen bestanden. Wenn also bei solchen Rückführungen das Wunschprinzip einwirken würde, dann müssten die meisten der amerikanischen Versuchspersonen sich in früheren Leben als weiße Männer erblicken. Aber nein, sie waren Mann und Frau mit ganz unterschiedlichen Hautfarben. Bei diesen 1088 Versuchspersonen, von denen alle eine ganze Reihe von früheren Leben wiedererlebten – also im Ganzen etwa 10.000 Leben –, erblickte sich nur eine Person als eine bekannte Person der Geschichte, ein anderer war ein unbekannter König, es gab einige Hohepriester, doch alle übrigen Leben offenbarten ein normales Verhältnis zwischen der Ober-, der Mittel- und der Unterschicht, und zwar in der gleichen Relation, wie sie jene Statistiken aufweisen, die Wirtschafts- und Kulturhistoriker aufgestellt haben. So gehören etwa 75 Prozent der historischen Weltbevölkerung der Unterschicht an. Sie sind Bauern, Arbeiter, Fischer, Soldaten, Bettler und dergleichen. Etwa 20 Prozent sind der mittleren Schicht der Bevölkerung zuzurechnen, also Handwerker oder Händler, während zur Oberschicht all jene zählen, die aufgrund von Macht, Land oder Vermögen nicht zu arbeiten brauchten. Letztere machen etwa fünf Prozent der Bevölkerung aus. Und genau in diesem Proportionsgefälle zeigte sich die Bevölkerungseinteilung bei den wiedererlebten früheren Leben. Also nichts ist es mit jenen vielen Kleopatras, Caesars, Napoleons und so weiter. Dies kann ich nur bestätigen, nachdem ich mir Tausende von Berichten von meinen Seminarteilnehmern über ihre Erlebnisse in früheren Leben angehört habe.

Unter den vielen Fragen, die Helen Wambach ihren Versuchspersonen stellte, war auch, wie oben bereits angedeutet, diejenige nach dem Geld ihrer Zeit. Zum Beispiel hatten jene, die zwischen dem 4. Jahrhundert v. Chr. und dem Jahre 40 n. Chr. gelebt hatten, Münzen gesehen, die ein Loch in ihrer Mitte hatten und quadratisch geformt waren. Niemand von den Zurückgeführten wusste, dass zu jener Zeit gerade solche Münzarten im Umlauf gewesen waren. Nach ihren Kleidungsstücken befragt, nannten sie genau diejenigen, die zu jener Zeit getragen worden waren. Niemand erwähnte vor dem Jahre 1200 n. Chr., eine Hose getragen zu haben, denn diese kam erst danach allmählich in Mode. So erwähnte auch niemand, der sich in einem Leben vor dem 15. Jahrhundert n. Chr. befunden hatte, dass er mit einer Gabel aß. Und richtig: In den drei Jahrhunderten danach war nur eine dreizinkige Gabel in Europa im Gebrauch. Auch hierin gab es also nie einen Widerspruch zu den historischen Fakten. Zudem erwähnte niemand – man höre und staune! – eine vierzinkige Gabel vor dem Jahre 1790. Diese mit der Historie übereinstimmenden Fakten konnten von den Zurückgeführten überhaupt gar nicht gewusst werden. Oder hätten Sie, liebe Leserin und lieber Leser, gewusst, wann zum ersten Mal eine dreizinkige und wann eine vierzinkige Gabel in Europa aufgetaucht ist?[32]

Für viele Menschen, die sich mit der Reinkarnation beschäftigten, waren die Untersuchungen von Professor Helen Wambach die überzeugendsten Beweise für die Reinkarnation. Aber, wie wir in diesem Buch noch zeigen werden, sollten noch überzeugendere Beweise geliefert werden.

Hatten wir uns in den beiden vorangegangenen Kapiteln mit der Gruppenrückführung beschäftigt, so wollen wir uns jetzt wieder den Einzelrückführungen zuwenden. Beginnen möchte ich mit jenem Fall, der in den fünfziger Jahren des zwanzigsten Jahrhunderts in den Vereinigten Staaten von Amerika für größte Furore gesorgt und den Blick der Öffentlichkeit auf die Reinkarnation gelenkt hat.

Bridey Murphy versetzt
die Gemüter Amerikas in Aufruhr

USA · Irland

Der Amateurhypnotiseur Morey Bernstein aus Pueblo im Staate Colorado hypnotisierte am 29. November 1952 bei sich zu Hause eine neunundzwanzigjährige Frau namens Virginia Tighe Morrow in Anwesenheit ihres Mannes. Bernstein hatte noch nie vorher jemanden in ein früheres Leben zurückgeführt, hielt aber Virginia nach einer Partyhypnose für eine ausgezeichnete Versuchsperson, um dieses Experiment durchzuführen. Er führte sie über die Kindheit und den Fötalzustand immer weiter zurück: »Gehe immer weiter zurück, zurück, zurück, bis du eine Landschaft siehst, einen anderen Ort in einer anderen Zeit erlebst ... Nun berichte mir, welche Bilder du siehst.«

Bernstein und Virginias Ehemann waren gespannt, was wohl von ihr geschildert werden würde. Nach einer langen Pause bewegten sich die Lippen von Virginia, und in einem irischen Englisch sagte sie: »Ach, ich kratze die Farbe von meinem Bett. Es ist gerade erst gestrichen worden, und sie haben es schön gemacht. Es ist ein Metallbett. Und ich kratze die Farbe wieder weg. Meine Fingernägel haben schon beide Bettpfosten ruiniert. Es sieht schlimm aus.«

Bernstein: »Warum hast du das gemacht?«

Antwort: »Weiß nicht. Ich war verrückt. Ich wurde dafür auch verhauen.«

Bernstein: »Wie heißt du?«

Antwort: »Bridey.«

Bernstein: »Hast du noch einen anderen Namen?«

Antwort: »Bridey Murphy.«

Bernstein: »Und wo wohnst du?«

Antwort: »Ich wohne in Cork.«

Bernstein: »Und wie heißt deine Mutter?«

Antwort: »Kathleen.«

Bernstein: »Und wie heißt dein Vater?«

Antwort: »Duncan ... Duncan ... Murphey.«

Bernstein: »Wie alt bist du?«

Antwort: »Vier ... vier Jahre alt.«

So begann die erste von sechs Sitzungen, die Amerika in Aufruhr bringen sollte. Virginia (in seinem Buch gibt Bernstein ihr das Pseudonym Ruth Simmons) gibt an, am 20. Dez. 1798 als Bridget Kathleen Murphy geboren worden zu sein. Ihr Vater sei ein Rechtsanwalt gewesen, und sie hätten außerhalb Corks in *The Meadows* (in den Wiesen) gelebt. Sie nannte den Namen ihrer Lehrerin und erzählte, wie sie mit zwanzig den Katholiken Sean MacCarthy geheiratet habe, mit dem sie nach Belfast gezogen sei, wo er sich ebenfalls als Rechtsanwalt niedergelassen habe. Ihre Ehe sei kinderlos geblieben, und sie sei 1864 gestorben, nachdem sie die Treppen heruntergestürzt war. Sie berichtete über viele Einzelheiten aus ihrer Jugend und dem Leben in Belfast, wie sie auch exakte Beschreibungen von Örtlichkeiten, Nachbarn, Straßen und so weiter gab. Sie begann auf einmal nach Aufforderung, alte irische Lieder zu singen, die damals in Mode gewesen waren. Was so faszinierte, war die Tatsache, dass Virginia nie in Irland gewesen war, sie hatte auch keinerlei Bücher über Irland gelesen, was auch auf Morey Bernstein zutraf.

In drei Folgen berichtete die *Denver Post*, eine größere Zeitung, über diesen Fall, der viele ihrer Leser in Erstaunen versetzte. Denn bisher hatte man in der Öffentlichkeit noch nichts über Rückführungen in frühere Leben gehört. Ein großer Verlag stachelte Morey Bernstein nun an, ein ganzes Buch über diese sechs Sitzungen zu schreiben. Am 1. Januar 1956 erschien es – und wurde zu einer Sensation. Es wurde zu einem Bestseller. Die *Denver Post* sandte ihren Reporter William J. Barker nach Irland, wo er mithilfe von lokalen Bibliothekaren und Historikern vieles von den Angaben bestätigen konnte. Zum Beispiel hatte Virginia zwei Lebensmittelläden mit den

Namen ihrer Eigentümer – William Farr und John Carrigan – erwähnt, die man nachweisen konnte. Aus einer alten Karte ersichtlich, bestätigte sich auch der Vorort *The Meadows* als richtig. Ein Platz, den sie als »Mourne« bezeichnete, war nirgends verzeichnet. Erst ein Historiker fand auf einer alten Karte jener Zeit diesen Namen. Sie hatte angegeben, dass ihr Schwiegervater John MacCarthy Rechtsanwalt in Cork gewesen sei – und auch das konnte als richtig nachgewiesen werden. Diese Person, die sich in Trance Bridey Murphy nannte, beschrieb die irischen Gebräuche jener Zeit: Bei der Hochzeit wurde der Braut zum Beispiel Geld in die Taschen gesteckt. Sie erwähnte daneben einen Volksbrauch, der in diesem Jahrhundert nicht mehr gepflegt wird. Sie hatte den Blarney-Stein geküsst. Mehrere Wissenschaftler, die sie als Schwindlerin diskreditieren wollten, ließen sich darüber aus, dass sie solches einfach erfunden habe. Doch späterhin musste sich einer von diesen, es war der Bibliothekar Dermot Foley, deswegen entschuldigen, denn er fand in einem alten Buch tatsächlich die Beschreibung dieses Brauchs. Man hatte ihr zudem vorgeworfen, dass es zu ihrer Zeit keine Betten aus Eisen gab. Doch auch das – wie so vieles andere – wurde im Nachhinein als richtig bestätigt.

Als irische Sprachkundler die Stimme Brideys später auf Tonband hörten, waren sie über die Echtheit dieses in jener Gegend gesprochenen schweren irischen Akzents erstaunt. Auch verwendete sie viele damals gebräuchliche und heute schon längst vergessene Umgangswörter. Ebenfalls weckten Darstellungen von Festtagsbräuchen und der damals zu solchen Anlässen gesungenen Lieder großes Erstaunen. Und immer wenn eine Redewendung oder ein Hinweis auf Folklore von Wissenschaftlern als echt angezweifelt wurde, stellte sich bei weiterem Forschen heraus, dass Bridey Murphy recht gehabt hatte. Wie war es möglich, dass sie den irischen Dialekt, der vor hundert Jahren in der von ihr beschriebenen Gegend gesprochen wurde, mit all seinen speziellen Ausdrücken so perfekt wiedergeben konnte?

Unter mehreren Zeitungen Amerikas entspann sich ein Krieg, denn die Zeitungen der Randolph-Hearst-Kette versuchten alles, um den Fall Bridy Murphy zu diskreditieren – auch unter Zuhilfenahme bewusster Irreführungen –, während andere Zeitungen den Nachforschungen der *Denver Post* zuneigten, die den Fall untersuchte und die Übereinstimmungen veröffentlichte. Immerhin erregte der Fall Bridey Murphy Millionen von Gemütern, und das Interesse an Literatur über Reinkarnation stieg. Und da sich nun Wissenschaftler und andere Enthusiasten mit der Reinkarnation auseinandersetzten und eigene Versuche mit Rückführungen durchführten, wurde Amerika bald das führende Land bei der Erforschung früherer Leben.

Übrigens ist es interessant zu erwähnen, dass Frau Virginia Tighe nie an die Reinkarnation geglaubt hat. Sie verstarb 1995 im Alter von 72 Jahren. 1976 wurde sie in einem Interview mit der *Los Angeles Times* darüber befragt, wie sie im Nachhinein darüber denke, vor hundert Jahren jene Bridey Murphy gewesen zu sein, und sie antwortete: »Ich wurde mein ganzes Leben dazu erzogen, nicht an die Reinkarnation zu glauben. Aber ich glaube, dass die Forschung eher für die Reinkarnation spricht. Dennoch muss ich erst noch davon überzeugt werden. Ich bin eine offene Person, und für mich scheint es logischer zu sein, dass Gott einen Plan verfolgt, der keine Grenzen kennt. Mein ganzes Leben bin ich darin erzogen worden, Gott zu begrenzen. Doch ich habe mich inzwischen dazu entschlossen zu glauben, dass es mehr gibt, als das, was wir uns vorstellen können.«[33]

Das Judenmassaker von York

England · Bloxham

Der in Wales lebende Arzt Dr. Arnall Bloxham hatte sich schon in den zwanziger Jahren des vorausgegangenen Jahrhunderts mit Hypnose befasst und wurde in England dadurch berühmt, dass er im Beisein seines Zahnarztes dessen Patienten durch Hypnose suggerierte, keine Schmerzen zu verspüren. Zum anderen wurde er berühmt, als das Fernsehen späterhin über seine Arbeit als Rückführungsexperte berichtete und er vor laufender Kamera Leute in deren frühere Leben zurückversetzte.

Eine von diesen war die Hausfrau Jane Evans, die er schon zuvor in sieben ihrer früheren Leben zurückgeführt hatte. Doch das »dramatischste« Leben führte sie als Rebecca, die Frau des Geldverleihers Joseph, der sich mit seiner Familie in der englischen Stadt York niedergelassen hatte. Rebecca schilderte ihre Angst, die sie als Juden vor den Anfeindungen der Bürger im Jahre 1190 haben mussten. Es waren schon Ausschreitungen gegen Juden vorgekommen, waren doch bei einer Pest im vergangenen Jahr zweihundert Christen gestorben – jedoch kein Jude, so dass man den Juden, die alle mit einem Stück gelben runden Stoffs auf ihrer linken Brustseite markiert sein mussten, die Schuld zuschob, die Brunnen vergiftet zu haben. Auch war erst vor kurzem der neue König Richard mit dem Beinamen »Löwenherz« ins Heilige Land aufgebrochen, um im Kreuzzug Jerusalem von den Feinden Christi zu befreien, während im eigenen Land vor allem vonseiten der Kirchenmänner auf die Juden gewiesen wurde, die ja ebenfalls »Ungläubige« und als solche »Feinde Christi« waren, die den Heiland ja sogar »umbringen« ließen. Rebecca schilderte, wie unter den Juden Yorks die Angst um sich griff. Sie verbarrikadierten von innen ihre Häuser, dachten dann aber wieder daran zu fliehen, doch überall schienen sich Judenpogrome zu entwickeln, hörte man doch, dass in London gerade erst dreißig Juden ermordet worden waren.

Dann Mitte März geschah in York Folgendes: Einige Männer unter Anführung von Marbelise, einem Adeligen, der Josef noch viel Geld schuldete und der sich durch dessen Ermordung von der Pflicht zur Rückzahlung zu befreien hoffte, drangen brandschatzend in die Häuser der Juden ein, denen es zum größten Teil gelang, zur Burg zu eilen, um dort, wie versprochen, Schutz zu finden. Doch der Burgherr öffnete ihnen nur das erste Tor, verweigerte aber das eigentliche Burgtor, so dass sie mit all ihren Kindern und Frauen zwischen den Mauern gefangen waren. Sie konnten weder raus noch rein, konnten kein Essen noch Wasser bekommen und verharrten dort einige Tage, während der Mob versuchte, von außen das äußere Burgtor einzurammen mit dem Schlachtruf:»Tötet die Juden.« Da die Eingeschlossenen wussten, dass es nur eine Frage der Zeit war, bis die Mordsüchtigen eindrangen und sie alle massakrierten, begannen sie, sich untereinander zu töten, erst die Kinder, dann die Frauen und schließlich die Männer gegenseitig, wie es späterhin in Worms und Mainz ebenfalls geschehen sollte.

Durch Bestechung gelang es Joseph, dass jemand aus der Burg ihm einen Geheimgang wies, durch den er mit seiner Familie vor das Tor der Stadt gelangte. Dort flüchtete die Familie in eine nahegelegene Kirche, wo Josef und sein Sohn den Pfarrer und Küster gefangen nahmen. Sie verbargen sich dort, hoffend, dass der Mob samt den Truppen des Burgvogts nicht auf ihr Versteck aufmerksam würde. Vom Kirchturm aus sahen sie, wie ihre Häuser in Flammen aufgingen. Sie hatten tagelang nichts gegessen. Deshalb versuchten Vater und Sohn, das Versteck zu verlassen, um unerkannt Nahrung aufzutreiben.

In ihrer Abwesenheit hörte Rebecca das Herannahen von Pferden und schließlich Stimmen, aus denen sie entnahm, dass man sie suchte und in dieser Kirche vermutete. Sie floh mit ihren Kindern in eine Krypta unterhalb des Altars. Doch der von den Reitern befreite Pfarrer wusste, wo Rebecca und Rachel sich versteckt hielten, und bald waren die Mörder in die Krypta eingedrungen und töteten beide. Während sie das berichtete, erlebte sie alles so, wie es damals wirklich geschehen sein musste. Ihre Stimme zitterte vor Angst. Sie schrie: »Bitte verschont meine Rachel, bitte, bitte verschont sie!«

Wer eine solche dramatische Rückführung miterlebt hat, weiß, dass so etwas nicht geschauspielert sein kann, es sei denn, man hätte die beste Schauspielerin der Welt vor sich. Aber das Interessante ist – und deshalb dient dieser Bericht ebenfalls als Beweis für die Reinkarnation –, dass man bei der Recherche dieses Falls wohl die besagte Kirche auffand, jedoch dort keine Krypta unter dem Altar entdecken konnte, da in der Regel nur das Münster, nicht aber die anderen Kirchen aus der damaligen Zeit eine solche hatten. Doch wie es der Zufall will, wurde jene Kirche in ein Museum umgebaut, und bei diesen Umbaumaßnahmen entdeckte man die von Rebecca beschriebene Krypta, in der sie mit ihrer Tochter den Tod fand.

Die Tonbänder mit den Schilderungen Rebeccas über jene Zeit wurden einem bekannten Lokalhistoriker, Professor Dobson, vorgespielt, der gestehen musste, dass ihr Bericht als wahr angesehen werden müsse, was die Ereignisse und die Zeit betreffe. Einige der detaillierten Schilderungen fand er »beeindruckend korrekt«, und selbst einige noch ungeklärte Hinweise konnten sehr wohl so gewesen beziehungsweise passiert sein, während einige andere nur wissenschaftlichen Historikern zugänglich gewesen sein könnten.

Frau Evans, selbst wenn sie vorher Bücher über jene Zeit und das Massaker gelesen haben sollte – und das meiste darüber ist noch nicht publiziert, sondern nur in verschiedenen Archiven gespeichert, zu welchen nur Archivare und Historiker Zugang haben –, konnte sich solch ein detailliertes Wissen nicht angeeignet haben und schon gar nichts über jene Krypta gewusst haben. Sie konnte auch telepathisch nichts von Dr. Bloxhams Gedanken übernommen haben, da er ja selbst von all dem Berichteten nicht die geringste Ahnung gehabt hatte.

Folgende Umstände führt Dr. Bloxham an, anhand derer er beweisen kann, dass das von Rückgeführten Wiedererlebte echt ist: »Ich habe hypnotisierten Zurückgeführten Fragen über die soeben von ihnen erlebte Zeit gestellt, deren Ereignisse sie im heutigen Leben jedoch gut kannten. Aber ihre Antworten unterschieden sich in vielem vollkommen von dem, was sie in den zugänglichen Geschichtsbüchern selbst gelesen hatten. Wenn ich ihnen etwas zu suggerieren versuchte, das gemäß unseres historischen Wissens richtig ist, was jedoch dem widersprach, was die Hypnotisierten über ihr früheres Leben berichteten, dann stellten sie die uns bekannten historischen Fakten als unrichtig dar.«[34] Und in einigen Fällen konnte erst im Nachhinein durch Forschungen in Archiven beglaubigt werden, dass das, was jene in Trance Befindlichen erlebten und für wahr angaben, auch wirklich wahr war.

Ähnlich dramatische Erlebnisse sind mir in meiner Praxis als Rückführungstherapeut oft begegnet. Jedoch habe ich nicht die Zeit, jene Fakten historisch zu verifizieren. Da ich Geschichte studiert habe, weiß ich aber zumeist, ob das von der in Trance befindlichen Person Gesagte mit den historischen Gegebenheiten übereinstimmt. Wenn ich diese Personen hinterher über die geschilderte Zeit befrage, muss ich oft feststellen, dass diese vorher nahezu überhaupt nichts über jene soeben erlebte historische Zeit gewusst haben. Meist sind diese Zurückgeführten in ihrer damaligen Zeit ganz einfache Leute ohne jegliche höhere Bildung oder Interesse an Politik und am Weltgeschehen. Nur wenn sie durch Letzteres selbst in Mitleidenschaft gezogen werden, wissen sie meist über solche geschichtlichen Zusammenhänge zu berichten. Dennoch ergeben sich wie in jenen oben erwähnten Gruppenrückführungen auch in solchen Einzelrückführungen, bei denen ich mich mit dem Klienten im Dialog befinde, Beweise für die Reinkarnation – quasi nebenbei: Von einem solchen Fall möchte ich gleich im Anschluss erzählen, nachdem ich zuerst auf eine Fernsehsendung eingegangen bin, die am 21. April 1994 auf SAT 1 ausgestrahlt wurde.

Deutschlands TV-Quotenkönigin als Bettlerin

Schreinemakers · TV

5,6 Millionen Menschen erlebten an ihren Fernsehapparaten mit, wie Margarete Schreinemakers in Trance ihr früheres Leben als Bettlerin zu Beginn des achtzehnten Jahrhunderts wiedererlebte. Drei Tage zuvor war ich zu ihr nach Belgien gefahren, um sie in ein früheres Leben zurückzuversetzen. Da sie den Wunsch geäußert hatte, ein früheres Leben mit ihrem heutigen Sohn Lukas und ein früheres Leben mit ihrem heutigen zweiten Ehemann wiederzuerleben, führte ich sie zuerst in ein Leben mit Lukas. Jener war in Frankreich zur Zeit Napoleons ihr jüngerer Bruder gewesen. Beide verbrachten bei ihrem gestrengen Vater eine äußerst harte Kindheit und Jugend, doch sie selbst hatte sich 1812 glücklich verheiratet. Doch der Bruder sprang, nachdem der Vater ihn gezwungen hatte, eine ältere und ungeliebte Frau zu ehelichen, von einer Brücke und nahm sich somit das Leben. Diese Schwester nun hatte Schuldgefühle, dass sie ihrem Bruder nicht zur Seite gestanden hatte.

In jenem anderen Leben hieß sie Barbara Landmann und war um 1710 eine Bettlerin in Stuttgart, die sogar einmal aus Hunger eine Tapete abkratzte. Sie wurde beim Stehlen ertappt und dem Richter - er ist in ihrem heutigen Leben ihr Mann und ebenfalls wieder Jurist - vorgeführt, der sie dazu verurteilte, im Armenhaus unentgeltlich zu arbeiten. Dies war ein gnädiges Urteil gewesen, denn dort hatte sie Brot und Unterkunft.

Ich wunderte mich darüber, dass ihr Höheres Selbst diese zwei Leben ausgesucht hatte, denn sicherlich hatte sie noch andere Leben mit ihrem heutigen Sohn und Ehemann gehabt. Aber dann wurde mir klar: Hätte das Höhere Selbst ihr zwei Leben gezeigt, die nur schön und angenehm gewesen wären, hätte sie am Ende sagen können, dass beide Leben nur Projektionen ihres Wunschdenkens gewesen seien. Indem sie aber unliebsame Leben wiedererlebte, konnte diese Behauptung nicht mehr gelten. Auch wurde mir klar, dass die Aufdeckung dieser beiden Leben insofern bedeutend war, da sich dadurch erklärte, warum sie sich als Moderatorin engagiert für Leute einsetzte, die unter seelischer und körperlicher Not litten.

In jenen drei Tagen unternahm die Redaktion dieser Sendung alles, um herauszufinden, ob es tatsächlich Sterbeverzeichnisse jener Gegend und Zeit gab, in denen der frühere Name zu finden war. Aber die Suche blieb erfolglos. Selbst wenn man eine Person mit diesem Namen gefunden hätte, müsste es sich noch lange nicht um jene Bettlerin gehandelt haben. Ich schätze, dass es zu jener Zeit in Deutschland einige Dutzend, wenn nicht einige Hundert Frauen mit diesem Namen gegeben hat. Dass man ihren Namen in keinem Geburts- und Sterberegister gefunden hat, ist sogar eher ein Beweis für die Echtheit dieses Falles, denn wurde ein Kind damals unehelich geboren, dann sah man es als ein »Kind des Teufels« an, selbst wenn der Vater ein Bischof gewesen wäre. »Kinder des Teufels« wurden nicht in einem Kirchenbuch eingetragen, denn das wäre eine Beleidigung Gottes gewesen. Sie erhielten natürlich auch kein kirchliches Begräbnis, wurden also auch nicht in einem Sterberegister vermerkt. Vielmehr wurden sie auf dem Schindanger, wo Erhängte verscharrt wurden, begraben. So genannte Bastarde, von wenigen Ausnahmen abgesehen, hatten auch kaum eine Chance, irgendwo angestellt zu werden, selbst nicht als Hausmädchen, da sie ja des »Teufels« Kinder waren. Ihnen blieb nur übrig zu betteln oder, so sie schön waren, mit dem Heer zu ziehen. Indem sich kein Namensnachweis finden ließ, sprach diese Rückführung eher für die Echtheit des Geschauten als umgekehrt.

Doch ich möchte nun zu einem anderen Beweis kommen, den eine meiner Klientinnen in einer Einzelrückführung erhalten hat: Eine Frau sah sich bei einer Einzelrückführung als ihre heutige ältere Schwester, die im Alter von zwölf Jahren verstorben war. Sie selbst wurde erst etwa ein Jahr später geboren. Zu jener Zeit waren ihre Eltern in eine Stadt gezogen, während sie zuvor auf dem Land gewohnt und Landwirtschaft betrieben hatten. Vielleicht wollten sie den Ort, wo ihre Tochter verstorben war, verlassen, um nicht an jenes traurige Ereignis erinnert zu werden. In der Rückführung erlebte sie sich als jene verstorbene Schwester, die nun Jahr für Jahr größer wurde. Sie sah, wie sie in die Schule kam, mit den Eltern oder der Klasse in die Ferien reiste ... Vieles wurde von ihr wiedererlebt.

Bei einem Besuch ihrer Eltern wollte sie das Gesehene nun auf seine Richtigkeit hin überprüfen. Diese waren erstaunt über ihr Wissen um die Details aus dem Leben der verstorbenen Tochter. Sie konnte ihren Eltern genau das Bauernhaus, in welchem jene vor ihrer Geburt gewohnt hatten, von außen und innen beschreiben. Sie wusste genau die Anzahl der Sonnenblumen zu nennen, welche die Mutter vor der Scheune gepflanzt hatte, wie sie auch die übrigen der dort gepflanzten Blumen korrekt anzugeben vermochte. Sie konnte das Aussehen der Pferde im Stall beschreiben und sie auch beim Namen nennen; sie kannte sogar ihren Stellplatz im Stall. Sie verfügte also über ein Wissen, das ihr in diesem Leben nicht zugänglich gewesen sein konnte.

Wenn Eltern wüssten, dass jemand, den sie so sehr betrauern, oft bereits in ihrer Familie wiedergeboren ist, müsste sich dann nicht Trauer in Freude verwandeln? So lässt uns Unwissenheit oft auf lange Zeit in großem Leid verharren, während wir, so wir wissend wären, wieder Grund zur Freude hätten.

Trifft dieses nicht auch im besonderen Maße auf den nächsten Fall zu, den meine Kollegin Jeanne Avery in Amerika aufdecken durfte?

Die Rückkehr der geliebten Mutter

USA · Deutschland

Jeffrey ist das einzige Kind jüdischer Eltern. Er wuchs bei ihnen in New York auf. Er kam in die Praxis der Reinkarnationstherapeutin Jeanne Avery, da er unter Depressionen litt. Er habe, wie er sagte, Angst vor der Zukunft, vor allem Angst vor unerwarteten Ereignissen. Er vermöge niemandem zu trauen. Wie sich in der Anamnese herausstellte, war seine ganze Kindheit in Trauer gehüllt gewesen. Sein Vater hatte seine eigene Mutter über alles geliebt. Diese war als Deutsche in den dreißiger Jahren in ihrer Heimat geblieben, obwohl ihr Sohn sie angefleht und auch Geld geschickt hatte, damit sie Nazi-Deutschland so schnell wie möglich verlassen konnte, denn es ging den dort wohnenden Juden Tag für Tag schlechter. Doch seine Mutter schrieb ihm zurück, dass sie noch Hoffnung sehe und vorerst bleiben wolle. Aber dann war es zu spät. Ab einer gewissen Zeit war es als Jude nicht mehr möglich, Deutschland zu verlassen, und als erst der Krieg begonnen hatte, mehrten sich die Gerüchte und die Meldungen über den Horror, unter dem die Juden auch in den von Deutschen besetzten Gebieten zu leiden hatten. Seine Mutter hat den Holocaust nicht überlebt. Was mit ihr geschehen ist, erfuhr er nie in Gänze, aber Jeffreys Vater war überzeugt davon, dass sie ihr Ende ebenso wie Millionen andere Juden in der Gaskammer fand.

Jeffreys Vater hatte sich in Schuldgefühle hineingesteigert. Er glaubte, damals nicht nachdrücklich genug versucht zu haben, seine Mutter noch rechtzeitig aus Deutschland nach Amerika zu holen. Für ihn war es unmöglich geworden, sich am Leben zu erfreuen, wenn seine Mutter ihr Leben auf jene grauenvolle Art verloren hatte. In seinem Haus erstarb jedes Lachen, ja jede Freude. Eine beständige Trauer war angesagt, und jeder andere in der Familie hatte mitzutrauern.

Jeanne Avery schreibt: »Einerseits fühlte Jeffrey eine große Liebe und Zuneigung für seinen Vater, aber auf der anderen Seite sah er nicht ein, sein ganzes Leben über jemanden zu trauern, den er nie gekannt hatte. Er fühlte sich um eine normale Kindheit und Jugend betrogen, da über allem eine düstere Trauer lag, die sein ganzes Leben überzog. Er glaubte, dass sein Vater kaum wahrnahm, dass er, sein Sohn, überhaupt existierte. Und so folgerte er auch, dass sein Vater ihn gar nicht liebe. Schließlich war er davon überzeugt, dass er erst Zuneigung von ihm bekäme, wenn er selbst sterben würde.«

In der Rückführung in die Kindheit des heutigen Lebens wurde aufgedeckt, dass Jeffrey nahezu ganz übersehen wurde. Ganz egal wie niedlich, wie charmant, wie intelligent er für sein Alter auch war, er konnte die Gefühle seines Vaters nie für sich gewinnen, denn diese gehörten dessen verstorbener Mutter. Und diese vermochte er nicht zu ersetzen.

Jeffrey nahm sich in der Rückführung auf einmal als eine Frau wahr, die alleine für sich in der Nähe Berlins lebte. Sie war mit ihrem Leben sehr zufrieden. Ihr Mann war schon seit einigen Jahren verstorben, doch hatte sie einen Sohn, der in New York wohnte und den sie auch schon dort besucht hatte. Aber dort hielt sie es nie lange aus. Sie sehnte sich nach ihrem Zuhause und ihren lieben Freunden und Nachbarn zurück. Ende der dreißiger Jahre mehrten sich die Aufforderungen des Sohnes, doch schnellstens zu ihm nach Amerika zu kommen, aber sie war eine optimistische Natur und versuchte, seine Befürchtungen zu beschwichtigen. Sie schrieb ihm auch, dass sogar einige Soldaten bei jüdischen Familien einquartiert seien und diese sehr nett zu ihnen wären. Jedoch seien verschiedene Esswaren immer schwieriger zu erhalten, weshalb sie schon in ihrem Garten Gemüsebeete angelegt und auch Kartoffeln gepflanzt hätte.

Inzwischen hatte wegen des Krieges die Korrespondenz mit ihrem Sohn nach Amerika schon längst aufgehört. Sie hörte von ihren jüdischen Nachbarn, dass diese begonnen hätten, Silber und Schmuck in ihren Gärten zu vergraben, da es schon vorgekommen sei, dass man plötzlich aufgefordert wurde, alles Nötige in wenigen Minuten zusammenzupacken und mitzukommen. Trotzdem blieb diese Frau immer optimistisch. Einmal brachte ihr ein deutscher Soldat sogar Schokolade. Wurden Einschränkungen für die Juden anbefohlen, dann hieß es immer, dass es ihrer eigenen Sicherheit diene.

Doch eines Tages wurde auch sie aufgefordert, schnell ihre Sachen zu packen, da sie für einige Wochen ihr Haus verlassen müsse. Auf einmal waren die ihr bekannten Soldaten gar nicht mehr nett, vielmehr taten sie so, als ob sie sie gar nicht mehr kennen würden. Viele Juden samt Kindern wurden nun auf Lastwagen geladen. Diese waren mit Menschenleibern derart überfüllt, dass viele von ihnen gar nicht sitzen konnten. Die Kinder begannen zu weinen. Er gab keinerlei Vorrichtungen für die Notdurft. Weder Essen noch Trinken wurde gereicht. Schließlich erreichten sie stallartige Gebäude, in welche sie hineingepfercht wurden, und mehrere Familien mussten sich einen Raum von wenigen Quadratmetern teilen. Jetzt erst wurde jener Jüdin bewusst, wie naiv sie doch vorher gewesen war, auf das Drängen des Sohnes, schnellstens nach Amerika zu kommen, nicht gehört zu haben. Die deutschen Wachmannschaften waren nun alles andere als freundlich. Wer von den Juden irgendetwas beanstandete oder sich gar beschwerte, wurde sofort erschossen. Es gab zu wenige Toiletten, und diejenigen, die es gab, funktionierten nicht. Ein ungeheurer Gestank breitete sich aus. Ein jeder war hungrig, durstig und fror. Und die Babys schrien ohne Unterlass vor Hunger. Nach einigen Wochen wurden sie wieder auf Lastwagen geladen. Als diese nach langer Fahrt wieder hielten, geleitete man sie in einen Vorraum einer großen Duschanlage, in welcher neue Kleidungsstücke aufgestapelt lagen. Man sagte ihnen, dass sie erst einmal duschen müssten, bevor sie jene Kleidungsstücke anlegen könnten. Doch statt der erhofften Dusche kam Gas aus den Brauseköpfen, und alle starben eines grausamen Todes.

Als Jeffrey aus dieser Rückführung wieder in das heutige Tagesbewusstsein zurückkehrte, wusste er noch mehr zu berichten. »Ich bin nur wenig später wiedergeboren worden. Ich war die Mutter meines Vaters. Ich wollte nun unbedingt zu meinem Sohn als dessen Sohn zurückkehren, um ihm zu zeigen, dass ich ja noch lebe und dass es mir gut geht und dass ich ja bei ihm bin. Aber wie könnte ich meinem Vater erklären, dass ich seine wieder zurückgekehrte Mutter bin? Selbst für mich ist dies schwer zu begreifen.« Und nach einer Weile fuhr er fort: »Ich sehe jetzt ein, warum ich zurückgekehrt bin. Ich wollte meinem Vater so viel Liebe und Zuwendung geben wie nur möglich.«

Jeffrey versicherte seiner Rückführungstherapeutin, dass er nie irgendwelche Berichte über den Holocaust gelesen oder sich Filme darüber angesehen hätte. Er wollte einfach nichts darüber wissen. Er hatte so viel über seine Großmutter gehört, dass er nicht noch mehr über diese Zeit hören wollte. Und er sagte auch noch, dass das, was er soeben erlebt hatte, aus genau diesem Grund niemals etwas Angelesenes oder dergleichen sein könne, es müsse aus seinem Unterbewusstsein wieder in sein Bewusstsein gekommen sein.[35]

Hunderttausende von Juden wie die Chassiden, die Kabbalisten und die vielen esoterisch Interessierten unter ihnen glauben an die Reinkarnation. Viele von ihnen, vor allem wenn sie Alpträume haben, die mit dem Holocaust zusammenhängen könnten, oder wenn sie an einem Symptom leiden, das damit in Zusammenhang gebracht werden könnte (Asthma, Gewichtsprobleme oder dessen Gegenteil), wenn sie eine Panik erleben, wenn sie Berichte über jene Zeit hören oder mit Filmen aus diesem Themenbereich konfrontiert werden, wenn sie an schweren Depressionen und an Klaustrophobie leiden, finden den Weg zu einem Rückführungstherapeuten, der hilft, die Ursache(n) für diese Probleme in der Vergangenheit aufzudecken. Denn allein die Erkenntnis, woher die Ursachen für ein Störsymptom kommen, kann dieses schon mindern oder gar auflösen. In den Vereinigten Staaten gibt es eine ganze Anzahl von jüdischen Rückführungstherapeuten. Es werden ferner Fortbildungsseminare für Rückführungstherapeuten angeboten, in denen unterrichtet wird, wie man solchen Klienten wirkungsvoll helfen kann, die in dem vergangenen Leben im Holocaust umgekommen sind. Ich habe selbst schon einige Juden und Nichtjuden, die im vorausgegangenen Leben mit diesem düstersten Kapitel der Menschheitsgeschichte in härtester Weise konfrontiert waren, von jenen

Nachwirkungen befreien können. Die erfolgreiche Rückführungs-
therapie ist meines Erachtens einer der stärksten Beweise für die
Reinkarnation. Aus diesem Grunde möchte ich in dem folgenden
Kapitel ein wenig mehr darüber berichten.

Beweise für die Reinkarnation durch die Rückführungstherapie

Trutz Hardo

Die Rückführungstherapie beziehungsweise die Reinkarnationstherapie öffnet dem Klienten einen Weg, sich mittels seines Höheren Selbst oder seiner geistigen Führung zu jenen Speicherungen aus der Vergangenheit in seinem Unterbewusstsein oder in seinem Emotionalkörper zu begeben, wo die Ursache eines heutigen Problems zu finden ist. Dabei kann es sich um Ängste, Phobien, Zwänge, Depressionen, Allergien, Schlaflosigkeit, chronische Schmerzen, Migräne, Asthma, Alpträume, Beziehungsprobleme und vieles mehr handeln. Dabei hat sich herausgestellt, dass die Mehrheit solcher unliebsamen Symptome ihre Hauptursache in früheren Leben hat, während Ursachen in dem heutigen Leben, wie zum Beispiel Vorkommnisse in der Kindheit, oft nur Muster beziehungsweise Nebenursachen der eigentlichen vorausgegangenen Hauptursache sind. Deckt man die eigentliche Ursache, also die Hauptursache, auf und erlöst die im Unterbewusstsein beziehungsweise im Emotionalkörper festsitzenden Emotionen und Programmierungen, dann kann ein solches Störsymptom oft in nur einer einzigen Therapiesitzung behoben werden. Die Heilerfolge durch die Rückführungstherapie sind enorm. Die Beschäftigung mit der Reinkarnation hat diese segensreiche Therapieform für die Menschheit möglich werden lassen, und ich möchte kurz einige Beispiele aus meiner Praxis vorstellen, damit Sie sich ein genaueres Bild von dieser Therapie machen können.

Eine Frau kam zu mir, die schon in der frühesten Kindheit Probleme mit ihrer Mutter hatte. Diese Mutter schien ihre Tochter völlig zu ignorieren oder sie am liebsten von sich stoßen zu wollen, während sie ihre anderen Kinder auf den Schoß nehmen konnte. Ja, es ging so weit, dass, als die Klientin eine eigene Tochter hatte, nur die Kleine zu Weihnachten in das Bescherungszimmer im

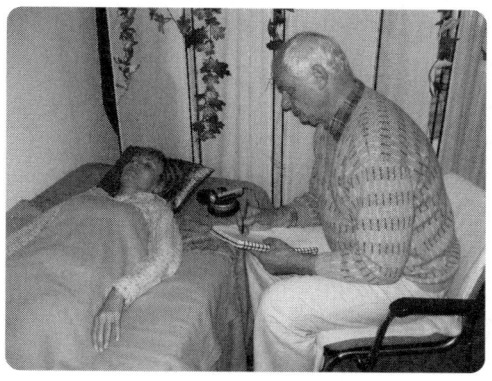

Elternhaus gelassen wurde, während sie selbst im Flur zu warten hatte. Sie hörte, wie die Kinder ihrer Geschwister mit ihrer Tochter und den Eltern Weihnachtslieder sangen und dann mit Freudenrufen die Geschenke auspackten. Doch meine Klientin durfte nicht mit dabei sein. In der Rückführungstherapie stellte sich heraus, dass sie um 1750 eine attraktive junge Wienerin gewesen war, die sich in einen angesehenen und wohlhabenden Mann verliebt hatte. Dieser erwiderte zwar ihre Liebe, aber an eine Verheiratung war nicht zu denken, da eine Scheidung von seiner Frau aus religiösen und gesellschaftlichen Gründen nicht infrage kam. Diese Wienerin hatte nun im Einvernehmen mit ihrem Geliebten dessen Ehefrau vergiftet – und diese vergiftete Ehefrau ist heute, wie Sie sich sicherlich schon vorstellen können, die Mutter ihrer Mörderin. In der Rückführungstherapie geht diese Klientin mit einem Kelch, in welchem sich eine Flüssigkeit für Liebe, Vergebung und Leid- und Schuldauflösung befindet, zu jener vergifteten Ehefrau, reicht ihr diesen Kelch und bittet sie, ihr zu vergeben. Sodann begibt sie sich in ihrer Vorstellung zu ihrer heutigen Mutter und, indem sie ihr den Kelch reicht, bittet sie sie, ihr zu vergeben.

Sie, liebe Leserin und lieber Leser, können sich nun sicherlich vorstellen, warum diese Mutter ihrer Tochter gegenüber unbewusst so reagieren musste. Unser ganzes Verhalten resultiert aus der Summe unserer Erfahrungen und Gefühle aus der Vergangenheit – und gingen diese noch so weit in der Zeit zurück. Aber die Geschichte ist noch nicht zu Ende erzählt. Als jene Zurückgeführte nach der Therapie nach Hause kam, läutete das Telefon. Ihre Mutter war am anderen Ende. Es war das erste Mal, dass sie ihre Tochter, seitdem diese vor fünfundzwanzig Jahren das Elternhaus verlassen hatte, anrief. Und sie sagte: »Meine Liebe (solch ein Wort hatte sie für ihre Tochter noch nie über die Lippen gebracht), ich weiß, dass du im nächsten Sommer nach Amerika reisen möchtest. Ich habe zufällig morgen Nachmittag einen Amerikaner zu Besuch bei mir. Komme doch bitte morgen um vier Uhr zum Tee, damit ich dir diesen Herrn, der dir für deinen Amerikabesuch bestimmt viele Informationen geben kann, vorstellen kann.« Als die Mutter am nächsten Tag ihrer Tochter die Tür öffnete, umarmte sie diese, nahm sie an die Hand und stellte sie ihrem Gast aus Amerika vor. Ihr ganzes Verhalten ihrer Tochter gegenüber hatte sich um 180 Grad gedreht. Und wissen Sie warum? Weil ihre Tochter sie endlich um Vergebung für dieses grausame Verbrechen gebeten hatte. Das Unterbewusstsein der Mutter hatte die Bitte um Vergebung selbst über die räumliche Entfernung hinweg registriert und diese auch gewährt.

Ein anderes Beispiel: Ein seit zwanzig Jahren verheirateter Mann offenbarte mir, dass er herausfinden wolle, warum seine Frau sich ihm eigentlich schon seit Beginn ihrer Ehe sexuell verweigere. Es stellte sich heraus, dass er diese Frau in einem Leben vor etwa zweihundert Jahren als Soldat vergewaltigt hatte. Ihr Unterbewusstsein beziehungsweise ihr Emotionalkörper wehrte sich unbewusst dagegen, sich von ihrem damaligen Vergewaltiger wieder sexuell berühren zu lassen. In der Therapie brachte er ihr den Kelch der Vergebung und bat sie, ihm zu verzeihen. Am nächsten Morgen suchte dieser Mann mich auf und sagte, er habe letzte Nacht, ohne seiner Frau vorher vom Inhalt seiner Therapie erzählt zu haben, die erste sexuell erfüllende Nacht mit ihr gehabt. Wiederum hatte auch hier das Unterbewusstsein seiner Frau über die Entfernung hinweg die Bitte um Vergebung vernommen und Vergebung gewährt. Man stelle sich vor, wie viele zerrüttete Ehen man eventuell mittels der Rückführungstherapie wieder heilen könnte.

Eine junge Mutter litt unter dem Zwang, jeden Morgen, bevor sie ihre Kinder in den Kindergarten brachte, ein bis zwei Liter Wasser zu trinken. Ihre Beine waren oberhalb des Fußgelenkes schon dick angeschwollen, und die verschriebenen Medikamente wollten nicht helfen. In der Rückführung sah sie sich als einen Karawanenführer, der vor rund zweihundert Jahren eine Karawane durch die Wüste zu führen hatte. Er sagte zu den Mitreisenden, dass sie nur Wasser für zehn Tage in die Schläuche zu füllen hätten, kämen sie doch dann zu einer Oase, wo es reichlich Wasser gebe. Nach zehn Tagen dort angekommen, sahen sie jedoch, dass diese Oase inzwischen ganz versandet war. Alle verdursteten. Die letzte Programmierung, die sich der Karawanenführer vor dem Tod gegeben hatte, war: »Ich will mein Zuhause nie wieder mit zu wenig Wasser verlassen.« Diese Programmierung wirkte sich über die späteren Leben hin aus, wie sie sich auch in diesem Leben bei der jungen Mutter manifestierte. Diese für sie heute schädliche Programmierung lösten wir sofort auf. Wie sie mir am folgenden Tag berichtete, habe sie nach der Therapiesitzung alle zwanzig Minuten Wasser lassen müssen. Und mit Stolz fügte sie hinzu: »Ich bin heute, ohne Wasser trinken zu müssen, aus dem Haus gegangen. Und schau einmal, meine Beine sind nun seit Jahren zum ersten Mal wieder normal. Das Wasser ist daraus verschwunden.«

Menschen, die zum Beispiel nichts Einengendes am Hals tragen können wie Rollkragenpullover, Fliegen, Hemdkragen und dergleichen sind in einem früheren Leben oft am Hals verwundet worden oder fanden durch Ersticken, Erwürgen, Enthaupten und Ähnliches den Tod. Jene, die zum Beispiel keine Uhr am Handgelenk tragen können, waren in früheren Leben häufig an ihren Handgelenken gefesselt durch Stricke oder Eisenketten. Wann immer sie dort wieder etwas umbinden, erinnert sie das unbewusst und unwillkürlich an eine unliebsame Begebenheit in ihrer Vergangenheit, weshalb sie dagegen mit Aversionen reagieren. Allergien gehen ebenfalls auf negative Erlebnisse zurück. Ist man an einer Fischgräte, an einem vergifteten Apfel oder giftigen Pilzen gestorben, wird man heute als

Nachwirkung noch oft eine Allergie gegen Fisch, Äpfel oder Pilze haben. Oft habe ich in meinen Rückführungstherapien auch erlebt, dass jene Klienten, die an Übergewicht leiden, in früheren Leben verhungert sind und sich damals programmiert haben: »Ich will nie wieder Hunger leiden.«

Ich glaube fest daran, dass man sich auch von wissenschaftlicher Seite her noch der Rückführungstherapie annehmen wird und dass damit eine Revolution in der Medizin, in der Psychologie wie auch in der Psychotherapie stattfinden dürfte. Dieses setzt jedoch voraus, dass man die Reinkarnation als Tatsache akzeptiert.

Ich könnte Ihnen, verehrte Leserinnen und Leser, Dutzende von ähnlichen Beispielen an Spontanerfolgen aufführen, die sich in meinen Rückführungstherapien ergeben haben. Wenn Sie mehr darüber wissen wollen, verweise ich Sie auf meine Bücher *Das große Handbuch der Reinkarnation. Heilung durch Rückführung* und *Das große Karmahandbuch.*[36]

Doch nun ist es Zeit, dass wir uns einem der überzeugendsten und nicht mehr zu widerlegenden Beweise für die Reinkarnation zuwenden. Denn was durch die Hypnose an bisherigen Beweisen vorgelegt worden ist, wird in den Schatten gestellt durch einen Fall, den kein geringerer als Dr. med. Bruce Goldberg aufdecken konnte. Dieser Fall hatte die Gemüter Amerikas in den neunziger Jahren des zwanzigsten Jahrhunderts bewegt wie schon in den fünfziger Jahren der Fall Bridey Murphy. Das Fernsehen berichtete überall darüber, ja, es wurde sogar ein Film mit dem Titel *Search for Grace* ausgestrahlt, und das Buch mit demselben Titel von Dr. Goldberg wurde daraufhin zu einem Bestseller. Dieser Fall dürfte der bisher am besten dokumentierte und darum der überzeugendste Beweis für die Reinkarnation sein, der je veröffentlicht worden ist.

Auf der Suche nach Grace

USA · Goldberg

1987 erhielt Dr. Bruce Goldberg einen Anruf von einer dreißigjährigen Frau namens Ivy, die, wie sie sagte, ihn schon zweimal im Fernsehen gesehen habe und sich dadurch ermutigt fühle, ihn wegen eines Rückführungstermins anzurufen. Als sie in seine Praxis in Baltimore kam, machte sie einen höflichen und schüchternen Eindruck. Der Grund, weshalb sie zu ihm gekommen war, war herauszufinden, warum sie sich in einer derart destruktiven Beziehung mit ihrem Freund John befand, der sie physisch und psychisch missbrauchte und sie schon dreimal beinahe getötet hatte. John war darüber hinaus unaufrichtig, unberechenbar und egoistisch. Dennoch kam sie nicht von ihm los, so dass sie ihm all seine Eskapaden und Brutalitäten schnell verzieh, nachdem er ihr jedes Mal geschworen hatte, dass diese nie wieder vorkommen würden. Zugleich fühlte Ivy sich zu einem anderen Mann hingezogen, der das genaue Gegenteil von John zu sein schien, denn Dave war höflich, liebevoll, vertrauenswürdig und hatte mit Frauen noch nicht viele Erfahrungen gemacht. Ivys Dilemma bestand nun darin, dass sie beide Männer mochte – sie schätzte die aufrichtige und tiefe Liebe von Dave, war aber nicht in der Lage, jene kranke Leidenschaft für John, dem sie regelrecht verfallen zu sein schien, aufzugeben. Alles sprach für eine Entscheidung zugunsten von Dave, und dennoch kam sie von John nicht los. Außerdem wurde sie von Alpträumen heimgesucht, in denen sie immer von einem Mann ermordet wurde, von welchem sie fühlte, dass es John war, selbst wenn er ein ganz anderes Aussehen hatte und andere Kleidung trug. Außerdem litt sie an Schlaflosigkeit, denn nach solchen Alpträumen war es für sie schwer, wieder einzuschlafen, ja, sie fürchtete sich geradezu davor, erneut einzuschlafen, um nicht weiterhin solchen schrecklichen Träumen ausgesetzt zu sein.

Nach der fünfundvierzigsten Sitzung war sie schließlich von ihrer unheilvollen Beziehung zu John geheilt und lebte eine erfüllte

Beziehung mit Dave. Viele andere Probleme, die im Zuge ihrer Therapie noch aufgedeckt wurden, wurden ebenfalls erfolgreich abgeschlossen. Sie hatte Selbstsicherheit gewonnen, ihre Alpträume waren verschwunden und sie konnte nun wieder gut schlafen. In vielen Leben war sie von »John« ermordet worden. Dave war in den meisten dieser Leben der »gute« Freund gewesen, der sie retten wollte. Wenn man an dieser Stelle das Karmagesetz heranzieht, dem zufolge wir genau das anziehen, was wir einstmals anderen angetan haben, dann müsste Ivy in einer vorausgegangenen Inkarnation ein wirklich schlimmes Täterleben geführt haben, in welchem sie sich im höchsten Maße »mörderisch« verhalten haben musste.

Dr. Goldberg sah ihre Rückführungstherapie als beendet an. Doch Ivy erinnerte ihn noch an ihre Phobie, plötzlich nicht mehr schlucken zu können. Außerdem dürfe sie niemand, selbst Dave nicht, am Hals anfassen, wie sie auch auf keinen Fall irgendetwas Beengendes am Hals tragen könne. Ivy und ihr Therapeut einigten sich, dass dieses Symptom nun wirklich als letztes von jenen vielen behandelt und ebenfalls aufgelöst werden sollte, nicht ahnend, dass die nun folgende Rückführung einmal sehr viel Aufsehen erregen würde in der Beweisführung um die Reinkarnation. Dr. Goldberg nahm wie üblich die ganze Sitzung auf Tonband auf und machte sich nebenbei noch Notizen.

Ivy sah sich plötzlich in das Jahr 1925 versetzt. Sie hieß Grace Doze und war einunddreißig Jahre alt. Sie stritt sich gerade mit ihrem Mann Chester. Er war Angestellter bei General Electric. Beide hatten einen einjährigen Sohn mit dem Namen Cliff. Dieser jedoch war oft bei der Mutter von Grace im gleichen Ort untergebracht. Ihr Mann beschuldigte sie, mit anderen Männern Affären zu haben, und als Dr. Goldberg sie danach fragte, ob das stimme, gab sie es zu und sagte, dass ihr »Idiot« von Ehemann sie nicht glücklich zu machen verstehe und dass sie sich in der vollen Blüte ihrer Jahre befinde, attraktiv sei und nicht einsehe, auf Seitensprünge zu verzichten. Manchmal schlugen sich beide, aber sie fühle sich stark genug, mit ihrem Ehemann fertig zu werden. Im folgenden Jahr zogen die beiden in eine Wohnung in der Main Street von Buffalo. Ihren Ehemann Chester fand sie weiterhin langweilig, weshalb sie abends allein ausging und Autos anhielt, um sich an ihre Zielorte mitnehmen zu lassen. Sie fand diese Art des Mitgenommenwerdens aufregend, da man hierbei interessante Männer kennenlernen konnte. Sie hatte auch eine Freundin namens Mary, mit der sie wilde Partys besuchte. Nach dem nächsten wichtigen Ereignis in ihrem Leben befragt, schilderte Grace eine handgreifliche Auseinandersetzung mit ihrem Mann im April 1927, bei der sie ihn am Arm mit der Schere verletzte. Zu dem nächsten wichtigen Ereignis in jenem Leben geführt, sah sie sich zwei Wochen später mit einem Mann namens Jack. Dieser schien sich in sie verliebt zu haben und versicherte ihr, dass er hier in Buffalo bleiben wolle, nur um bei ihr zu sein. Er schien alles an Grace zu mögen. Sie beschloss nun, ihren Mann zu verlassen, und mietete sich ein Hotelzimmer. Im Unterschied zu ihrem Mann stritt sie sich nie mit Jack, obwohl er auch schon einmal eifersüchtig reagierte. Chester versuchte, sie am 17. Mai zu bewegen, zu ihm zurückzukommen, nachdem er sie in jenem Hotel gefunden hatte, doch sie schaffte es, sich ihm zu entziehen und mit Jack in dessen Auto zu einem anderen Hotel zu fahren, wo sie sich einmietete. Anschließend brachte Jack sie in ein Hallenbad, wo Ivy jede Woche zu schwimmen pflegte. Er holte sie auch wieder von dort ab, hatte in der Zwischenzeit aber getrunken. Er machte ihr im Wagen den Vorschlag, dass sie woanders hinziehen sollten. Ivy sagte ihm, dass sie auf jeden Fall ihren Sohn mitnehmen wolle, worüber er sehr ungehalten war. Dann begann er, sie zu beschimpfen, und sagte, dass sie, wie er in der Bar von den Männern vernommen habe, eine Hure sei. Er machte abfällige Bemerkungen über ihre Kleidung und die Schuhe mit den roten Absätzen. Der Mann an der Theke hätte ihm aufgezählt, mit wem sie alles schon geschlafen hätte. Sie widersprach ihm heftig und warf ihm vor, dass er betrunken sei. Er nannte sie nur ein Flittchen. Plötzlich hielt er den Wagen an. Er schlug sie, stach mit einem Messer auf sie ein und erwürgte sie schließlich.

Nach einem Tod können wir meistens alles aus der Vogelperspektive sehen, ohne weiterhin den Schmerz zu fühlen. Deshalb führte Dr. Goldberg Ivy in den Zustand nach ihrem Tod, um Grace beschreiben zu lassen, was weiterhin mit ihr geschehen war. Sie berichtete, Jack habe sie anschließend in den *Ellicott Creek* (ein Bach) geworfen. Danach gefragt, wer Jack in ihrem heutigen Leben sei, nannte sie den Namen ihres vormaligen Freundes John, den sie wegen Dave verlassen hatte. Nach dieser Rückführungstherapie verlor Ivy ihre Halsphobie, und Dave konnte sie das erste Mal am Hals berühren. Darüber befragt, ob Chester oder ihr Sohn Cliff in ihrem heutigen Leben wiedergeboren seien, verneinte sie beides.

Solche und ähnlich dramatische Geschichten aus einem früheren Leben kommen in Rückführungstherapien oft vor – ich sage manchmal im Scherz zu Freunden, dass, nachdem ich so viele Rückführungstherapien durchgeführt habe, mir Krimi- und Action-Filme ganz langweilig vorkämen. Somit maß auch Dr. Goldberg jenem Trancebericht von Ivy keine größere Bedeutung bei, ist es doch nicht seine Aufgabe, in Trance durchgegebenes Material auf seine Richtigkeit hin zu überprüfen. »Ich kümmere mich nicht um Namen, Daten und Orte, denn diese haben keinerlei therapeutische Bedeutung«, sagte er und legte den Fall zu seinen Unterlagen. Drei Jahre später las er zufällig nochmals diese Aufzeichnungen, und ihm fiel jetzt auf, dass Ivy ihren vollen Namen genannt hatte, nämlich Grace Doze. Sie hatte auch den Ort, in welchem sie gelebt hatte, genannt, nämlich Buffalo, New York. Zusätzlich hatte sie ihren Todestag, den 17. Mai 1927, angegeben. Erst jetzt kam ihm der Gedanke, doch einfach einmal an eine Zeitung in Buffalo zu schreiben und zu fragen, ob diese schon 1927 existiert habe und ob um die dritte Maiwoche herum damals über den Mord an einer Grace Doze berichtet worden sei. Man muss hierzu noch wissen: Weder Dr. Goldberg noch Ivy waren je in Buffalo gewesen.

Was dann zutage kam, hat auch Dr. Goldberg überrascht. Drei Zeitungen von Buffalo berichteten damals in mehreren Ausgaben über diesen mysteriösen Mord, der nie aufgedeckt worden war. Dr. Goldberg wurden dann Kopien von jenen Zeitungen zugeschickt, die man auf Microfilmen archiviert hatte. Man hatte damals die Leiche einer Frau namens Grace Doze im *Ellicott Creek* geborgen. Gemäß des Autopsieberichts waren nebst Würgemalen am Hals

Messerstiche an ihrem Körper festzustellen, und sie trug Schuhe mit roten Absätzen. Tag für Tag veröffentlichten damals die Zeitungen mehr Einzelheiten über diesen Mordfall. All jene Namen – bis auf zwei, die Ivy in Trance durchgegeben hatte – stimmten ganz genau, zum Beispiel der Familienname, der Name des Ehemannes, der Nachname der Mutter, die Straßennamen, die Namen der Hotels, in denen sie zeitweise gewohnt hatte, sogar der Besuch in der Schwimmhalle wurde bestätigt, der Name der Freundin, ihr eigener Lebenswandel samt den Auseinandersetzungen mit ihrem Mann, der darüber auf der Polizeiwache befragt worden war – hielt man ihn doch zeitweilig für den möglichen Mörder, weshalb man ihn auch vorübergehend festgenommen hatte –, alles stimmte ganz genau. Nur schrieben die Zeitungen, dass Grace Doze bei ihrem Tod dreißig Jahre alt gewesen sei und dass ihr Sohn ebenfalls wie der Vater Chester geheißen habe.

Dr. Goldberg hatte wohl irgendjemandem vom Fernsehen über diesen interessanten Fall erzählt, denn schließlich entschloss sich keine geringere Fernsehanstalt als die *CBS*, aus diesen Begebenheiten einen Fernsehfilm mit bekannten Schauspielern zu machen. Bei den Recherchen zu diesem Film konnte man auch noch die Geburtsurkunde von Grace finden, und daraus ergab sich das korrekte Alter der Ermordeten, das Ivy – im Gegensatz zu den Zeitungen – richtig angegeben hatte. Und es fand sich noch ein anderer Beleg, aus welchem eindeutig hervorging, dass ihr Sohn nicht Chester hieß, wie die Zeitungen ebenfalls falsch berichtet hatten, sondern Clifford, abgekürzt Cliff, wie ihn Ivy als Grace richtig genannt hatte. Wenn Ivy also Dr. Goldberg einen Streich hätte spielen wollen, indem sie jene Zeitungsberichte von damals zuvor gelesen und sich so über Grace Doze kundig gemacht hätte, hätte sie die falschen, in den Zeitungen wiedergegebenen Angaben machen müssen. Ihre in den Rückführungstherapien erzielten Erfolge sind zudem nur möglich gewesen, indem sie sich spontan tief in die Trance versetzen lassen konnte. In solcher Trance kann man keine Rollen mehr spielen oder lügen, denn das, was gesehen wird, ist das Wiedererleben dessen, was man wirklich früher erlebt hat.

Der Film *Search for Grace* wurde von der *CBS* am 17. Mai 1994 um elf Uhr abends ausgestrahlt. Dr. Goldberg sieht in der Tatsache, dass dieser Film auf den Tag und auf die Stunde »zufällig« genau siebenundsechzig Jahre nach Grace Dozes Tod gesendet wurde, keinen Zufall. Denn er hat zu viele »Zufälle« in seinem Leben erlebt, um noch an sie zu glauben. Sein ganzes Weltbild hat sich durch die Beschäftigung mit der Rückführungstherapie verändert. Er ist davon überzeugt – und ich stimme ihm aufgrund meiner langjährigen Erfahrung im Wesentlichen zu –, dass das, was in Rückführungstherapien an historischen Fakten zutage gefördert wird, in den meisten Fällen jeder genauen Überprüfung standhält.[37]

Verehrte Leserin und verehrter Leser, was sagen Sie jetzt? Können Sie die Reinkarnation als Faktum nun noch anzweifeln? Ich bin überzeugt, dass Sie dies nicht mehr können. Ich möchte Sie nicht zu einem neuen Glauben drängen, denn meiner Meinung nach reifen wir neuen Wahrheiten entgegen, und wenn die Zeit für eine neue Erkenntnis gekommen ist, dann wird man sie sowieso annehmen. Aber, wie ich glaube, geschieht mit dem Beginn dieses neuen Jahrtausends ein globaler Umbruch in unserem Denken. Was dieses für unsere heutige Welt bedeutet, darüber werde ich am Ende dieses Buches noch einiges bemerken. Sollten Sie, liebe Leserin und lieber Leser, dennoch – und seien es die kleinsten – Zweifel an der Existenz der Reinkarnation haben, dann – so bin ich sicher – wird der nächste Teil dieses Buches Ihre Zweifel für immer zerstreuen. Denn nun kommen wir zu den Beweisen für die Reinkarnation, die selbst von dem strengsten Kritiker nicht mehr von der Hand zu weisen sein werden.

IV.

Beweise durch angeborene Missbildungen und Geburtsmale

Ian Stevenson, der Begründer
eines neuen Weltbildes

Ich möchte nun auf eine Großtat zu sprechen kommen, die ich derjenigen des Kopernikus gleichsetze. Dieser hatte im sechzehnten Jahrhundert festgestellt, dass sich die Erde um die Sonne dreht; er widersprach damit der bis dahin gültigen Auffassung, dass es sich umgekehrt verhalte, dass also die Sonne samt den Planeten und dem Sternenfirmament um die Erde kreise. Diese Entdeckung hat in der Folge, obwohl die Gegenreformation nochmals eine Kehrtwende versuchte, das ganze Weltbild verändert und läutete zugleich das Zeitalter der Wissenschaft ein, in welchem nur das als bewiesen galt, was mit technischen, also neutralen Mitteln auf seine Richtigkeit hin überprüft werden konnte. Für Glaubens- und Verkündigungsvorstellungen war darin kein ernst zu nehmender Platz mehr vorhanden. Der Verstand hatte den Glauben an Überirdisches, Wunderhaftes, Numinoses, ja selbst an das Göttliche beziehungsweise an Gott verdrängt. Vorstellungen von einem Leben nach dem Tod und die Kontaktaufnahme mit Verstorbenen oder gar die Rückkehr eines solchen in einen neuen Körper - also mögliche wiederholte Erdenleben - passten nicht in dieses wissenschaftliche Weltbild. Denn nichts von diesen Dingen ließ sich mit technischen Gerätschaften - den Verlängerungen des Verstandes - beweisen. Wo es keinen Beweis gab, da war auch keine Wahrheit. Und von den Vertretern des wissenschaftlichen Weltbildes, die selbst noch zu Beginn des einundzwanzigsten Jahrhunderts das Denken der westlichen Welt kontrollieren, werden jene, die noch an alte oder an ganz neue Wahrheiten glauben, die mit nichts zu beweisen sind, als nicht »ganz zurechnungsfähig« betrachtet. In ihren Augen sind solche, die an ein Leben nach dem Tod glauben oder gar an die Reinkarnation, »Bedauernswerte«, die nicht richtig denken können, Wunschvorstellungen anhängen oder vor der Wirklichkeit fliehen. Deshalb wurden auch Beweise für die Reinkarnation als nichtig erklärt, seien diese Mitteilungen von sich an frühere Leben erinnernden Kindern oder bedeutsame Informationen, die mittels Trance in Rückführungen zutage traten.

Selbst die überzeugendsten Beweise zur Reinkarnation erschütterten jene, die das Banner des wissenschaftlichen Weltbildes hochhalten, in keiner Weise. Denn was nicht von ihnen mit ihren Mitteln nachzuweisen ist, hat keine Gültigkeit, ist nicht ernst zu nehmen und ist entweder zu ignorieren oder gar zu bekämpfen. Nun gibt es aber ein ganzes Heer von solchen Wissenschaftlern, die selbst mit dem wissenschaftlichen Weltbild groß geworden sind und am Anfang ihrer Karriere ganz diesem Weltbild huldigten. Im Laufe ihrer Forschungen oder aufgrund von überragenden neuen Ergebnissen sind sie allerdings zu Erkenntnissen gekommen, die offensichtlich nicht in dieses wissenschaftliche Weltbild hineinpassten. Sich zu solch neuen Erkenntnissen zu bekennen, erfordert großen Mut. Einer dieser mutigen Wissenschaftler ist der kanadische Psychiater Professor Dr. Ian Stevenson.

Als er sich aus Neugier 1960 mit der Hypothese der Reinkarnation auseinandersetzte, hörte er von einem Fall im heutigen Sri Lanka, wo ein Kind sich angeblich an ein früheres Leben zurückerinnern konnte. Nachdem er vor Ort die Eltern dieses Kindes, das Kind selbst und auch jene Eltern, von dem das Kind behauptete, vormals deren Kind gewesen zu sein, ausgiebig befragt hatte, war er von der Möglichkeit überzeugt, dass eventuell doch etwas Wahres an der Reinkarnation sein könnte. Doch nur ein Fall reichte nicht aus. Man konnte die Wiedergeburt eines Kindes nur dann wissenschaftlich beweisen, wenn man viele ähnliche Fälle vorweisen und Übereinstimmungen oder Unterschiede unter ihnen feststellen konnte. Dies erforderte eine unermüdliche Arbeit nicht nur hinter dem Schreibtisch, wo man die Fäden zusammenzieht und wissenschaftliche Berichte verfasst, sondern vor allem vor Ort. Ein solches Unterfangen würde eine Lebensaufgabe sein, bei der er auch auf die Mitarbeit von anderen wissenschaftlichen Helfern angewiesen sein würde. Niemals dürfte sich irgendwo eine Ungenauigkeit einschleichen. Je mehr Fällen von Reinkarnation er nachging, desto unermüdlicher versuchte er, ein neues Territorium wissenschaftlich zu erschließen, ein Geheimnis zu lüften, das bisher von der wissenschaftlichen Betrachtung ausgeklammert worden war, von dem er aber glaubte, es mit wissenschaftlichen Methoden angehen und eventuell auch beweisen zu können.

1960 veröffentlichte er zwei Artikel über Kinder, die sich an frühere Leben erinnerten, in der Zeitschrift *Journal of the American Society for Psychical Research*. Parapsychologen und Mediziner, die seinen Darlegungen offen gegenüberstanden, mögen ihn ermutigt haben, sich dieses neuen Forschungsgebiets weiterhin anzunehmen. Doch erst 1974 trat Stevenson mit seinem Buch *Twenty Cases Suggestive of Reincarnation* [deutscher Titel: *Reinkarnation* (1978) siehe Literaturverzeichnis] an die Öffentlichkeit. Dieses Buch machte Stevenson schnell bei jenen Leuten bekannt, die sich für dieses Gebiet immer schon interessiert hatten und nun froh waren, aus dem wissenschaftlichen Lager solch eine detaillierte Untersuchung von Reinkarnationsfällen vorgelegt zu bekommen. Stevenson ist in seiner Beschreibung der Fälle äußerst vorsichtig und schließt nicht etwa voreilig darauf, dass es sich tatsächlich um Reinkarnation handelt. Er nennt diese untersuchten Fälle *suggestive of reincarnation*, also Fälle, die die Reinkarnation nahelegen könnten. Hätte er damals mit Überzeugung verkündet, dass er durch seine Forschungen bereits von der Reinkarnation überzeugt sei, hätte man ihm eventuell seinen Lehrstuhl an der Universität von Virginia in Charlottesville/USA gekündigt. Viele seiner Forschungsergebnisse stellte er den Fachkreisen in wissenschaftlichen Fachzeitschriften vor.

Doch 1987 erschien sein zweites Buch mit dem Titel *Children Who Remember Previous Lives* (deutscher Titel: *Wiedergeburt. Kinder erinnern sich an frühere Leben*, siehe Literaturverzeichnis), von dem er sagte: »Dieses Buch ist für den Mann von der Straße geschrieben.«[38] Denn inzwischen war das Interesse der Bevölkerung an Reinkarnation sprunghaft angestiegen. Hunderttausende besuchten in Amerika Rückführungsseminare oder Einzelrückführungen, in denen sie eigene Erfahrungen aus früheren Leben nachvollziehen wollten, und das Fernsehen berichtete über interessante Fälle auf diesem Gebiet. Man wollte gerade von einem Experten wie Stevenson mehr über die Reinkarnation erfahren, und in diesem Buch – einem Meilenstein, was die Forschungen zur Reinkarnation angeht – stellt er dem Leser in verständlicher Weise die interessantesten Fälle seiner Forschung vor, Fälle, die er zum Teil schon in Fachzeitschriften veröffentlicht hatte. Dieses Buch wie auch jene Artikel waren nur Texte, die er nebenbei verfasste. Denn schon lange arbeitete er unermüdlich an seinem großen Lebenswerk, das er noch zu vollenden hoffte, bevor auch er das jetzige Erdenleben verlassen und nach seinem Tod die ganze Wahrheit erfahren würde, die unserer irdischen Kurzsichtigkeit vorerst noch verborgen bleibt.

Das Buch, das unser
ganzes Denken verändern wird

Im Herbst 1997 war es so weit. Der große Wissenschaftler Professor Dr. Ian Stevenson legt in zwei Bänden von zusammen 2268 Seiten sein Lebenswerk vor. Es trägt den Titel *Reincarnation and Biology. A Contribution to the Etiology of Birthmarks and Birth Defects* (auf Deutsch: *Reinkarnation und Biologie. Ein Beitrag zur Herkunft von Geburtsmalen und angeborenen Missbildungen).* Dieses monumentale Werk ist mit Hunderten von Bildern ausgestattet. Im ersten Band schildert er vor allem die Geburtsmale, also jene Kennzeichnungen auf der Haut, die das neugeborene Kind mit auf die Welt bringt und die nicht auf Vererbung zurückgeführt werden können. Im zweiten Band geht Stevenson vor allem auf Missgestaltungen und andere Abnormalitäten ein, die Kinder mit in dieses Leben bringen, ohne dass diese auf Vererbung oder pränatale (vorgeburtliche) oder perinatale (durch den Geburtsvorgang entstandene) Ursachen zurückzuführen sind. Ich werde Ihnen, verehrte Leserin und verehrter Leser, vor allem einige Beispiele aus jenem zweiten Band darstellen, da wir uns im ersten Teil dieses Buches schon häufiger mit Geburtsmalen bei Kindern beschäftigt haben.

Als ich jenes umfangreiche Buch zum ersten Mal Ende 1997 in den Händen hielt, konnte ich es nicht mehr weglegen. Dieses Buch – davon bin ich überzeugt – wird unser ganzes Denken insofern verändern, dass wir die Reinkarnation von nun ab nicht mehr als Hypothese betrachten müssen, sondern als wahrhaftig ansehen können. Was das für uns alle bedeuten könnte, werde ich noch am Ende dieses Buches darlegen. Stevenson hat dieses Buch als eine wissenschaftliche Monographie verfasst, damit es auch von der wissenschaftlichen Welt angenommen und eventuell auch studiert wird. Doch Stevenson hat – und das sei ihm gedankt – für den »Bürger von der Straße« eine verständlich geschriebene Kurzfassung herausgegeben von etwa einem Zehntel des gesamten Umfangs seiner zweibändigen Monographie, und auch die kurze Version hat er mit einigen wichtigen Photos ausgestattet. Diese Kurzfassung trägt den Titel *Where Reincarnation and Biology Intersect.* Wir in Deutschland haben das Glück, dass dieses Buch auch bei uns 1998 mit dem Titel *Reinkarnationsbeweise* vom Aquamarin Verlag herausgegeben wurde, dessen engagierter Verleger Dr. Peter Michel mir schon vor Jahren von dem gigantischen Vorhaben Stevensons erzählte. Jeder Deutschsprachige, der sich für die Reinkarnation interessiert oder sich darüber kundig machen möchte, wird dieses Buch lesen wollen. Und jeder Kritiker, Journalist oder Geistliche, der sich zum Thema Reinkarnation äußert, muss dieses Buch zuerst gelesen haben, um noch mitreden zu können und dabei glaubhaft zu wirken.

Bei seinen ursprünglichen Untersuchungen mit Kindern, die sich an frühere Leben erinnerten, hatte Stevenson die Geburtsmale zwar mit Interesse zur Kenntnis genommen, aber er war sich noch nicht bewusst gewesen, dass eine ausführliche Studie darüber, wie sie jetzt in dem großen Kompendium vorliegt, einmal den endgültigen Beweis für die Reinkarnation ergeben würde. Anders als die Berichte der Kinder über ihr früheres Leben samt den bewiesenen Fakten – Sie erinnern sich sicherlich noch an den Fall Shanti Devi – sind die vorgelegten Untersuchungen über Geburtsmale und angeborene Missbildungen zur Beweisführung der Reinkarnation auch deshalb so wichtig, weil diese einen objektiven und anschaulichen Beweis liefern, der den oft lückenhaften Erinnerungen der befragten Kinder und der Erwachsenen überlegen ist. In vielen der Fälle liegen auch noch medizinische Dokumente, die meist nach dem Tod des Betreffenden angefertigt worden waren, als ein weiterer Beweis vor. Und Professor Stevenson fügt hinzu, dass in den von ihm untersuchten und »geschlossenen« (bewiesenen) Fällen, in denen solche Geburtsmale und Missgestaltungen vorzufinden waren, wohl keine andere Erklärung angebracht sei als diejenige der Reinkarnation.[39] Denn bei angeborenen Missbildungen können nur 30 bis 60 Prozent auf genetische Faktoren, auf Vireninfektionen oder chemische Verursachungen (wir denken dabei an die durch Contergan und Alkohol geschädigten Kinder) zurückgeführt werden. Für die übrigen 40 bis 70 Prozent der Fälle weiß die Medizin keine andere Erklärung als jene des Zufalls. Doch Stevenson ist es jetzt gelungen, eine Erklärung geben zu können, warum eine Person mit diesen Missbildungen geboren worden ist und warum sich diese an genau jenen Körperstellen befinden.

Nach Stevenson gibt es fünf Hinweise, dass man es mit einer Reinkarnation zu tun hat. Erstens – und dies ist der seltenste Fall von allen – kann es sein, dass jemand, der an die Reinkarnation glaubt, einem Ehepaar oder einem Partner gegenüber den Wunsch geäußert hat, bei ihnen wiedergeboren zu werden, weil er überzeugt davon ist, dass er als Kind bei ihnen in guten Händen wäre. Solche *im Voraus geäußerten Wünsche* kommen bei den Tlingit-Indianern Alaskas und bei den Tibetern oft vor.

Viel häufiger sind zweitens dagegen *ankündigende Träume*. Ein Verstorbener erscheint einer schwangeren oder noch nicht schwangeren Frau und kündigt an, als ihr Sohn oder ihre Tochter wiedergeboren zu werden. Auch können solche Träume bei Verwandten oder Bekannten vorkommen, die dann der Betreffenden ihren Traum erzählen. Diese ankündigenden Träume fand Stevenson besonders häufig in Burma und bei den Indianern in Alaska vor.

Drittens suchen die Eltern in diesen Völkern gleich nach der Geburt eines Kindes dessen Körper nach Erkennungsmalen ab, um herauszufinden, ob jemand von denen, die sie kannten, bei ihnen wiedergeboren worden ist. Diese *Suche nach Erkennungsmalen* kommt bei vielen Völkern vor, die an die Reinkarnation glauben, vor allem bei den Tlingit-Indianern und bei den Igbos Nigerias. Ich weiß, dass verschiedene Stämme Westafrikas an dem Körper eines soeben Verstorbenen sogar Einkerbungen vornehmen, um ihn daran zu identifizieren, sobald er wiedergeboren ist.

Viertens: Der wohl am häufigsten vorkommende Hinweis auf eine wahrscheinliche Wiedergeburt ist derjenige, wenn Kinder sich an frühere Leben zurückerinnern und meist ab dem zweiten bis vierten Lebensjahr darüber zu sprechen beginnen. Solche *Kindererinnerungen an frühere Leben* versiegen allmählich ab dem fünften bis achten Lebensjahr, jedoch können auch Ausnahmen bestehen, so dass Kinder sich auch weiterhin an ihre früheren Leben erinnern, allerdings aus verschiedenen Gründen nicht mehr darüber sprechen. Die meisten Kinder, die sich an ihr vorausgegangenes Leben erinnern, erleben ihre frühere Identität intensiv wieder und können oft nicht unterscheiden, was für sie eigentlich die reale Welt ist. Sie leben häufig in einer Doppelwelt, manchmal überwiegt die eine, manchmal die andere. Sie sprechen von ihrem anderen Leben deshalb meist in der Gegenwartsform, also: »Ich habe einen Ehemann und zwei Kinder und wohne in Jaipur« und dergleichen. Fast alle können über die Vorgänge berichten, die zu ihrem Tode geführt haben. (Wir erinnern uns, dass auf diese Weise ihre früheren Mörder schon überführt werden konnten.) Kinder pflegen dann oft von ihren früheren Eltern als von ihren »richtigen Eltern« zu sprechen und wünschen sich, zu ihnen zurückkehren zu können. Wenn in solchen Fällen die frühere Familie wieder aufgefunden worden ist und man nun Einzelheiten über die verstorbene Person erfährt, stößt man meist auf den fünften Hinweis.

Dieser ist das auffällige oder *ungewöhnliche Verhalten* des Kindes. Denn wird zum Beispiel ein Kind in Indien, das vormals in einer höheren Kaste geboren worden war, in einer niedrigeren Kaste wiedergeboren, wird es sich in der neuen Familie unwohl fühlen, und es mag sich zum Beispiel bedienen oder hofieren lassen und sich weigern, billige Kleider zu tragen und dergleichen mehr. Für diese ungewöhnlichen Verhaltensweisen führt Stevenson einige Beispiele an. In fünfunddreißig Prozent der von ihm recherchierten Fälle haben Kinder, die in ihrem früheren Leben eines unnatürlichen Todes gestorben sind, eine *Phobie* entwickelt. Sind sie ertrunken, haben sie eine Phobie vor Gewässern, in denen sie nicht mehr stehen können. Sind sie vormals erschossen worden, haben sie einen Horror vor Pistolen und dergleichen wie auch eventuell vor lautem Knallen. Sind sie bei einem Verkehrsunfall umgekommen, dann entwickeln sie eine Phobie gegen Fahrten im Auto, Bus oder Lastwagen.

Solche Gründe für Phobien sind in meinen Rückführungstherapien oft aufgedeckt und dann auch meist sofort beseitigt worden.

Aus meiner Erfahrung kann ich sagen, dass es zudem oft vorkam, dass solche Phobien erst dann zum ersten Mal oder verstärkt auftraten, als die betreffende Person genau das Lebensalter erreicht hatte, in welchem in dem früheren Leben eben jene Verursachung – also zum Beispiel das Ertrinken – stattgefunden hat. Wie wir sehen, liegt noch sehr viel Arbeit vor uns in der Erforschung der eigentlichen Ursachen von Phobien und anderen Krankheitsbildern. Wir befinden uns damit erst ganz am Anfang! In hundert Jahren werden über diese Dinge viele Tausend Fachbücher geschrieben worden sein, die uns genau darüber informieren, unter welchen Bedingungen – vor dem Hintergrund eines früheren Lebens – eine Phobie oder Ähnliches auftritt.

Als ein anderes von ihm oft beobachtetes und ungewöhnliches Verhalten nennt Stevenson die *Philias*. Kinder wünschen dabei oftmals, etwas anderes essen oder andere Kleidung tragen zu können. Hatten jene Kinder in früheren Leben eine Sucht nach Alkohol, Tabak oder gar Drogen entwickelt, so können sie schon im Kindesalter ein Verlangen nach diesen äußern oder entwickeln. Daher müssen wir uns fragen, ob viele der heute Süchtigen nicht schon in einem früheren Leben süchtig waren und ihre Sucht in diesem Leben nur weiterführen. Eine Rückführungstherapie könnte sicherlich in vielen Fällen Aufschluss geben und auch helfen. Viele der sich zurückerinnernden Kinder weisen *Befähigungen* oder *Talente* auf, die sie in ihrem früheren Leben besessen hatten. Oft haben Kinder, die im vorausgegangenen Leben zum anderen Geschlecht gehört haben, auch Schwierigkeiten, sich an das neue Geschlecht zu gewöhnen. Diese *Schwierigkeiten beim Geschlechterwechsel* können auch zu einer homosexuellen Ausrichtung führen. Kinder, die vormals Mädchen waren und jetzt Jungen sind, mögen sich zudem wie Mädchen kleiden wollen oder spielen lieber mit Mädchen als mit Jungen. All diese Besonderheiten waren der bisherigen Psychiatrie ein Rätsel, war doch den Eltern dieses Mal nichts »in die Schuhe zu schieben«, warum ihre Kinder sich gerade so und nicht anders verhielten. Endlich bringt die Reinkarnationsforschung Licht ins Dunkel. Die bisherige Medizin führte solche Eigenheiten übrigens auf ein Zuviel oder Zuwenig an Hormonen zurück. Nun wird sie umzudenken haben.

Kinder, die im vorausgegangenen Leben als Erwachsene gestorben sind und sich an ihr früheres Leben zurückerinnern können, benehmen sich in vieler Hinsicht wie Erwachsene. In den Spielen mit Geschwistern oder Freunden übernehmen sie automatisch die *Rollen der Erwachsenen.* Schwierigkeiten ergeben sich oft, wenn das Kind bei der früheren Tochter wiedergeboren wird, denn dann wird das Kind sich eventuell nichts von der eigenen früheren Tochter sagen lassen. Dennoch sollte man im Hinterkopf behalten, dass dieser Zustand auch allgemein auf viele Kinder zutrifft, unabhängig davon, ob sie sich nun an frühere Leben erinnern können oder nicht.

Wie Sie, liebe Leserinnen und liebe Leser, erahnen können, werden durch die Reinkarnationsforschung Antworten auf Fragen möglich, die für die ganze Menschheit von ungeheurer Bedeutung sind. Denn viele Fragen, die bisher im Dunkeln lagen, werden nun auch von der Wissenschaft, vertreten durch Stevenson, auf einmal aufgedeckt. Der Reinkarnationstherapie waren diese Zusammenhänge schon längst aufgefallen, und auch vonseiten der Psychiater, die sich mit ihr beschäftigt haben, wurde schon darauf hingewiesen. Aber dass jetzt auch von wissenschaftlicher Seite – und Stevenson ist ein akribischer Wissenschaftler – darauf hingewiesen wird, ist eine sensationelle Neuigkeit. Wenn bei jenen Erinnerungen von Kindern an frühere Leben und dem Auffinden ihrer früheren Familie normale Erklärungen wie Kryptomnesie, Gedankenübertragung, Besessenheit oder empfangene Eindrücke von der Mutter ausgeschlossen werden können, dann sieht Stevenson für diese Fälle die Reinkarnation als die sich am ehesten anbietende Erklärungsmöglichkeit.[40]

Doch nun haben wir uns lange genug mit dem Kopernikus unseres Zeitalters befasst. Jetzt wollen wir uns einigen Fällen, die er in seinem dicken Buch im Einzelnen beschreibt, zuwenden, für die als Erklärung nur die Reinkarnation infrage kommen kann. Bilder dazu finden sich in dem Buch *Reinkarnationsbeweise.*

Das Mädchen, das in seinem vergangenen Leben als Mann ermordet wurde

Myanmar · Ma Htwe Win

Im Mai 1973 wurde in dem Dorf Kyar-Kan unweit der Stadt Meiktila im Norden Burmas (der heutige Name lautet Myanmar) ein Mädchen mit dem Namen Ma Htwe Win geboren. An der linken Hand fehlte der kleine Finger, und am linken Oberschenkel befand sich eine deutliche Verengung wie auch oberhalb des rechten Fußgelenkes. Ähnliche Verengungen waren auf den Fingeransätzen ihrer linken Hand zu sehen, ebenso wurden Geburtsmale auf der linken Brustseite oberhalb des Herzens und an ihrem Kopf festgestellt. Als die Mutter zweieinhalb Monate schwanger war, hatte sie einen furchtbaren Traum. In diesem verfolgte sie ein auf allen Vieren kriechender Mann, dessen Unterbeine amputiert zu sein schienen. Selbst in ihr Haus hinein verfolgte er sie. Sie rannte wieder hinaus, er folgte ihr und sie sagte ihm, dass er sie in Ruhe lassen solle. Dann wachte sie auf. Als sie endlich wieder eingeschlafen war, erblickte sie wieder diesen Mann mit Beinstümpfen, der sie verfolgte. Sie wachte erneut auf.

Als sie zwei Jahre alt war, deutete Ma Htwe Win in Gegenwart ihres Großvaters auf ihre Beine und sagte: »Großvater, schau, wie grausam sie zu mir gewesen sind.« Auf seine Gegenfrage hin, wer denn so grausam gewesen sei, erzählte sie, dass sie ein Mann mit dem Namen Nga Than gewesen sei, der von Than Doke, Nga Maung und Chan Paw getötet worden war. Als die Eltern des Mädchens vom Feld zurückkamen, berichtete der Großvater ihnen, was ihm sein Enkelkind erzählt hatte, und mit der Zeit konnte das Mädchen sich an mehr und mehr Einzelheiten des Todes erinnern. Sie berichtete ihren Eltern, dass sie sich am Todestag drei Angreifern mit Säbeln gegenübergestellt sah. Sie – beziehungsweise der Mann, der sie damals gewesen war – wehrte sich nach bestem Vermögen mit dem Säbel, doch dieser blieb plötzlich in einer Wand stecken.

Der Möglichkeit beraubt, sich verteidigen zu können, erstachen ihn jene, trennten ihm einige Finger ab und schlugen ihm auf den Kopf. Nachdem sie ihn vorerst liegen gelassen hatten, war er anscheinend noch nicht ganz tot, denn er hörte[41] noch, wie sie sich darüber berieten, wie man den Ermordeten am besten verbergen könnte. Sie beschlossen, seinen Körper so klein wie möglich zu machen, damit er in einen mittelgroßen Sack hineinpasste. Aus diesem Grund bogen sie nun seine Unterschenkel nach hinten und schnürten sie an die Oberschenkel. Sie steckten ihn in den Sack und warfen ihn in einen ausgetrockneten Brunnen. Bei anderer Gelegenheit berichtete das Mädchen, dass Nga Thans Frau eine Affäre mit seinem Freund Than Doke gehabt habe, weshalb die beiden Männer sich zerstritten hätten. Nga Than habe ferner einen Lebensmittelladen gehabt, und seine drei Mörder waren seine Geschäftspartner gewesen. Auch von einem Sohn wusste das Mädchen zu sprechen.

Wie späterhin aufgedeckt wurde, war Folgendes geschehen: Die Frau des Ermordeten wollte ihn loswerden und hatte jene drei Männer als Mörder gedungen. Auf das Verschwinden ihres Mannes befragt, sagte sie, dass er in den Süden gegangen sei. Dass ein Ehemann seine Frau so plötzlich verließ, kam häufiger vor, weshalb die Polizei auch nicht weiter nachforschte. Diese Frau heiratete anschließend Than Doke, einen dieser drei Mörder. Doch als sie betrunken mit ihm ins Streiten kam, überhörte ein Anwesender, wie der frühere Ehemann ermordet worden war und wo man seine Leiche verborgen hatte. Der Mann informierte die Polizei, die in dem ausgetrockneten Brunnen tatsächlich die Leiche fand. Die Frau und der Mörder ihres ersten Mannes wurden festgenommen, doch wegen Mangels an Beweisen bald wieder freigelassen.

Interessant ist der Umstand, dass die schwangere Mutter gerade an jenem Brunnen vorbeikam, als die Polizei den Körper des Ermordeten barg. Denn gleich in der folgenden Nacht hatte sie die oben berichteten zwei Träume von dem Mann, der sie verfolgte. Warum sie jenen ohne Unterbeine sah, ergibt sich aus der Tatsache, dass diese an die Oberschenkel gefesselt waren. Ihre Tochter erinnerte sich, wie sie – wahrscheinlich als Geistwesen beziehungsweise als erdgebundenes Wesen – beobachten konnte, wie man ihre Leiche aus dem Brunnen herausholte. Sie habe dann ihre zukünftige Mutter gesehen, wie sie sich neugierig unter die Anwesenden gemischt hatte. Dort habe sie den Wunsch verspürt, sie als ihre zukünftige Mutter auszuwählen, und sie sei ihr gefolgt.

Anscheinend hatten die Eltern nichts darüber verlauten lassen, wer ihre Tochter wirklich war. Wohl auf ihre Bitte hin nahmen die Eltern die Tochter eines Tages mit in den Teeladen, den die frühere Frau des Ermordeten führte. Dort kam von draußen ein Junge herein, der nur wenig älter als Ma Htwe Win selbst war, und sie erkannte in ihm sofort ihren früheren Sohn. (Erinnern Sie sich noch an Shanti Devis Begegnung mit ihrem früheren Sohn?) Dieser bat seine Mutter um etwas Geld. Bevor diese ihm das Erwünschte geben konnte, hatte Ma Htwe Win schon ihre eigene Mutter um etwas Geld gebeten und es ihm zugesteckt. Dann, wie berichtet worden ist, sollen sich die beiden Kinder bei der Hand gehalten und geweint haben. Plötzlich drängte die Tochter ihre Eltern, den Laden schnellstens zu verlassen, da »Doke« komme. Draußen fragte sie ihr Vater, wer Doke sei, und sie antwortete, dass er ihr Mörder gewesen sei.

In ihrem Wesen fühlte sich Ma Htwe Win als Junge und wollte lieber die Kleidung von Jungen tragen, was ihre Mutter aber unterband. Als Stevenson sie jedoch aufsuchte, um noch mehr Details zu erforschen, saß sie ihm in Shorts gegenüber, was für Mädchen unschicklich war. Sie schämte sich außerdem für ihre Beine und äußerte den Wunsch, sich an ihren Mördern rächen zu wollen. Darauf hingewiesen, dass sie doch ein Mädchen sei und es sich für ein solches nicht schicke, den Rächer zu spielen, entgegnete sie, dass es ihr dennoch irgendwie gelingen werde, sich zu rächen. Jene »Einschnürungen« an ihren Beinen entsprachen genau jenen Stellen an der Leiche. Ebenso war bei ihr der linke kleine Finger abgetrennt worden.[42] Wer könnte in diesem Fall noch daran zweifeln, dass hier ein klarer Beweis für die Reinkarnation vorliegt? Doch kommen wir zum nächsten Fall.

Bei einem Zugunglück das Bein verloren und ohne Bein wiedergeboren

Myanmar · Ma Khin Mar Htoo

Tatkon ist eine kleinere Stadt in Burma (Myanmar), die sich mit ihrem Bahnhof direkt an der Eisenbahnhauptstrecke Rangun (Yangon) und Mandalay befindet. Die meisten Züge halten an diesem Bahnhof, was viele Einheimische, meistens Frauen und Kinder, nutzen, um den Passagieren von dem Bahnsteig oder auch von dem mittleren Gleis aus Wasser, Obst, andere Nahrungsmittel oder sonstige verschiedene Artikel gegen Bezahlung durch die geöffneten Fenster zu reichen. Zwei Frauen, nämlich Daw Than Kyi und die etwas jüngere Daw Ngwe Kyi, hatten sich miteinander angefreundet. Beide verkauften den Reisenden Wasser, und die Tochter von Ersterer half ihrer Mutter beim Verkauf. An einem Augusttag 1966 verkaufte sie rote Rosen an die Reisenden, und zwar nicht wie ihre Mutter vom Bahnsteig aus, sondern von dem mittleren Gleis aus. Dieses Mädchen hieß Ma Thein Nwe und hatte sich aufgrund ihrer dunklen Hautfarbe den Spitznamen Kalamagyi zugezogen.

An diesem Tag passierte es, dass der Weichensteller die Weiche für den entgegenkommenden Zug nicht mit der Hand umstellen konnte, da sie klemmte. Somit lenkte der Zug nicht auf das gegenüberliegende Bahngleis ein, sondern fuhr auf dem Mittelgleis weiter. Dort befand sich aber Kalamagyi, die sich keiner Gefahr bewusst war, wusste sie doch aus Erfahrung, dass der hinter ihrem Rücken einfahrende Zug auf das andere Bahngleis einbiegen würde. Der Weichensteller sah sie plötzlich auf dem Mittelgleis, rief ihr noch zu, sich schnell vom Gleis zu entfernen, doch der Zug hatte sie schon erfasst. Das untere Bein fand man später, als der Zug angehalten hatte, einige Meter weiter entfernt von ihrem übrigen Körper, den man in Teilen unter den Rädern hervorholte.

Kurze Zeit darauf hatte die Freundin der Mutter der tödlich Verunglückten einen Traum, in welchem sie eben jene Kalamagyi sah,

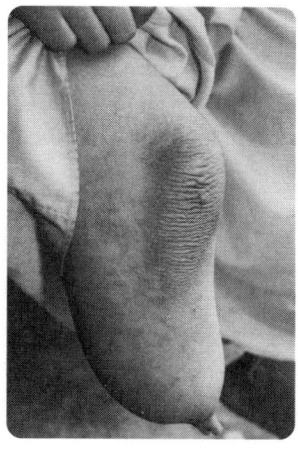

die ganz gesund vor ihr stand und sagte: »Ich komme, um bei dir zu sein.« Woraufhin ihr die Träumende antwortete: »Wie könntest du denn zu mir kommen, du bist doch vom Zug überfahren worden?« Kurze Zeit darauf träumte sie wieder von jener Verunglückten. Diese bat sie nun, es zuzulassen, dass sie als ihre Tochter wiedergeboren werden dürfe. Schließlich stimmte die Freundin ihrer Mutter zu. Sie hatte mehreren Nachbarn von diesem Traum erzählt. Diese Träume erfolgten etwa zwei Monate, bevor sie schwanger wurde. Interessant ist, dass Kalamagyi nach ihrem Tod ihrer damaligen Mutter im Traum erschien und ihr sagte, dass sie einer gewissen Frau noch etwas Geld schulde. Jedoch habe sie von einer anderen Frau, deren Namen sie ebenfalls nannte, noch Geld zu bekommen, das die Mutter zurückfordern sollte. Als diese zu jener Frau ging, um ihr über die Schulden, die sie ihrer verunglückten Tochter gegenüber noch hatte, zu befragen, sagte jene, dass Kalamagyi ihr ebenfalls erschienen sei und sie an die Schulden erinnert hätte.

Am 26. Juli 1967 gebar Frau Daw Ngwe Kyi ein Mädchen, das den Namen Ma Khin Mar Htoo erhielt. An seinem rechten Bein fehlte ab dem Knie der untere Teil. Auch an den Händen waren Deformationen zu erkennen, wie auch der linke Daumen nur ein Stumpf war. Die Mutter wusste sogleich, dass dieses Mädchen Kalamagyi war, die sie im Traum darum gebeten hatte, ihre Tochter sein zu dürften. Schon früh nannte sie sich bei ihrem früheren Namen Kalamagyi, und auch ihrem Onkel erzählte sie, als sie drei Jahre alt war, dass sie Kalamagyi sei und dass sie auf dem Bahnhof von einem Zug überfahren worden war. Einem Verwandten gegenüber nannte sie auch den Namen des Vaters aus ihrem früheren Leben. Eine Tante wollte sie testen, was sie noch aus ihrem vergangenen Leben wusste, und erinnerte sie daran, dass sie ihr an jenem Unfalltag die Rosen zum Verkauf vom Feld von Kalamagyis Mutter gebracht hätte. Daraufhin korrigierte sie das kleine Mädchen und sagte, woher die Rosen wirklich gestammt hatten. Dies war richtig, wie die Tante dann bestätigte. Als die Dreijährige ihre Mutter auf den Bahnhof begleitete, entdeckte sie unter den Verkäuferinnen ihre frühere Mutter und nannte sie »Mutter«.

Letztere nahm nun dieses kleine Mädchen, das auf einem Bein hüpfte oder auf allen Vieren kroch, um sich fortzubewegen, mit nach Hause und zeigte ihr Familienfotos. Die Kleine nannte jene abgebildeten Personen bei ihren Namen, und zwar benutzte sie jene Bezeichnungen, die sie diesen Personen als Kalamagyi oft abweichend von ihren sonstigen Namen gegeben hatte. Bei einer anderen Begegnung erkannte sie ihren früheren Onkel und auch einen früheren Bruder wieder, die sie mit den richtigen Namen benannte. Da beide Familien sich kannten, wurde sie auch von ihrer früheren Familie voll als die verunglückte Kalamagyi anerkannt und hielt sich oft bei ihr auf, denn die Häuser der beiden Familien waren nur etwa dreihundertfünfzig Meter voneinander entfernt. Als sie etwa vier Jahre alt war, hatte sie den Wunsch, ihren früheren Vater zu besuchen, der damals in einem anderen Teil der Stadt wohnte. Als man sie zu ihm brachte, erkannte sie ihn sofort wieder, wollte sogleich auf seinem Schoß sitzen und umarmte ihn.

Späterhin konnte sich das Mädchen auch an ihren Zustand nach ihrem Tod erinnern. Offenbar war sie einige Zeit noch an dem Ort ihres Unfalls geblieben, hatte aber dann ihrer Beerdigung beigewohnt, und sie beharrte darauf, dass man ihr abgetrenntes Bein nicht mit bestattet hätte. Die Richtigkeit dieser Äußerung konnte jedoch nicht überprüft werden. Befragt, wann sie sich entschlossen habe, bei ihrer heutigen Mutter wiedergeboren zu werden, antwortete sie, dass sie diese schon gut gekannt und sie immer beobachtet habe, als sie Wasser verkaufte. Dann sei sie ihr eines Tages nach Hause gefolgt.

Ma Khin Mar Htoo hatte als Kind eine große Phobie vor Zügen, sie wollte noch nicht einmal in die Nähe von Eisenbahnschienen, und ebenso wie Kalamagyi hatte sie einen Widerwillen gegen Schweinefleisch. Als Stevenson die Dreizehnjährige 1980 aufsuchte, ging sie an Krücken und äußerte ihm gegenüber den Wunsch, bei ihrer früheren Familie zu wohnen. Auf die Frage, wie sie sich die Deformationen und das Fehlen ihres linken Daumens erkläre, meinte sie, dass sie diese damals durch die sie überrollenden Räder verloren habe. Sie konnte sich noch relativ gut an ihr Leben als Kalamagyi erinnern. Als Stevenson sie vier Jahre später erneut besuchte, hatte sie allerdings nur noch vage Erinnerungen an ihr früheres Leben. Jedoch war ihr inzwischen eine Prothese angepasst worden, so dass sie sich nun ohne Schwierigkeiten fortbewegen konnte.[43]

Verehrte Leserin und verehrter Leser, ist es nicht eigenartig, wie solche körperlichen Beeinträchtigungen oder gar das Abtrennen von Gliedern bei einer wiedergeborenen Person auf deren heutigen Körper einwirken können? Welche uns noch ziemlich unbekannten Gesetze liegen da vor? Wer oder was bestimmt, warum eine reinkarnierte Person mit den alten Beeinträchtigungen auf die Welt kommt, während bei einer anderen Person trotz eines grausamen Todes keine Verstümmelungen am neugeborenen Körper zu finden sind? Haben diese Gesetze ebenfalls mit Karma zu tun? Noch kennen wir die Gründe nicht, aber wir beginnen nun, Fakten zu sammeln und Vergleiche anzustellen. Theorien werden diesen Funden und Fakten folgen, und eines Tages werden wir auch jene Gesetze aufdecken können, die bewirken, dass Verstorbene mit Geburtsmalen und/oder Missbildungen zur Welt kommen.

Wenden wir uns nun einem weiteren sehr aufschlussreichen Fall zu, den Resat Bayer, ein Mitarbeiter Stevensons, schon 1966 recherchierte, während Stevenson ein Jahr später selbst in die Türkei fuhr, um diesen Fall ausführlich zu untersuchen.

Von seinem Nachbarn erschossen

Türkei · Semih Tutusmus

Der Türke Selim Fesli war siebenundvierzig Jahre alt, als er sich am 9. Mai 1958 mit seinem Esel vor einem seiner Felder befand, das an den Weinberg seines Nachbarn Isa Dirbekli grenzte. Gegen Abend pflegte er dann auf seinem Esel in sein Dorf Hatun Köy zu reiten. Doch wie erschrocken waren die Seinen zu Hause, als der Esel ohne seinen Herrn zurückkehrte. Irgendetwas konnte nicht stimmen. Man eilte zu seinem Feld. Hier fand man Selim am Boden liegen, sein Gesicht war blutüberströmt. Er atmete noch und stöhnte vor Schmerzen, doch er konnte nicht sprechen. Man drang in ihn zu sagen, wer offenbar mit der Schrotflinte auf ihn geschossen hätte. Doch er brachte keinen Namen über die Lippen, schien aber anzudeuten, dass es jemand aus dem Dorf gewesen sei. Erst nach Stunden traf die Polizei am Tatort ein. Mit einem Taxi beförderte man Selim schließlich ins Krankenhaus des benachbarten Iskenderum in der Südosttürkei. Dort verstarb er sechs Tage später. Den Namen seines Mörders hat er nicht mehr zu nennen vermocht.

Die Polizei verhaftete jedoch zwei Tatverdächtige, und einer von diesen war jener Nachbar Isa Dirbekli. Er gestand, dass er seinen Freund aus Versehen erschossen hatte, denn er war mit seiner Schrotflinte jagen gegangen. Er sah, wie sich etwas im Gras bewegte, dachte, es sei ein Hase, und hat abgedrückt. Als er plötzlich Schreie hörte, sei er herbeigeeilt. Er hatte dem am Boden liegenden und wohl ein Schläfchen abhaltenden Selim ins Ohr geschossen, denn aus diesem und der angrenzenden Gesichtspartie floss Blut. Er selbst sei dann in Panik geraten und habe den Platz des Unfalls schleunigst verlassen. Befragt, warum er Selim nicht geholfen oder zumindest Hilfe herbeigeholt habe, antwortete er, dass er Angst vor der Rache von Selims Söhnen gehabt habe. Da er vor dem Gericht einen glaubwürdigen Eindruck vermittelte und man ihm glaubte, dass es sich wirklich um einen bedauerlichen Unfall gehandelt habe, verhängte der Richter eine Gefängnisstrafe von nur zwei Jahren über ihn. Die Söhne des Ermordeten schienen den Tod ihres Vaters ebenfalls als ein unglückliches Schicksal anzusehen und nahmen somit von einem Racheakt Abstand. Der Vater von Selim jedoch war fest davon überzeugt, dass diese Tat von jenem Nachbarn und Freund, mit dem sich sein Sohn zur damaligen Zeit im Streit befunden hatte, vorsätzlich ausgeführt worden war.

Der Autopsiebericht, der später dem Arzt Dr. Stevenson zur Einsicht übergeben wurde, besagte, dass sechs Löcher auf der rechten Gesichtshälfte und auf der Seite des rechten Ohres zu finden gewesen waren und dass aus dem Ohr Blut herausgelaufen war. Nach Öffnung des Schädels konnte festgestellt werden, dass Schrotkugeln in das Gehirn eingedrungen waren.

Zwei Kilometer von Hatun Köy entfernt befindet sich das Dorf Sarkonak. Dort war Frau Karanfil Tutusmus Ende 1958 hochschwanger und erwartete ihr zweites Kind. Zwei Tage vor der Niederkunft ihres zweiten Sohnes, dem der Name Semih gegeben werden sollte, hatte sie einen Traum. Sie sah in diesem, dass ein Mann, dessen Gesicht blutüberströmt war, ihr Zimmer betrat. Sie fragte ihn, warum er gekommen sei, denn ihr Mann befände sich augenblicklich in Ankara, und sie bat ihn, wieder zu gehen. Der Mann entgegnete jedoch, dass er Selim Fesli heiße und dass man ihm ins Ohr geschossen habe. Als Frau Tutusmus aufgewacht war, erinnerte sie sich, dass vor Monaten ein Mann solchen Namens in der Gegend des Nachbardorfes aus Versehen erschossen worden war. Als ihr Mann zurückgekehrt war, erzählte sie ihm von diesem Traum. Ihr Mann, der Gemüseladenbesitzer Ali Tutusmus, kannte den damals Verunglückten sehr gut und konnte späterhin Stevenson sogar dessen Charakter beschreiben.

Die Mutter von Semih, dessen rechtes Ohr klein und deformiert war, erinnerte sich, dass ihr Bub schon mit eineinhalb Jahren seinen Namen nicht annehmen wollte und dass er sagte, dass er Selim heiße, ja, dass er sogar seinen Nachnamen nannte, der genau jener war, den dieser Mann in ihrem Traum genannt hatte, nämlich Fesli. Ihr gegenüber offenbarte Semih mit der Zeit, dass er von Isa Dirbekli

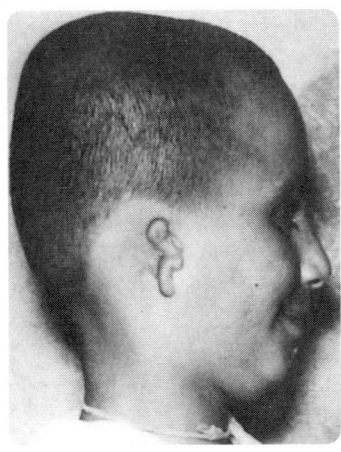

ermordet worden sei, denn er habe ihm mutwillig ins Ohr geschossen. Schon mit vier Jahren lief er jene zwei Kilometer allein in jenes Nachbardorf Hatun Köy. Er ging in das Haus seiner früheren Frau und sagte: »Ich bin Selim, du bist meine Frau Katibe.« Er konnte ihr anscheinend viele Einzelheiten aus ihrem früheren gemeinsamen Leben erzählen – wie auch die folgende Begegenheit. Er sah einen aus Schilfrohr geflochtenen Korb und sagte: »Diesen Korb habe ich dir gekauft. Und du hast ihn immer noch dort stehen, wo ich ihn hingestellt habe.« Anscheinend hat er Frau Katibe Fesli durch solche Feststellungen überzeugen können, dass er tatsächlich ihr verstorbener Mann Selim war. Als er dann seine früheren Töchter und Söhne wiedersah, nannte er sie beim Namen. Semih ging nun öfter allein nach Hatun Köy, obwohl man es ihm verboten hatte und er dafür auch Schläge bezog. Doch er konnte dem Drang nicht widerstehen, in sein früheres Heimatdorf und zu seiner früheren Familie zurückzugehen, wo man ihn willkommen hieß. So begegnete ihm einmal ein Mann, der davon gehört hatte, dass dieser Bub der vormalige Selim sei, und fragte ihn: »Kennst du mich?« Und der Kleine antwortete prompt: »Ich kenne dich sehr gut. Du bist Ali Battihi.« Dieser war ein früherer Nachbar von Selim.

Manchmal ging er fünf bis sechs Mal in der Woche nach Hatun Köy. Er, obwohl seine Kinder alle viel älter waren als er, benahm sich ihnen gegenüber wie ihr Vater und mischte sich auch in die Familienangelegenheiten ein. Da alle überzeugt zu sein schienen, dass er ihr verstorbener Vater war, ließ man ihn gewähren. Als nun Taju, Selims zweiter Sohn, heiratete, hatte man Semih nicht zur Hochzeit eingeladen. Er fühlte sich dadurch derart beleidigt, dass er seine frühere Familie zwei Monate lang nicht mehr besuchte. Um diesen Fehler wiedergutzumachen, lud man ihn zu der Verlobungsfeier Hasans, des jüngsten von Selims Söhnen, ein. Semih bat seinen Vater, ihm etwas Geld zu geben, das er seinem »Sohn« Hasan zur Verlobung schenken könne. Der Vater schien sich schon längst mit der Tatsache abgefunden zu haben, dass sein Sohn auch noch zu einer anderen Familie gehörte, weshalb er ihm etwas Geld gab. Als Hasan ein Jahr später heiratete, hatte Semih sich von seinem Vater einen größeren Betrag geben lassen, um ihn dem Bräutigam zu übergeben. Als Semih acht Jahre alt war, wollte Frau Katibe Fesli sich wieder verheiraten. Nachdem Semih davon hörte, ging er sofort nach Hatun Köy, stellte den Brautwerber zur Rede und drohte, ihn zu töten, wenn er »seine« Frau ehelichen würde. Katibe gegenüber sagte er vorwurfsvoll: »Was fällt dir ein, neben mir noch einen anderen Mann zu haben!« Und Katibe antwortete, dass sie keinerlei Absicht habe, einen anderen Mann zu heiraten.

Drei Jahre später verstarb Katibe. Als Semih davon hörte, kam er schnellstens nach Hatun Köy. Diese Nachricht hatte den Zwölfjährigen derart erschüttert, dass er dort in Tränen aufgelöst ankam und Nachbarn Stevenson späterhin bestätigten, dass er mehr um Katibes Tod trauerte als ihre eigenen Kinder. So habe auch eine Tante später noch Semih am Grab von Katibe angetroffen, wo er lange saß und weinte. Einmal habe sie ihn dort, so berichtete sie, bewusstlos liegen sehen, so dass sie einen Eimer Wasser über ihn gegossen habe, um ihn wieder zu Bewusstsein zu bringen.

Isa Dirbekli hatte sich nach seiner Rückkehr aus dem Gefängnis einem neuen Gewerbe zugewandt. Er verkaufte jetzt auf der Straße Raki-Schnaps, den er in Flaschen mit sich herumführte. Als der achtjährige Semih ihn sah, hob er Steine auf und schleuderte diese auf Isa, wobei er auch eine Flasche zertrümmerte. Wann immer er

Isa sah, griff er nach Steinen, bewarf den Straßenverkäufer damit und drohte ihm, sich einst an ihm zu rächen, wenn er groß genug sei. Denn Semih erinnerte sich noch gut an die wirklichen Zusammenhänge. Er sei damals mit seinem Nachbarn und Freund Isa darüber in Streit geraten, dass sein Esel hin und wieder in Isas Weinberg lief. Als Selim sich zu einem Schläfchen niedergelegt hatte, entdeckte Isa dessen Esel wiederum in seinem Weinberg. Daraufhin habe er sein Gewehr genommen und in seiner Wut eine Schrotladung auf den Liegenden abgeschossen. Außerdem habe er den Mund des am Boden Liegenden geöffnet und hineingespukt, was in ihrem Aberglauben bedeutet, dass der Tote oder Verwundete dann nichts mehr über den Täter verlauten lassen kann. Als Stevenson späterhin Isa traf und ihn nach den wahren Begebenheiten Selims Tod betreffend befragte, stritt er ab, diesen absichtlich getötet zu haben. Er gab jedoch zu, dass er sich vor der Rache Semihs fürchte.

Im Alter von achtzehn Jahren, als Semih den Militärdienst ableistete, hatte man ihm ein künstliches Ohr angefertigt, das man bei flüchtigem Hinsehen nicht als solches erkennen konnte. Resat Bayer, der türkische Mitarbeiter von Professor Stevenson, unternahm es, Semih von seinen Rachegelüsten zu erlösen, indem er ihm vor Augen hielt, dass Isa, so er ihn töten würde, ebenfalls wiedergeboren werden würde und dann wiederum Rache an ihm nehmen könnte. Das könnte sich dann unentwegt von Leben zu Leben fortspinnen. Dies einsehend, änderte Semih seine Haltung seinem Mörder gegenüber, obwohl es ihn jedes Mal, wie er späterhin eingestand, in der Hand juckte, Steine auf jenen zu werfen.[44]

Stevenson führt in seiner umfangreichen Monographie viele Beispiele ähnlicher Art auf, in welchen Wiedergeborene ihre Geburtsmale oder Geburtsmissbildungen aus dem vorausgegangenen Leben mitgebracht haben und sich als Kind gut erinnern können an ihr früheres Leben und an die Umstände, die damals zu jenen Narben oder zu dem Verlust eines Körperteils geführt hatten. Diese Beispiele werden mit viel Bildmaterial überzeugend dargestellt.

Das verstorbene Kind kehrt
als Baby zur selben Mutter zurück

USA · Chad

Die bekannte amerikanische Reinkarnationsforscherin Carol Bowman, deren erstes Buch *Ich war einmal. Kinder erinnern sich an frühere Leben*[45] in mehrere Sprachen übersetzt worden ist, veröffentlichte 2001 ihr zweites sehr lesenswertes Buch mit dem Titel *Return from Heaven*[46], in welchem sie vor allem Fälle von amerikanischen Familien wiedergibt, die ein Kind bekommen haben, das sich an ein früheres Leben erinnern konnte. Einen der interessantesten Fälle gebe ich hier wieder.

Kathy brachte mit sechzehn Jahren ein uneheliches Kind zur Welt, dem sie den Namen James gab. Dessen Vater sah sie nie wieder, und dieser bekam auch den Sohn nie zu Gesicht. Kathy zog aus dem Elternhaus aus und widmete sich ganz ihrem Kind, so dass sie auch vorerst die High School abbrach. Als der Kleine sechzehn Monate alt war, begann er zu hinken. Schließlich fiel er um und konnte sich nicht mehr erheben, und die Mutter brachte ihn zum Arzt. Nach verschiedenen Untersuchungen stellte man fest, dass sich bei ihm bereits metastasierender Knochenkrebs ausgebreitet hatte, was für Kinder in diesem Alter meist tödlich endet. Dennoch versuchte man alles, um den sich möglicherweise anbahnenden Tod abzuwenden. James entwickelte an der rechten Seite und etwa zwei Zentimeter oberhalb des rechten Ohrs eine Zyste, die man als Folge des Krebses diagnostizierte. Außer Chemotherapie unternahm man als letzten Rettungsversuch einen IV-Schrägschnitt in seine rechte Halsader, um dort eine bestimmte Flüssigkeit einzuflößen. Nach einigen Monaten begannen sich blutende Tumore in seinem Mund zu bilden sowie hinter dem linken Auge, das sogleich erblindete. Schließlich gaben die Ärzte auf. Kathy nahm James mit nach Hause und musste Wochen lang mit ansehen, wie ihr Kind dahinsiechte.

Und oft, wenn James vor Schmerzen weinte, ging sie voller Verzweiflung ins Nebenzimmer und ließ dort ihren Tränen freien Lauf. Mit zwei Jahren verstarb James. Seine letzten Worte waren: »Weine nicht um mich.« Kathy, wie sie später berichtete, bat in ihren Gebeten jede Nacht, dass ihr James als gesundes Kind wiedergegeben werden möge.

Einige Monate später heiratete sie Don. Beiden wurde eine Tochter namens Katie geschenkt. Doch schon nach vier Jahren ging die Ehe auseinander, und Kathys nächster Ehemann war Billy. Ihm gebar sie einen Sohn namens Josh. Billy wusste um den tragischen Tod von James und was seine Frau damals durchgemacht hatte. Deshalb kamen sie nie wieder auf jene traurigen Ereignisse zu sprechen.

1992 gebar Kathy ihm wiederum einen Sohn. Als sie, die jetzt Dreißigjährige, nach der Entbindung noch vollkommen erschöpft im Bett lag, kamen Ärzte mit ernstem Gesicht und fragten sie, ob ihr Mann ihr schon etwas mitgeteilt habe. Sie glaubte, dass ihr nun gesagt würde, dass ihr Neugeborenes gestorben sei. Aber stattdessen unterbreitete man ihr, dass das linke Auge ihres Sohnes farblos und darum blind sei. Kathy hatte beim Erscheinen der Ärzte Schlimmeres erwartet. Nun war sie glücklich, dass das Kind ansonsten gesund zu sein schien. Sie entschied sich, das Neugeborene Chad zu nennen. Als man es nun neben sie ins Bett legte, untersuchte sie dessen Körperchen. Sie entdeckte am linken Hals eine Narbe, die genau dem Schrägschnitt entsprach, der am Hals von James vorgenommen worden war. Als sie den Kinderarzt darauf ansprach, meinte er nur, dass dies ein Muttermal und somit nichts Außergewöhnliches sei. (Irgendwann werden die Ärzte über Geburtsmale anderes zu sagen wissen.) Bei der genauen Untersuchung ihres Kindes entdeckte Kathy weiterhin, dass sich oberhalb seines rechten Ohres eine rundliche Erhebung abzeichnete, und zwar an der gleichen Stelle, an welcher sich bei James jene Zyste gebildet hatte. Als sie den Arzt diesbezüglich befragte, erklärte er, dass es sich um eine gutartige Zyste handele, die bald wieder zurückginge. Und die Muttermale samt dem blinden Auge ansehend, die an genau den Körperstellen ihres verstorbenen Sohnes gelegen waren, wurde ihr auf einmal klar, dass ihr verstorbener Sohn wieder zu ihr zurückgekehrt war. »Ich fühlte«, wie sie sich Carol Bowman gegenüber äußerte, »dass ich James wieder in meinen Armen hielt.« Denn nach dessen Tod hatte sie nicht um ihn getrauert, weshalb ihre Mutter ihr Vorwürfe machte. (Unbewusst musste sie gewusst haben, dass er wiederkehren würde. Oft verabreden sich Seelen vor ihrer Inkarnation auf Erden; sie kennen also die zu lernenden Aufgaben mit den entsprechenden Situationen sowie die Personen, denen sie begegnen werden, schon im Vorhinein. Was wir als Vorahnung beschreiben, ist oft ein Durchsickern dessen, was wir im Jenseits über das bevorstehende Erdenleben erfahren haben.) Die Seele von James, wie ich mir vorstellen könnte, hatte mitbekommen, wie sehr seine Mutter ihn zurücksehnte, und hatte sich deshalb entschlossen, zu ihr zurückzukehren. Oft bringen wir auffällige Narben oder Ähnliches deutlich sichtbar oder nur in Andeutungen mit in ein erneutes Erdenleben.

Das Interessante an diesem Fall ist, dass sich nahezu alle körperlichen Merkmale, die James hatte, wieder zeigten. Hinzu kamen noch gewisse Eigenschaften, die der Zweijährige damals aufwies und die sich nun bei Chad zeigten. So warf er beim Gehen sein linkes Bein, wie es James getan hatte, nach vorne, da ihn der Knochenkrebs dort besonders behindert hatte. Weiterhin hatte der Tumor eine Gesichtsverkürzung auf der rechten Seite seines Gesichtes verursacht, die auch bei dem Wiedergeborenen zu sehen war. Ebenfalls ist die Gesichtsfärbung bei Chad wie bei James blasser als bei Kathys anderen Kindern. (Die Reinkarnationsforschung hat, wie schon erwähnt, noch viel aufzudecken, beispielsweise unter welchen Bedingungen wir ein besonderes Aussehen in einem erneuten Erdenleben wieder zeigen.)

Als Chad vier Jahre alt war, fragte er seine Mutter, ob sie sich an das »andere« Haus erinnern könne. »Welches andere Haus?«, fragte sie zurück. Und ihr Sohn nannte ein orangebraun gestrichenes Haus mit schokoladenbraunen Möbeln. Kathy bekam einen Schreck, denn er beschrieb jenes Haus, in welchem sie mit James ein Apartment bezogen hatte. Dann fragte er sie, wo denn sein Lieblingsspielzeug, ein sich drehender Brummkreisel, geblieben sei, und er äußerte seinen Wunsch, in dieses Haus zurückzukehren. Daraufhin fragt ihn seine Mutter, ob er nur wegen des Spielzeugs dorthin zurückkehren wolle. Doch Chad entgegnete: »Weil ich dich dort verlassen habe.« Dieser Satz, mit dem sich ihr Sohn als der verstorbene James zu erkennen gab, ließen ihr, wie sie Carol Bowman gegenüber sagte, die Haare auf dem Nacken zu Berge stehen. Weder besaß sie ein Foto jenes Apartments noch spielten ihre anderen Kinder mit einem Brummkreisel. Aber Chad bat in den folgenden Monaten seine Mutter wiederholt, ihn zu jenem früheren Apartment zurückzuführen. Wenn er diesen Wunsch äußerte, dann nahm sein Gesicht einen ganz ernsten Ausdruck an, und immer bekam Kathy eine Gänsehaut, wenn er dieses Apartment erwähnte oder in Andeutungen über sein Leben als James sprach. Kathy dachte sogar daran, ihm dieses Apartment zu zeigen, das sich einige Kilometer weiter entfernt befand, um ihn zu beruhigen. Aber sie zögerte immer wieder, denn es könnte ja sein, dass er etwas phantasierte und dann enttäuscht wäre, wenn sich herausstellte, dass jenes Apartment doch ein anderes sein würde, das seiner Vorstellung nicht entsprach. Doch eines Tages ballte Chad vor Ärger seine Hände zu Fäusten und sagte: »Mutter, was ich sage, ist wahr. Warum rufst du nicht deinen Vater an und fragst ihn. Denn er weiß es (wo sich das Haus befindet).« Das Eigenartige dabei war, dass Chad Kathys Vater gar nicht kannte. Doch dieser lebte tatsächlich unmittelbar in der Nachbarschaft jenes Hauses. Wie konnte der Junge das alles wissen? Sie wusste nicht, wie sie sich verhalten sollte.

Sie brauchte Hilfe, von jemandem, der sich mit derlei Dingen wie der Wiedergeburt eines Kindes, das über seine frühere Existenz berichtet, auskannte. Einige Monate darauf fand sie in einer Buchhandlung »zufällig« das Buch von Carol Bowman. Darin war die E-Mail-Adresse der Autorin angegeben, und mittels eines Freundes wurde der Kontakt hergestellt. Carol rief daraufhin Kathy an, und deren erste Worte am Telefon waren: »Ich hoffe, dass Sie nicht denken, ich sei verrückt.« Doch die Anrufende beruhigte sie und versicherte ihr, dass sie schon mit einer ganzen Reihe von Müttern gesprochen hatte, die ebenfalls nicht wussten, wie sie mit einem

Kind umgehen sollten, das sich an ein früheres Leben erinnerte. Carol war über den Fall von Chad sehr erstaunt, denn hier handelte es sich nicht nur um Aussagen eines Kindes über sein früheres Leben, sondern es gab auch die vielen medizinischen Untersuchungsberichte, die die Krankheitsherde an James Körper dokumentierten, deren äußere Erscheinungen sich an Chads Körper wieder abzeichneten. Und Carol schreibt nun in ihrem neuen Buch: »Ich bin nie zuvor mit solch einem physisch überzeugenden Fall konfrontiert worden. (…) Solch ein unmissverständlicher physischer Beweis, der zwei Leben miteinander verbindet, kann nicht leichthin als Zufall oder Irrtum wegdisputiert werden.« Man kann sich vorstellen, wie erfreut ein Reinkarnationsforscher ist, solch einen Fall untersuchen und dokumentieren zu können. Wie Carol von Kathy erfuhr, hatte diese nie ein Buch über Reinkarnation gelesen, entstammte sie doch einer Baptistenfamilie, in welcher Wiedergeburtsgedanken nur »lügenhafte Einflüsterungen des Teufels« sein konnten. Carol vermochte ihr nun anlässlich vieler Telefongespräche zu versichern, dass es Tausende von Familien in der Welt gab, wie Professor Stevenson und andere Reinkarnationsforscher nachweisen konnten, bei denen sich eine Seele nachweislich erneut inkarniert hatte. Und oft handelt es sich dabei um Wiedergeborene aus der eigenen Familie. Sie gab ihr viele Beispiele von derlei Fällen, hatte sie doch selbst zwei Kinder, die ihre Angstsymptome aus früheren Leben wieder mitgebracht hatten, welche sich nach der Aufdeckung ihrer eigentlichen Herkunft jedoch auflösten.

Kathy rief Carol immer wieder an, wenn der nun vierjährige Sohn Andeutungen über sein früheres Leben machte. So fragte er seine Mutter, als sie auf sein blindes Auge zu sprechen kamen, ob er erneut operiert werden müsse. Sie entgegnete, dass er noch nie operiert worden sei. »Doch«, beharrte er, »erinnerst du dich nicht? Das war über meinem Ohr.« Und er deutete auf jene sich als kleine Auswölbung abzeichnende Stelle oberhalb des rechten Ohres, wo James eine Zyste gehabt hatte. Kathy wusste, dass James damals an dieser Stelle operiert worden war. Und sie fragte weiter, ob er dabei Schmerzen empfunden habe, woraufhin er entgegnete: »Nein, ich habe dabei geschlafen.« Carol riet Kathy, ihrem Sohn nun zu erklären, dass er nicht phantasiere. Sie sollte ihm zu verstehen geben, dass er der wiedergeborene James sei, der sich nun in einem gesunden Körper befinde, sich jedoch noch hin und wieder an sein früheres Leben erinnere. Und sie sagte ihr, dass Erinnerungen an frühere Leben für die sich daran erinnernden Kinder genauso real seien wie das Sicherinnern an eine Geburtstagsfeier oder an einen Ferienausflug, die vor einer Woche oder vor einem Monat stattgefunden haben.

Kathy zeigte Chad schließlich ein Foto von James, und er sagte, dass er sich gewünscht hatte, einmal eines zu sehen. Darauf deutend bestätigte er: »Das bin ich.« Und zu seinem älteren Bruder sagte er: »Als ich zwei Jahre alt war, war ich sehr krank. Ich konnte keine 7 Up im Bauch behalten. Dann starb ich und bin zurückgekommen. Wenn ich wieder sterbe, dann kehre ich wieder zurück.« Kathy wusste, dass es wahr war, was er hinsichtlich des Sodagetränks geäußert hatte. Schließlich setzte sie ihren Sohn auf ihre Knie und erklärte ihm, dass er in einem früheren Leben schon einmal bei ihr gewesen und als kranker kleiner Junge bei ihr verstorben war. Doch er entgegnete nur: »Das weiß ich.«

Als Chad fast fünf Jahre alt war, kam er, wie Kathy Carol am Telefon aufgeregt erzählte, in die Küche gestürmt und sagte, dass er mit seinem bisher blinden Auge auf einmal sehen könne. Kathy konnte das jedoch nicht glauben, denn die Ärzte hatten eine lebenslange Blindheit des linken Auges diagnostiziert. Aber Chad beharrte darauf, dass er plötzlich sehen könne. Schließlich, nachdem er nach ihrer Aufforderung das andere Auge mit der Hand zugedeckt hatte, streckte sie drei Finger vor sich aus und forderte ihn auf, diese zu zählen. Er gab die richtige Antwort. Dann zeigte sie ihm wiederholt mehrmals ihre Hand mit jeweils wechselnder Fingeranzahl. Und jedes Mal gab er die korrekte Antwort. Der Augenarzt bestätigte, dass sich die Sicht in Chads Auge unverhofft eingestellt habe, wenn diese auch noch sehr gering war. Und Kathy begann zu ahnen, dass die Blindheit ihres Sohnes so lange angehalten hatte, bis diesem sozusagen das Auge geöffnet wurde, indem er einen Blick in das vergangene Leben warf, woher diese Erblindung stammte.

Für mich als Rückführungstherapeut ist es immer wieder erstaunlich zu entdecken, dass Symptome körperlicher, seelischer oder mentaler Art dann plötzlich abklingen oder gar ganz verschwinden, wenn der Zusammenhang zwischen dem heutigen und dem früheren Leben aufgedeckt worden ist. Die Rückführungstherapie leistet in oft erstaunlicher Weise Hilfe bei der Aufdeckung, weshalb sie die Medizin als kongeniale Helferin revolutionieren wird.

Der Junge mit den sechs Muttermalen

Türkei · Necip

Wenn jemand die Beweise, die Stevenson erbrachte, noch anzweifelt, indem er meint, dass die Muttermale nur zufällig übereinstimmen und nicht die Stellen markieren, an denen derjenige in einem früheren Leben tödlich verletzt worden ist, dann empfehle ich ihm die Lektüre des folgenden Falles.[47]

Die schwangere Frau Celile Ünlütaskiran in Adana träumte 1951 von einem blutenden Mann, der sich Necip nannte und aus Mercin stammte. Sie fragte ihn, was ihn zu ihr führe, und er antwortete, dass er zu ihr gekommen sei, um bei ihr zu bleiben. Sie entgegnete, dass ihr Ehemann bald zurückkehren und über seine Gegenwart nicht erbaut sein würde, und sie bat ihn, das Haus sogleich zu verlassen. Aber er blieb hartnäckig und bestand darauf, bei ihr bleiben zu wollen. Er berichtete weiterhin, dass er durch Messerstiche getötet worden sei. Dann wachte sie auf. Drei Tage nach der Geburt eines Jungen träumte sie, dass ihr neugeborenes Baby zu ihr sprach und behauptete, Necip zu sein. Er zeigte ihr seine sechs Wunden. Diese beiden Träume sollte sie erst viel später verstehen.

Dem Neugeborenen gab sie den Namen Necati. Am Kopf, im Gesicht und auf dem Brustkorb erkannte die Mutter im Ganzen sechs Muttermale, die ihr auch im ersten Traum an jenen Stellen gezeigt worden waren. Relativ spät für sein Alter begann der Junge, zu sprechen und dann - auch erst mit sechs Jahren - von seinem früheren Leben zu erzählen. Dies ereignete sich, nachdem er einer Hochzeit in der Nachbarschaft beiwohnte, an welcher viele Kinder teilnahmen. Zu seiner Mutter sagte er, dass er auch Kinder habe, und er nannte deren Namen. Sie entgegnete, dass er doch viel zu jung sein, um Kinder zu haben, aber er bestand darauf, eigene Kinder zu haben. Von nun an wollte er zudem unbedingt Necip genannt werden, obwohl sein älterer Bruder schon diesen Namen führte. Doch der Kleine reagierte fortan nur dann, wenn man ihn

Necip rief, und schließlich gewöhnten sich seine Eltern an seine Namensmarotte. Auch gebrauchte er oft, wenn er über sein früheres Leben erzählte, die Gegenwartsform.

Wie er weiterhin ausführte, sei er mit Zehara verheiratet, und sie hätten drei Söhne, die er bei ihren Namen nannte, wie er auch die Namen seiner früheren Eltern oder bestimmte körperliche Besonderheiten von ihnen zu nennen wusste. Er selbst sei Necip Budak und habe in Aptal, einem Vorort von Mercin, gewohnt. Dort habe er sich an einem regnerischen Tag mit einem Bekannten gestritten, als dieser ihn mit einem Messer attackierte und mehrere Male auf ihn einstach. Er fiel daraufhin in ein Rinnsal. Der Junge zeigte auf seine sechs verschiedenen Wunden. Necip Budak wurde damals, wie Professor Stevenson, der diesen Fall untersuchte, berichtet, ins Krankenhaus von Mercin gebracht, wo er am folgenden Tag seinen Wunden, die man protokolliert hatte, erlag. Seine heutigen Eltern hatten von jenem Mord an Herrn Budak nie vernommen. Doch der Junge bedrängte seine Mutter immer wieder, seine Kinder herbeizuholen, die er in Mercin habe. Diese fanden seine »Phantasiegeschichten« allerdings zu abwegig. Ja, seine Eltern wollten schließlich nichts mehr von jenem Necip Budak aus Mercin wissen, und um ihn endlich darüber zum Schweigen zu bringen, wurde er geschlagen, sobald er anfing, von seinem früheren Leben zu berichten. Für sie, die beide weder schreiben noch lesen konnten und dem Islam angehörten, der den Reinkarnationsgedanken ausklammert, waren solche Reden religionsfeindlich, abwegig, wenn nicht sogar peinlich, besonders wenn außenstehende Personen davon erfahren sollten.

Doch als der Junge mit zwölf Fatma, der neuen Zweitfrau seines Großvaters, begegnete, die aus Mercin stammte, erkannte er sie wieder und sagte ihr, dass sie ebenfalls seinen Mörder Ahmet Renkli gekannt habe. Diese bestätigte seine Angaben. Daraufhin erzählte er noch mehrere Ereignisse, an die sie sich ebenfalls erinnern konnte. Diese Frau brach darüber in Tränen aus und umarmte ihn, und er bat nun, von ihr und seinem Großvater, der in den nächsten Tagen selbst in die achtzig Kilometer von Adana entfernte Stadt Mercin reisen wollte, zu seiner früheren Familie mitgenommen zu werden.

Der Großvater war neugierig geworden und wollte wissen, was wirklich an den Behauptungen dran sein könnte, und er willigte ein.

Mit zwölf Jahren begegnete der Junge nun den früheren Familienmitgliedern, erinnerte sich an deren Namen und an bestimmte Ereignisse, die alle als richtig bestätigt wurden. Zu seiner früheren Ehefrau Zehara fühlte er sich sogleich stark hingezogen. Doch als er erfuhr, dass sie wieder geheiratet hatte, wurde er sehr eifersüchtig und wollte das Bild des zweiten Ehemanns zerreißen. Er erinnerte sie in diesem Zusammenhang auch daran, dass er, der damals als sehr streitsüchtiger Mann bekannt gewesen war, ihr mit dem Messer ins Bein gestochen hatte. Und die Witwe zeigte die noch sichtbare Narbe.

Zwei Zeitungen schrieben im August 1963 über diesen Fall, und Resat Bayer, ein türkischer Kollege von Professor Stevenson, informierte diesen darüber. Beide suchten nun die betreffenden Familien und deren Bekannte über die Jahre verteilt im Ganzen fünfmal auf, um so viele Details wie möglich von ihnen über Necip und sein früheres Leben als Necip Budak zu erfahren. Beiden gelang es, den Autopsiebericht aus dem Krankenhaus in Mercin einzusehen. Genau an den Stellen, wo das Messer in den Körper von Necip Budak eingedrungen war, konnten sie am Körper des Wiedergeborenen die entsprechenden Narben entdecken, von denen einige mehrere Zentimeter lang waren.

Noch als Teenager besuchte Necip oft seine frühere Familie in Mercin und führte sich seinen nun erwachsenen Kindern gegenüber wie deren Vater auf; er beriet sie zum Beispiel bei der Wahl ihrer Ehepartner. Zehara, seine frühere Frau, hatte ihn lieb gewonnen, doch ihr zweiter Mann machte ihr Vorwürfe, da er fand, sie zeige Necip gegenüber zu viel Zuneigung. Necip erinnerte sich, was Zehara bestätigte, dass er vormals ein Trunkenbold gewesen war und sich oft in Streitereien hineinziehen ließ, so dass ein jeder vor ihm Angst gehabt hatte. Interessant ist, dass er als Wiedergeborener seinem jetzigen Vater abriet, Alkohol zu trinken. Wie Stevenson und Bayer weiterhin von seiner Familie und von ihm selbst erfuhren, hatte er besonders in seiner Kindheit eine ausgesprochene

Angst vor Messern und vor Blut gehabt, obwohl er späterhin für einige Zeit bei einem Friseur angestellt war. Als Stevenson bei seinem letzten Besuch 1970 die Familie Ünlütaskiran in Adana aufsuchte, befand sich Necip im Gefängnis. Ein Brautwerber seiner Schwester hatte sich ihr gegenüber unsittlich benommen. Um die Familienehre zu retten, hatte Necip ihn erstochen.

Doch nun möchte ich auch für mich überraschendes Neuland in der Reinkarnationsforschung vorstellen. Im folgenden Kapitel wird bewiesen, dass sogenannte Albinos bei der dunkelhäutigen Bevölkerung dieser Erde in vielen Fällen auf Reinkarnationen von weißhäutigen Menschen zurückzuführen sind, die sich wieder inkarniert haben.

Als Amerikaner im Krieg über Burma abgeschossen und dort wiedergeboren

Myanmar · Maung Zaw Win Aung

Burma, das heutige Myanmar, war während des Zweiten Weltkrieges von Japanern besetzt gewesen. Am Ende des Krieges drängten die Briten ihre japanischen Gegner zurück, während die Amerikaner den britischen Vorstoß mit einer Luftwaffenflotte unterstützten, die von Indien aus operierte. Viele Briten und Japaner kamen bei den Kämpfen dort ums Leben. Es wurden sogar einige amerikanische Flugzeuge von der japanischen Artillerie abgeschossen. In der burmesischen Bevölkerung gab es in den folgenden Jahren eine Anzahl von Fällen, in welchen Kinder mit einer hellen Hautfarbe geboren wurden, und zwar oft noch zu einer Zeit, als seit Jahren keinerlei »Weiße« mehr im Lande gewesen waren. Und viele dieser Albinokinder begannen schon im frühen Alter darüber zu sprechen, dass sie Engländer oder Japaner seien, die im Krieg umgekommen waren. Sie hatten teilweise Schwierigkeiten, sich an die neue Kultur anzupassen; sie wollten beispielsweise keine gewürzten Speisen essen, wie es die Burmesen lieben. Sie verlangten Löffel oder Gabeln, damit sie nicht wie alle anderen mit den Fingern essen mussten, sie hatten eine Vorliebe für Kleidungsstücke und Schuhe, wie sie die »Weißen« tragen, verweigerten also den von der Bevölkerung getragenen Lungyi (ein um die Hüften gebundenes und nach unten bis zu den Fußgelenken fallendes Tuch), sie spielten mit Spielsachen, die vornehmlich bei weißen Kindern beliebt sind, und sie nannten oft ihre Namen, die sie in früheren Leben gehabt hatten, oder äußerten den Wunsch, wieder nach Hause zu fahren. Unter diesen Albinos, deren Haut sehr hell ist, fand Stevenson auch einen wiedergeborenen amerikanischen Copiloten, der im Krieg über Burma abgeschossen worden war.

Etwa 120 Kilometer südlich der burmesischen Stadt Mandalay liegt die Provinzstadt Meiktila. Dem Ehepaar U Tin Aung, Lehrer und späterer Direktor einer Volksschule, und seiner Frau Daw Kjin Htwe wurde am 9. Mai 1950 sein erstes Kind geboren. Die Mutter bekam einen großen Schreck, als sie sah, dass ihr Kind von nahezu ganz weißer Hautfarbe war; und auch die Gesichtszüge glichen denen eines Europäers. Was würde man ihr nun wohl nachsagen? Gott sei Dank gab es schon seit der Unabhängigkeit von Großbritannien vor zwei Jahren keine weißen Europäer mehr in ihrer Stadt, sonst hätte man sie verdächtigen können, ihrem Mann untreu gewesen zu sein. Diese Befürchtung sollte sich im Laufe der Zeit aber ohnehin legen, denn unter den elf weiteren Kindern, die sie gebar, befanden sich noch drei weitere Kinder mit weißer Hautfarbe. In ihrer und auch in der Familie ihres Mannes war in der Vergangenheit nie ein Albinokind aufgetaucht, so dass man den genetischen Faktor auszuschließen hatte. Dem ersten weißhäutigen Kind gab man den Namen Maung Zaw Win Aung.

Es wuchs teilweise bei seinen Eltern und teilweise bei zwei Tanten auf. Ab seinem dritten Lebensjahr sprach der kleine Zaw darüber, dass er John Steven heiße und ein amerikanischer Luftsoldat gewesen sei, der abgeschossen worden war. Schon bald machte er noch detailliertere Angaben. So sprach er davon, dass er nicht der

Pilot gewesen sei, sondern dass der Pilot sein Freund gewesen war, mit dem zusammen er vor Flügen öfter getrunken hatte. Japaner hätten ihr Flugzeug in der Nähe von Meiktila abgeschossen. Als sich Erwachsene in seiner Gegenwart über die Bomben unterhielten, die 1945 über ihrer Stadt abgeworfen worden waren, sagte der Dreijährige spontan: »Warum solltet ihr euch gefürchtet haben? Ich war es doch, der über die Stadt geflogen ist.«

Zaw zeigte ein widersprüchliches Verhalten Flugzeugen gegenüber. Auf der einen Seite war er fasziniert von ihnen und begann schon früh, Zeichnungen von ihnen anzufertigen, auf der anderen Seite fürchtete er sich vor ihnen. Spielte er mit Kindern und ein Flugzeug flog über sie, dann schrie er in Panik: »Versteckt euch!« Oder: »Legt euch auf den Boden!« Die Eltern brachten ihn eines Tages auf seinen Wunsch hin zu einem Flugplatz. Sie mochten wohl einigen Piloten davon erzählt haben, dass Zaw behauptete, in dem vorausgegangenen Leben ein amerikanischer Luftsoldat gewesen zu sein, denn einer der Piloten meinte, dass er ihn gerne mal in einem Flugzeug mitnehmen wolle. Doch der Dreijährige entgegnete: »Ich will nicht. Denn wenn man mit dem Flugzeug fliegt, wird man abgeschossen.« Als man ihm zu Hause ein Dreirad schenkte, fuhr er plötzlich damit los und rief: »Kommt mit mir! Ich fahre jetzt nach Amerika.« Solche Bekundungen, nach Amerika zu wollen, hatte er schon seiner Tante gegenüber gemacht, die seiner Sehnsucht, in dieses Land zurückzuwollen, dadurch beizukommen versuchte, indem sie ihn mit Enteneiern fütterte; das galt in jener Gegend als das probateste Mittel, um Kindern die Erinnerung an frühere Leben zu nehmen. Aber dieses Mittel schlug bei ihm nicht an.

Manchmal gab er an, ein großartiger Luftsoldat gewesen zu sein, ein andermal bedauerte er, dass seine Bomben Menschen getötet hatten. Letzteres ließ ihm keine Ruhe. Schon als Vier- bis Fünfjähriger ging er zu buddhistischen Mönchen und bat diese, ihm Absolution zu erteilen. Einer von ihnen mag ihm erklärt haben, dass er in Burma und nicht in Amerika wiedergeboren worden war, weil er hier aus karmischen Wiedergutmachungsgründen nun zu leben habe. Er solle nun seine Sünden bereuen. Daraufhin veränderte sich sein prahlerisches Verhalten, ein großer Luftkämpfer gewesen zu sein. Dennoch wollte er auch noch mit sechzehn Jahren Pilot werden, was die Eltern ihm dann ausredeten. Als er als kleiner Junge einmal ein Tablett sah, auf welchem ein amerikanisches Haus mit Kirche abgebildet war, sagte er spontan, dass dieses ihn an sein Zuhause erinnere. Seine Nostalgie für Amerika blieb bestehen, und er äußerte noch viele Jahre lang den Wunsch, eines Tages nach Amerika fliegen zu wollen.

Zaw wollte schon als Kind immer Schuhe tragen im Unterschied zu den anderen Kindern, die entweder barfuß gingen oder Sandalen anhatten. Er verlangte auch danach, wieder eine Uniform zu haben, wie er sie früher getragen hatte. Auf jeden Fall erreichte er es, dass er statt eines Lungyi, wie bei allen Kindern und bei den meisten Erwachsenen üblich, Hosen tragen durfte. Zaw mochte zudem die scharf gewürzte Nahrung seines Landes nicht. Am liebsten trank er Softdrinks oder Milch, aß besonders gern Kekse und bestand darauf, immer mit dem Löffel zu essen anstatt mit den Fingern, wie es alle anderen taten. Zaw zeigte auch einen Zwang, Alkohol trinken zu wollen. (Wir erinnern uns, dass er im betrunkenen Zustand abgeschossen worden war. Oft bleiben jene Zustände und Eindrücke, die wir bei einem vorausgegangenen Tod hatten, als unliebsame Erbstücke im heutigen Leben zurück.) Schon als Kind hatte er ferner einen Hass auf Japaner, denn die hatten ihn abgeschossen. In der Nachbarschaft gab es einen kleinen Jungen, der behauptete, ein früherer japanischer Soldat gewesen zu sein, und immer, wenn er Zaw sah, begann er, in Panik zu schreien. War dieser eventuell durch John Stevens Bomben oder durch Europäer/Amerikaner ums Leben gekommen? Wir Menschen haben noch so viele Geheimnisse zu lüften. Mir kommt es oftmals so vor, als wüssten wir im Grunde noch nahezu gar nichts von dem, was uns wirklich umgibt und welche Gesetze das wirkliche Leben bestimmen. Aber, wie ich meine, es ist spannend, immer mehr von jenen Geheimnissen aufzudecken. Und Stevenson ist einer von jenen, denen es gelungen ist, ein paar Schleier herunterzuziehen.

Aber die Geschichte von Zaw ist noch nicht zu Ende erzählt. Schon als Kind, als er einmal ein englisches Buch in den Händen hielt, sagte er bedauernd: »Ja, früher habe ich das lesen können.« Als er in die Schule kam, brillierte er bald in der englischen Sprache. Seine Aufsätze wurden prämiert und sogar abgetippt und als Muster an andere Schulen geschickt. Die Schullehrer waren über seine Englischkenntnisse erstaunt. (Aus meinen Rückführungstherapien weiß ich, dass wir oft jene Sprachen nur mit Widerwillen lernen, die wir vormals in einem Land gesprochen haben, in welchem wir ein wenig erfreuliches Leben hatten, oft verbunden mit einem schrecklichen Ende. Wir lernen hingegen oft jene Sprachen leicht, die wir in einem früheren Leben gesprochen haben, das für uns ein angenehmes gewesen ist. Wir sind in unseren Vorlieben und Abneigungen demnach geprägt durch unser Erleben aus der Vergangenheit, zu welcher Zeit diese auch immer stattgefunden haben mag.) Später wurde Zaw ein erfolgreicher Arzt.

Doch gehen wir noch einmal zurück: Als Zaw zehn Jahre alt war, träumte seine Mutter Folgendes: Eine weiße Frau im Alter von etwa fünfundzwanzig Jahren und in europäischer Kleidung erschien ihr und bat sie um Erlaubnis, als ihr Kind wiedergeboren zu werden. Woraufhin Frau Daw Kyin Htwe entgegnete: »Bitte komme nicht zu mir. Wir sind doch sehr arm.« Doch die Frau sagte: »Das ist mir einerlei. Hauptsache, ich bin wieder mit meinem Bruder zusammen.« Am 21. April 1961 gebar Frau Daw Kyin Htwe eine Albinotochter, die außer ihrer hellen Haut auch noch kaukasische, also nicht fernöstliche Gesichtszüge hatte. Als Freunde sie sahen, verglichen sie dieses Mädchen mit einer Puppe, die auf Englisch *doll* heißt, und aus diesem Grund gaben ihr die Eltern den Namen Dolly. Dieses Mädchen hatte eigentlich nichts geäußert, was auf ein früheres Leben hindeutete. Es offenbarte jedoch viele Eigenheiten, die absolut nicht zur burmesischen Gesellschaft passten. Sie bestand beispielsweise ebenfalls darauf, mit einem Löffel zu essen, und wenn man ihr diesen nicht geben wollte, begann sie zu schreien. Oft redete sie auch vor sich hin in einer Sprache, die keiner verstand. Doch ihr Vater meinte, es müsse Englisch gewesen sein. Sie hatte ferner eine besondere Zuneigung zu ihrem Bruder Zaw entwickelt, die äußerst ungewöhnlich zu sein schien. So legte sie sich nachts neben ihn auf die Matte und sprach zu ihm oft in jener unverständlichen Sprache. Sie fasste Zaw beim Spazierengehen auch an der Hand, was für Burmesen ebenfalls ungewöhnlich ist. Als sie mit ihrer Familie wieder einmal ihre Tante verlassen sollte, Zaw jedoch bei dieser zurückblieb, wollte sie unbedingt, dass er ebenfalls mitkommen oder dass sie bei ihm bleiben könne. Sie begann heftig zu weinen, als sie dennoch von ihm getrennt wurde. Sie küsste auch ihre Eltern auf den Mund, was in Burma überhaupt nicht üblich ist, und sie wollte lange keinen Reis zu sich nehmen, sondern fragte nach Brot, Butter und Milch. Wie ihr Bruder wollte sie westliche Kleidungsstücke tragen, und Dolly erzählte ihrem Bruder, dass noch jemand, der so aussehe wie er und sie, in ihrer Familie wiedergeboren werden wolle. Und so war es auch. Im Oktober 1969 wurde das dritte Albinokind in die Familie geboren. Nachdem die Mutter ihr elftes Kind zur Welt gebracht hatte, beschloss ihr Mann, sie sterilisieren zu lassen, doch kurz bevor jener Eingriff vorgenommen werden sollte, hatte sie einen Traum. Ein junger blonder Mann kam auf einem Elefanten auf sie zugeritten und sagte: »Bitte, lass dich jetzt noch nicht operieren. Erlaube mir, dass ich ebenfalls zu dir kommen darf. Denn ich gehöre noch zu denen, die bei dir geboren werden sollten.« Und im November 1974 kam Frau Daw Kyin Htwe mit ihrem dritten Albinosohn nieder. Von Stevenson einmal befragt, wie sie damit umgehe, vier Albinokinder zur Welt gebracht zu haben, antwortete die Mutter, dass sie nichts dagegen gehabt hätte, nur Albinokinder geboren zu haben. Vor der Geburt von Zaw hatte sie jedoch nie einen solchen Wunsch verspürt.

Stevenson hatte natürlich nachgeforscht, ob es einen John Steven gegeben hat, der 1945 über Burma abgeschossen worden war. Doch er konnte nicht mit Sicherheit sagen, ob John Steven nicht vielleicht zwei Vornamen waren und zu welcher Einheit dieser Soldat gehörte. Erst müsse das geklärt werden, um dann mit Sicherheit in den Listen der damals verstorbenen Soldaten nachzuschauen.[48]

Da Zaw gut englisch spricht, bin ich versucht, ihn einmal aufzusuchen und ihn in sein früheres Leben zurückzuführen, damit
jenes Leben in Amerika nebst allen Daten über sein Soldatenleben
geklärt werden kann. Denn dann hätten wir einen doppelten Beweis
für seine Rückerinnerung, dass er vormals in Amerika gelebt hat.
Übrigens fände ich es sehr verlockend, in solchen Fällen tranceinn-
duzierte Rückführungen anzuwenden, denn oft kommt man in
Trance an Dinge heran, die der spontanen Rückerinnerung verborgen bleiben. Ich könnte mir denken, dass in dieser Hinsicht in Zukunft noch näher zusammengearbeitet werden wird. Aber selbst
ohne einen solchen Doppelbeweis sind die von Professor Stevenson
in seiner Monographie wiedergegebenen und durch Bildnachweise
bestätigten Fälle in sich beweiskräftig genug, um jetzt mit Sicherheit
sagen zu können, dass die Reinkarnation ein nicht mehr zu bestrei-
tendes Faktum ist. Was viele Völker immer gewusst haben und was
die Weisen dieser Erde immer wieder verlauten ließen und was von
den »Allzuschlauen« dieser Welt nie geglaubt worden ist, ist nun
endlich unumstritten bewiesen worden. Daran gibt es nichts mehr
zu rütteln. Den Durchbruch für die Anerkennung der Reinkarnation haben wir allein Professor Ian Stevenson zu verdanken, dessen
Pionierleistung vielleicht einmal ebenso hoch eingeschätzt werden
mag wie die Leistungen Freuds und Einsteins.

Verehrte Leserinnen und Leser, ich glaube, dass Sie mir zustim-
men, wenn ich sage, dass derjenige, der all diese Beweise gelesen hat
und immer noch nicht an die Reinkarnation glaubt, »bedauerns-
werterweise« mit seinen »antiquierten« Gedanken nicht ernst zu nehmen ist oder die Wirklichkeit flieht, da er nicht bereit ist, neue
Vorstellungen und Konzepte in sein Denken oder in sein Glaubenssystem einzubauen. Vielleicht verbietet er es sich auch, an wiederholte Erdenleben zu glauben, weil er – aus welchen Gründen auch
immer – nicht wiedergeboren werden möchte.

Als Kampfpilot im brennenden
Flugzeug abgestürzt

USA · James

Zum Abschluss dieses Buches möchte ich Ihnen ein aufsehenerregendes Buch mit dem Titel *Soul Surviver*, 2009 in Amerika erschienen[49], vorstellen, geschrieben von Ken Gross und den Eltern eines Jungen, der sich an sein Leben als amerikanischer Kampfjägerpilot im Zweiten Weltkrieg genauestens und nachweislich erinnern konnte. Der Junge heißt James Leininger, geboren im März 1998. Gerade als die Familie in ihr neues Zuhause in Louisiana eingezogen war, holte Andrea, die Mutter, ein Modellflugzeug hervor, betrachtete es und sagte, dass unten sogar eine Bombe angebracht sei. Und James, gerade zwei Jahre alt, korrigierte sie und erklärte: »Das ist keine Bombe. Das ist ein Ersatztank.« Woher wusste er das, und woher kannte er, der nur undeutlich sprechen konnte, dieses Wort?

Einige Wochen später begann er, im Traum furchtbar zu schreien, sich im Bett zu wälzen und mit seinen Füßen zu strampeln. Dies geschah jede Woche ungefähr fünf Mal. Andrea wollte ihn nicht wecken, da sie gelesen hatte, dass man ein Kind nicht aus seinen Alpträumen wecken dürfe. Der konsultierte Arzt versuchte sie zu beruhigen und meinte, dass solche Schreckträume bald von selbst aufhören würden. Doch nach einigen Wochen, als die Mutter wieder bei dem im Traum entsetzlich schreienden Kind weilte, hörte sie, wie er rief: »Flugzeugabsturz! Das Flugzeug brennt! Der kleine Mann kann nicht raus!« Andrea weckte Bruce, ihren Mann, auf, und er konnte die immer wieder gestammelten Schreie ebenfalls hören. Woher kannte James das Wort »Flugzeugabsturz«, das er sicherlich noch nie gehört hatte?

Als die Familie zu Verwandten nach Texas fuhr, sah James die Flugzeuge am Himmel. Er zeigte großes Interesse an ihnen, so dass sein Vater ihn in Dallas in das Flugzeugmuseum Cavanaugh brachte. Seitdem spielte er nicht mehr mit Autos, sondern nur noch mit Flugzeugen, und er bat seinen Vater, wann immer sie nach Texas zurückkehrten, ihn in das Flugzeugmuseum zu bringen, wo er sich nicht sattsehen konnte an den Propellerflugzeugen des Zweiten Weltkrieges. Als der Vater im Auto zum Flughafen fuhr und der noch Zweijährige die Flugzeuge sah, rief er aus: »Papi, Flugzeug, Unglück, großes Feuer!« Nach weiteren Wochen trat er mit den Füßen um sich, wie er es im Traum getan hatte, und sagte bei vollem Bewusstsein: »Mutti, der kleine Mann macht es so. Oh weh, er kann nicht nach draußen.« Und auf ihre Frage, wer dieser kleine Mann sei, antwortete er: »Ich.« Andrea holte ihren Mann herbei, damit James das für ihn wiederhole, was er ihr soeben gesagt hatte. Bruce drang daraufhin in seinen Sohn, ihm zu sagen, was denn mit seinem Flugzeug passiert sei, und dieser entgegnete, dass er von Japanern abgeschossen worden sei. Als sie der Tante, die gerade zu Besuch war, davon erzählten, fragte sie ihren Neffen, woher er wisse, dass es sich um japanische Flugzeuge gehandelt habe, und er erwiderte: »Die große rote Sonne.« Wie konnte er wissen, dass dies das Emblem der japanischen Luftstreitkräfte war? Und in der darauffolgenden Nacht wie auch in den weiteren Nächten schrie und strampelte er wieder in seinem furchtbaren Alptraum. Man hörte seine Schreie im ganzen Haus. Andrea nahm ihn dann oft in den Arm, wo er schlafend weiterhin schrie und um sich schlug, bis er auf ihre sanften Worte hin aufwachte, wieder ins Bett gelegt wurde und nun beruhigt weiterschlief. Als man Andreas Mutter über diese Alpträume unterrichtete, meinte sie, obwohl aktiv in ihrer Kirche, dass er vielleicht einen furchtbaren Verbrennungstod aus dem vorausgegangenen Leben wiedererlebte, den er beim Abschuss seines Flugzeuges durch einen japanischen Flieger erlitten hatte. Als Bruce, der noch stärker mit der Kirche verbunden war, das hörte, sagte er empört: »In meinem Haus darf nie über so etwas wie Reinkarnation gesprochen werden. Nie und nimmer!« Und als sie eine Tante zum Flughafen brachten, sagte James: »Tante Jenny, Flugzeug stürzt ab. Großes Feuer.« Und sein Vater wurde fuchsteufelswild, er verbat sich ein für alle Mal, dass er derlei Dinge äußerte. Seine Tante wollte daraufhin erst einen Tag später das Flugzeug nehmen, da sie meinte, dass der Zweijährige eine Vorahnung gehabt habe. Doch sie kam unversehrt auf ihrem Heimatflughafen an.

Eine Woche darauf sagte der Zweijährige zu seiner Mutter vor dem Schlafengehen: »Mutti, das Flugzeug vom kleinen Mann brennt.« Andrea holte ihren Mann herbei, und als James gefragt wurde, wer dieser kleine Mann sei, sagte er wieder: »Ich«. Auf die Frage, wie er heiße, antwortete er jedoch: »James.« Schließlich nannte er den Flugzeugtyp mit dem Namen »Corsair«, das von einem Schiff abgehoben habe. Und als sein Vater nach dem Namen des Schiffs fragte – denn die Bezeichnung Flugzeugträger kannte er offenbar nicht –, sagte er: »Natoma.« »Aber das klingt ja nach einem japanischen Namen?« Aber der Kleine korrigierte ihn und sagte: »Nein, es ist ein amerikanisches Schiff.«

Bruce wollte die Aussagen seines Sohnes festhalten, um dann nachweisen zu können, dass alles nur Kinderphantasien seien. Darum setzte er sich an seinen Computer und googelte nach dem Namen »Natoma«. Doch er fand zu seinem Erstaunen, dass ein amerikanischer Flugzeugträger mit dem Namen *Natoma Bay* im Zweiten Weltkrieg im Kampf gegen die Japaner im Pazifik eingesetzt worden war. Und als sein Sohn vor dem Zubettgehen wieder über sein früheres Leben sprach und nach einem Freund von damals gefragt wurde, nannte er einen anderen Piloten namens »Jack Larsen«. Alle Aussagen von James wurden nun festgehalten, und Bruce verbrachte in den nächsten Tagen viele Stunden am Computer, um einen Piloten namens Jack Larsen zu finden, der im Zweiten Weltkrieg im Pazifik zu Tode kam. Als er eines Tages seinem Sohn ein bebildertes Buch über die im März 1945 stattgefundene Schlacht von Iwo Jima zeigte, sagte dieser: «Papi, das ist, als mein Flugzeug heruntergeschossen worden ist und abstürzte.« Nach langer Recherche im Internet fand Bruce nun einen Hinweis auf ein Treffen von Kriegsveteranen, die auf dem Flugzeugträger *Natoma Bay* gedient hatten.

Er flog nach San Diego und traf einen alten Mann namens Leo Pyatt, der mit seiner Maschine auf einem Flugzeugträger gegen die

Japaner im Kriegseinsatz gewesen war. Er bestätigte die Existenz der *Natoma Bay*, verneinte aber, dass von ihr *Corsair*-Maschinen gestartet seien, vielmehr hoben von ihr *Wildcats* und *Avangers* ab. Bruce dachte daraufhin wieder, dass sein Sohn irgendetwas fabriziert habe. Dennoch fragte er Leo, ob er zufällig einen Jack Larsen gekannt habe, und jener erwiderte, dass er ein Pilot gewesen sei, den er nach einem Start nie wieder gesehen hatte. 2002, so gab Leo zu verstehen, werden die Veteranen des Kampfes bei Iwo Jima sich in San Diego wieder treffen, wozu Bruce, der sich als Schriftsteller ausgab, um nicht eine mögliche Wiedergeburt seines Sohnes zu offenbaren, herzlich eingeladen sei.

Andreas Mutter hatte ihnen das Buch von Carol Bowman geschickt, das bislang jedoch ungelesen liegen blieb. Doch Bruce las es nun heimlich, denn sein stockchristlicher Glaube geriet allmählich ins Wanken. Schließlich las auch Andrea das Buch, woraufhin sie eine Mail an Carol schrieb und um Rat bezüglich der Schreiträume ihres Sohnes fragte. Die Reinkarnationsforscherin, die bereits vielen Eltern helfen konnte, deren Kind Schreckträume oder Erinnerungen an frühere Leben hatte, riet ihr nun, James zu erklären, dass in einem früheren Leben sein Flugzeug brannte und er mit diesem abgestürzt sei, er aber jetzt bei seinen neuen Eltern lebe, die ihn beschützten, so dass er von nun an angstfrei und ruhig schlafen könne. Und tatsächlich verringerten sich die Angstschreie, bis sie schließlich nur noch selten vorkamen.

Als James drei Jahre alt geworden war, begann er zu zeichnen. Auf dem Papier konnte man Propellerflugzeuge entdecken und Bombenexplosionen. Und danach befragt, was für Flugzeuge dies seien, antwortete er, es seien *Wildcats* und *Corsairs*. Die japanischen Flugzeuge, so fuhr er fort, nannte man *Zeckes* und *Bettys*. Warum, so forschte Bruce weiter, gab man den amerikanischen Flugzeugen männliche Namen und den japanischen weibliche? Und der gerade den Windeln Entwachsene erklärte, dass jene mit dem Jungennamen Kampfflugzeuge seien, jene mit dem Mädchennamen aber Bomber. Sein Vater forschte nun im Internet nach und entdeckte, dass sein Sohn die Wahrheit gesagt hatte. Woher wusste er dies alles? Das Eigenartige dabei war, dass James, der noch kein Wort schreiben konnte, auf einmal auf seiner Zeichnung »James 3« stehen hatte. Auf des Vaters Frage hin erklärte er, dass er der dritte James sei. Auch spielte er oft einen Piloten, indem er sich einen Helm aufsetzte. Und einmal überhörte Bruce folgenden Ausruf seines nun vierjährigen Sohnes: »Roger … Zero um sechs Uhr. Hab ihn getroffen!« Herbeieilend fragte er ihn, was er mache, woraufhin dieser antwortete: »Mein Flugzeug wurde getroffen, und ich nahm den Fallschirm.«

Als James vier Jahre alt war, rief Carol Bowman an und fragte Andrea, ob sie dafür bereit sei, dass der Reinkarnationsfall ihres Sohnes für eine Fernsehaufzeichnung aufgenommen werde. Sie bekam einen Schock, und ihr erster Gedanke war abzulehnen. Denn sie dachte, was wohl die Nachbarn in der katholischen Gegend denken könnten, wenn in ihrem Haus ein eigenartiger Junge wohne, mit dem andere Kinder nicht mehr spielen dürften. Sie befürchtete auch, ihre ganze Familie könne in der Nachbarschaft in Verruf geraten. Sie wolle, wie sie Carol mitteilte, hierüber erst noch mit Bruce sprechen. Als dieser von dem Fernsehangebot hörte, war er sofort damit einverstanden, hoffte er doch, dadurch von Fernsehzuschauern weitere bestätigende oder verneinende Hinweise auf die Äußerungen seines Sohnes zu erhalten. Bald wurde die Familie Leininger von Shalini Sharma, der TV-Produktionsleiterin, aufgesucht. James zeigte ihr seine Zeichnung der *Corsair* und sagte plötzlich zum ersten Mal, dass diese Maschinen immer wieder einen Platten hatten und sich beim Abheben nach links drehten.

Das Filmteam führte James in ein Museum alter Militärflugzeuge, wo er unter anderem auf die abgefahrenen Reifen und besonders auf den Flughaken der Jagdflugzeuge deutete, der nötig gewesen war, um sie bei Landung einzufangen und zum Stehen zu bringen. Schließlich stieß auch Carol Bowman zu diesem Aufnahmeteam, wo sie James zum ersten Mal zu Gesicht bekam. Nun konnte sie Andrea, die inzwischen im Gegensatz zu ihrem unerschütterlich am christlichen Dogma festhaltenden Mann den Glauben an die Reinkarnation akzeptiert hatte, weitere Hinweise geben, wie sie mit James hinsichtlich seiner Erinnerungen an sein früheres Leben, in dem er ebenfalls James hieß, umzugehen habe.

Im September flog Bruce zu jenem Zusammentreffen der Kriegsveteranen des Flugzeugträgers *Natoma Bay* nach San Diego. Der Leiter dieser über fünfundsiebzigjährigen Männer hatte auf Leos Bitte hin Unterlagen dieses Schiffes nebst Mannschaftslisten mitgebracht. Und in diesen war der Name Jack Larsen verzeichnet. Bruce wurde gesagt, dass dieser den Krieg überlebt habe und nun in Arkansas wohne, jedoch nicht an ihrem Zusammentreffen teilnehme. Der angebliche »Schriftsteller« schrieb sich dessen Adresse und Telefonnummer auf, und er fand auch den Namen eines Piloten, der James M. Huston Jr. geheißen hatte. Dieser sei mit einer Schwadron nach Chichi-Jima geflogen, wo er am 3. März 1945 mit einer *Wildcat* im Luftkampf ums Leben gekommen sei. Auch erinnerte sich einer der Veteranen an diesen vortrefflichen Piloten, denn James habe sich immer für besonders schwere Einsätze gemeldet.

Noch am selben Tag rief Bruce aus seinem Hotelzimmer Jack Larsen an und erzählte auch ihm, dass er ein Schriftsteller sei, der über die *Natoma Bay* schreiben wolle. Der ehemalige Pilot war bereit, ihm Auskunft zu erteilen, und lud ihn ein, nach Arkansas zu kommen. Bruce kopierte alles, was bei dem Zusammentreffen an Unterlagen mitgebracht worden war, und da er sich als Schriftsteller ausgegeben hatte, der über die damaligen Ereignisse auf diesem Flugzeugträger schreiben wollte, musste er diesen alten Herren am Telefon versprechen, sein Vorhaben auch wirklich einzuhalten. Mit so vielen verblüffenden und widersprüchlichen Informationen kehrte er zu Andrea zurück. Als sie den vollen Namen des damaligen James hörte, meinte sie, dass das Jr., also Junior, Anzeichen dafür war, dass er der Dritte in der Reihe einer Familie mit Männern gleichen Namens gewesen sein musste, weshalb er auf die Zeichnung »James 3« geschrieben hatte.

Bruce hatte seinen Job verloren. Während er sich im Internet bei verschiedenen Firmen bewarb, nahm er sich die Zeit, sich wie ein Besessener weiter auf die Suche nach Informationen über die *Natoma Bay* und Jack Larsen zu machen, und im September besuchte er schließlich jenen Kriegsveteranen in Arkansas. Dieser konnte sich genau an James Huston erinnern, denn er flog mit dem FM-2-Kampfflugzeug in Larsens Schwadron von dem Flugzeugträger *Natoma Bay* zu einem Angriff auf die dreihundert Kilometer weit entfernte japanische Festung Chichi-Jima. Ihnen folgten *Avenger*-Torpedobomber. Der Einzige, der nicht mit seiner Maschine auf das Schiff zurückkehrte, war James Huston gewesen. Bruce berichtete ihm über die nächtlichen Schreie seines Sohnes und über dessen Aussagen. Zum Abschied übergab Herr Larsen dem Besucher seinen Fliegerhelm mit Schutzmaske, den er aufbewahrt hatte und den er James als Geschenk mitbringen sollte. Sein Sohn war überglücklich darüber und stülpte den Fliegerhelm bei all seinen Fliegerspielen über seinen Kopf.

Als die Familie nach einem Tornado ihr Haus und Grundstück wieder in Ordnung gebracht hatte, nahm Bruce seinen Sohn in die Arme und sagte, wie glücklich er sei, ihn zu haben. Und der Vierjährige erwiderte: »Deshalb habe ich dich ausgesucht, denn ich wusste, dass du ein guter Papi sein würdest.« Und auf Nachfrage berichtete er weiterhin, dass er Andrea und ihn auf Hawaii bei einem nächtlichen Essen vor einem großen rosa Hotel entdeckt habe. Bruce war verblüfft. Nie hatten er und Andrea über jene Ferienreise fünf Wochen, bevor sie schwanger wurde, gesprochen. Aber es stimmte. Damals war eine Mondscheinparty vor dem rosa gestrichenen Hotel abgehalten worden. Woher konnte der Kleine das wissen?

James scharte einige Freunde, die sich an seinen Fliegerspielen beteiligten, um sich, denen er neue Namen gab: Leon, Billy und Walter. Als sein Vater ihn fragte, warum er ihnen diese Namen gegeben hatte, antwortete er: »Weil diese mich getroffen haben, als ich in den Himmel kam.« Und wieder hatte Bruce viel nachzudenken. Er nun, dem immer wieder Unterlagen über die *Natoma Bay* zugeschickt wurden, durchforschte immer eifriger die Listen der dort umgekommenen Piloten. Und dann fand er die Namen jener, die ebenfalls zur Schwadron von James Huston gehört hatten: Leon Conner, Walter Devlin und Billy Delin. Sie waren schon 1944 abgeschossen worden, James aber erst am 3. März 1945. Diese drei

Pilotenfreunde hatten ihn im Jenseits empfangen. (Jetzt kann man Elisabeth Kübler-Ross verstehen, wenn sie behauptet, dass sterbende Kinder ihre großen Lehrmeister waren.)

Die Leiningers hielten verschiedene Fotos der damals im Kampf umgekommenen Piloten in den Händen – und auf einem fanden sie James Huston vor einem *Corsair*-Flugzeug. Ihr Sohn hatte also doch recht gehabt, als er sagte, er habe vormals eine *Corsair* geflogen. Trotzdem weigerte sich Bruce – anders als Andrea –, an Reinkarnation zu glauben, denn er blieb ein eifriger Kirchgänger, und die Idee einer Reinkarnation widersprach allem, was er bisher geglaubt hatte. Sie bedrohte die kirchlichen Dogmen wie zum Beispiel das einmalige Leben, das jenseitige Gericht am Jüngsten Tag und die göttliche Gnade. Er dachte immer noch, dass die Äußerungen seines Sohnes rein auf Zufälligkeiten beruhten. Doch nach und nach bröckelte sein christlicher Glaube.

Eines Nachts weinte der jetzt bald fünfjährige James furchtbar im Schlaf. Andrea, den Umgang mit träumenden Kindern beachtend, bemühte sich, ihn nicht aufzuwecken, doch es gelang ihr, ihn mit sanften Worten zu beruhigen, bis er aufhörte zu weinen. Als er aufwachte, wusste er nicht, was er geträumt hatte. Doch es war der 3. März, der Tag, an dem James Huston abgeschossen worden war – und Andrea erinnerte sich, dass er genau an diesem Tag vor einem Jahr ebenfalls heftig im Schlaf geweint hatte. Bruce stellte eine Webseite ins Netz, um nach Veteranen zu suchen, die damals bei dem Kampf um Chichi-Jima dabei gewesen waren, woraufhin er einen Anruf von einem Piloten namens Jack Durham erhielt, der mit einer Bomber-Schwadron dem Jagdgeschwader von Jack Larsen gefolgt war, in welchem James Huston als Letzter geflogen war. Er war wie einige andere, deren Namen er nannte, Zeuge, wie das Flugzeug von James getroffen wurde, Feuer fing und in die Bucht vor dem Hafen stürzte. Jetzt wussten sie, warum ihr Sohn vor zwei Jahren über das Feuer im Flugzeug gesprochen hatte. Bruce bekam zusätzlich Kontakt zu einem anderen Piloten namens John Richardson, der mit seinem Bomber neben James Huston geflogen war. Sie hatten sich noch zugenickt, doch dann wurde das Flugzeug von Huston getroffen und stürzte brennend ab. Dieser Mann war der letzte Zeuge, der James noch in die Augen gesehen hatte. Er konnte anhand einer Karte genau zeigen, wo jener neben einem Felsen beim Eingang zum Hafen versunken war.

Längst war Bruce, der inzwischen viele Bücher über den Krieg im Pazifik gekauft hatte, klar, dass er wirklich ein Buch schreiben würde. Im September 2003 trafen sich in einem Hotel die Pilotenveteranen der *Natoma Bay*, und dort begegnete er anderen des Bombergeschwaders, die ebenfalls gesehen hatten, wie James Hustons Flugzeug vorne getroffen wurde, so dass die Propeller hinweggesprengt wurden, und sofort Feuer fing. Immer wieder wurde Bruce bei diesem Treffen gefragt, wie er auf die Idee gekommen sei, ein Buch über James Huston und die *Natoma Bay* zu schreiben. Und schließlich offenbarte er dem Präsidenten dieses Zusammentreffens, dessen Frau und Jack Durham die Wahrheit und berichtete über die Schreckträume seines Sohnes und seine vielen rätselhaften Bemerkungen. Nachdem er eine Stunde lang darüber gesprochen hatte, erwartete er Zurückweisung oder gar Beschimpfung. Aber das genaue Gegenteil war der Fall. Jack, der damals nach dem Absturz von James' Maschine selbst getroffen worden war, konnte noch abdrehen, so dass er und seine Männer nach dem Absturz von amerikanischen Matrosen gerettet werden konnten. Er, dem damals die Schulter ausgerenkt und die Zähne eingeschlagen worden waren, erzählte, wie er noch nach Jahren genau an jenem Tag, dem 3. März, Alpträume hatte und zum Entsetzen seiner Familie im Schlaf schrie. (Dies lässt vermuten, dass Alpträume besonders bei Kindern mit Erinnerungen an grässliche Geschehnisse aus früheren Leben zusammenhängen können.) Die Frau, die bislang nur zugehört hatte, berichtete, dass viele Mütter und Ehefrauen zu Hause plötzlich eine Ahnung bekommen hatten, dass ihr Sohn oder ihr Mann plötzlich im Kriegseinsatz gestorben sei. Und ihre Ahnungen wurden kurz später durch eine telegrafierte Todesnachricht bestätigt. Seine Gesprächspartner forderten Bruce schließlich auf, der ganzen Gesellschaft seine Geschichte vorzutragen, doch er wagte es nicht.

Ende September erhielt Andrea einen Anruf von Shalini Sharma, die jene Fernsehaufzeichnung aus dem letzten Jahr arrangiert hatte. Leider waren sie als zu abgehoben eingestuft und nicht ausgestrahlt worden. Sie war nun von der kleineren Fernsehanstalt zu den ABC Primetime Studios übergewechselt, deren Sendungen in den ganzen Vereinigten Staaten empfangen werden konnten. Nach langem Zögern erklärten sich Bruce und Andrea bereit, dass der Fall ihres Sohnes nun erneut für das Fernsehen dokumentiert werden möge – zumal die Leiningers zur Freude der Anrufenden über die weiteren Erfolge ihrer Forschungen berichten konnten. Schließlich wünschte ABC, dass auch James Hustons Schwester Ann, Jack Larsens Ehefrau Dorothy, weiterhin der Präsident der Natoma-Gesellschaft, Al Alcorn, und der Pilot Leo Pyatt interviewt werden sollten. Als Bruce Al Alcorn anrief, ihn über das Vorhaben unterrichtete und nun auch offenbarte, was es mit seinem Sohn auf sich hatte, war Alcorn nicht erstaunt, sondern antwortete, dass er schon viel über frühere Leben vernommen habe, so dass ihn diese Vermutungen nicht überraschen würden. Und als Leon Pyatt von Bruce angerufen und über die geplante Fernsehsendung informiert wurde, meinte jener zustimmend, dass er in der Kirche einer Bibelstudiergruppe angehöre, in welcher das Thema Reinkarnation diskutiert werde. Er stimmte dem TV-Vorhaben daher zu wie auch James Hustons Schwester Ann Barron, die aber erst ihren Pastor darüber befragen wollte. Sie erzählte Bruce jedoch noch, dass sie ihren Bruder in seiner Todesstunde bei sich gefühlt habe, denn beide waren immer eng miteinander verbunden gewesen. Sie meldete sich bald zurück, dass ihr Pastor keine Einwände habe, dass sie bezüglich eines Reinkarnationsfalles vom Fernsehen über ihren Bruder interviewt werden würde. Alle, die Bruce angerufen hatte, waren somit zwar noch nicht von der Reinkarnation überzeugt, aber sie wiesen diese auch nicht als Spinnerei von sich.

Als Frau Barron mit dem Fünfjährigen am Telefon sprach, nannte er sie Annie. Nur ihr Bruder hatte sie je so genannt. Und als Andrea ihren Sohn maßregeln wollte, die Anruferin Annie zu nennen und nicht Mrs. Barron, sagte er, dass sie aber so heiße. Er habe auch noch eine andere Schwester gehabt, die Ruth genannt wurde, was Ann bestätigte. Und nun unterhielten sich James und Ann miteinander wie Bruder und Schwester. Er sprach von »unseren« Eltern und erinnerte sie an den Alkoholismus ihres gemeinsamen Vaters, der, wie James sich erinnerte, mit Dingen um sich warf und schließlich in einem Sanatorium landete. Er wusste auch noch, wie Ruth außer sich geraten war, dass die Mutter nach der Einlieferung ihres Mannes einen Job als Putzfrau annehmen musste. Ann war nun von der Wiedergeburt ihres Bruders vollkommen überzeugt und sandte ihm ein Portrait ihrer Mutter, das diese selbst gemalt hatte. Und als er es in den Händen hielt, rief er seine sechsundachtzigjährige frühere Schwester an und fragte, wo das Bild sei, dass *mum* von ihnen beiden gemalt habe, woraufhin sich Ann daran erinnerte, dass jenes noch im Keller eingepackt lag.

Am Tag, als die Leute vom Fernsehen kamen, um mit den Aufnahmen zu beginnen, erhielten die Leiningers ein Päckchen von Ann. Darin befand sich ein Plastikmodel einer *Corsair*, eine Büste von George Washington, die ihr Bruder immer auf seinem Schreibtisch stehen hatte, und außerdem – eine große Überraschung – ein Foto, dass James Huston vor seiner *Corsair*-Maschine zeigte. Der Aufnahmeleiter wollte die Szene filmen, wenn James vom Kindergarten zurückkehrte und dieses Paket öffnete. Man band alsdann dem aufgeregten Jungen ein Mikrophon um den Hals, und als er die Büste von George Washington ausgepackt hatte, lief er mit dieser in sein Kinderzimmer und stellte sie auf seinen Tisch. Dann kam er zurückgerannt. An dem Modell einer *Corsair* roch er und sagte, es rieche nach dem Flugzeugträger. Der Produzent roch nun selbst daran – und tatsächlich, es stank nach Dieselöl, dessen Geruch man auf einem Flugzeugträger oft in der Nase gehabt haben dürfte.

Kurz nach James' sechstem Geburtstag wurde nun am 15. April 2004 die Sendung in ganz Amerika ausgestrahlt, und die Leiningers erhielten unzählige Anrufe von verschiedenen Leuten. Manche wollten noch Auskünfte über die geschichtlichen Hintergründe erteilen, manche waren von der Richtigkeit der Reinkarnationsbeweise überzeugt und manche beschimpften die Familie als Lügner, die einer

Show wegen alles nur erfunden hätte. In der Folge luden auch Radioprogramme die Familie zu Interviews ein, und als mit ihnen an einem frühen Morgen ein Radiointerview geführt wurde, stellte man sie auch dort als Betrüger hin. Von nun an gaben Andrea und Bruce keine Interviews mehr.

Doch als James ein Fernsehprogramm über *Corsair*-Flugzeuge sah, wusste er anscheinend bei manchen Dingen besser Bescheid und korrigierte die Angaben. Dort wurde gezeigt, dass eine *Corsair* einen japanischen Flugzeugjäger des Fabrikats Zero abgeschossen habe. Doch James sagte: »Das ist eine *Tony*, keine *Zero*.« Seine Erinnerungen an sein früheres Leben blieben ihm also auch noch als Sechsjährigem erhalten. Und als Bruce nun nachforschte, hatte man nur eine einzige *Tony*, eine Nachbildung der deutschen Messerschmidt ME-109, abgeschossen. Der Schütze war James Huston gewesen.

Eines Tages rief ein Bob Greenwalt an, dessen Namen Bruce in den Listen schon entdeckt hatte. Er war, wie er sagte, James Hustons engster Freund gewesen. Beide hatten die *Corsair* auf ihre Tauglichkeit für den Flugzeugträger getestet, doch sie erwies sich als zu schwer, und beim Anflug aufs Landedeck konnte der Pilot dieses beim Aufsetzen nicht erkennen, da der Bug zu hoch war. Das Flugzeug steuerte beim Abheben zudem nach links, und die Reifen gingen ständig entzwei, so dass es sich als untauglich für Flugzeugträger erwies. Damit stimmten überraschenderweise auch die Aussagen von James über die *Corsair*-Maschinen.

Auf dem nächsten Treffen der *Natoma*-Veteranen in San Antonio/Texas brachte Bruce seine Frau, deren Mutter und James mit. Als er einen Mann auf sich zukommen sah und dieser ihn fragte, ob er ihn kenne, antwortete der Sechsjährige: »Du bist Bob Greenwalt.« Bruce fragte seinen Sohn später, woran er Bob erkannt habe, und James antwortete, dass er ihn an der Stimme wiedererkannt habe. Die Veteranen, die alle die Fernsehaufzeichnungen gesehen hatten, waren erfreut, James begrüßen zu dürfen. Unter ihnen war auch Jack Larsen, der ebenfalls nach San Antonio geflogen war. Sie alle schienen mehr oder weniger zu akzeptieren, dass der kleine

James der wiedergeborene Fliegerkamerad James Huston war. Er begegnete nun auch Ann, der Schwester von James Huston, aber der Kleine war, anders als am Telefon, ein wenig scheu, als er ihr nun direkt gegenüberstand, entsprach ihr Aussehen doch gar nicht dem, was er in Erinnerung hatte.

In der Nähe wurde auf Bruces Betreiben eine bronzene Gedenkplakette eingeweiht, und zu der Feier fanden sich alle Veteranen ein; anschließend besuchte man ein Kriegsmuseum. Als James ein Flakgeschütz sah, sagte er zu den ihn begleitenden Veteranen, dass man diese auf der *Natoma Bay* ebenfalls angebracht hatte. Und als jemand zurückfragte, wo diese aufgestellt waren, antwortete der Kleine: »Auf dem Fantail.« Das war, wie sie bestätigten, genau der Platz für diese Geschütze gewesen.

Gegen Bruces Entschluss, keine Interviews mehr zu geben, konnte ihn der Produzent von der ABC dennoch überzeugen, mit seinem Sohn in New York in einer *Good Morning Amerika*-Sendung aufzutreten. Das japanische Fernsehen hatte diese verfolgt und lud nun ihrerseits die Familie Leininger nach Japan ein. Dort angekommen, fuhren sie auf dem Schiff mit der Filmcrew zu dem Hafen von Futami-ko und sahen den Felsen, neben dem James Huston am 3. März 1945 mit seiner brennenden Maschine ins Meer gestürzt war.

Ich habe Ihnen im Folgenden einige Gedanken zusammengestellt, was sich in unserem Weltbild und in unserer Einstellung zum Leben und zu den Menschen ändern dürfte, wenn wir die Reinkarnation als Tatsache anerkennen.

V.

Die Bedeutung der Reinkarnation für ein neues Bewusstsein

Das Einwirken des Reinkarnations-gedankens auf das persönliche Leben

1. Ich habe keine Angst mehr vor dem Tod. Da ich weiß, dass ich mit aller Wahrscheinlichkeit nach schon früher gelebt habe, gehe ich davon aus, dass ich nach einem Zwischenleben auf einer feinstofflichen Ebene erneut auf Erden inkarnieren werde.

2. Wenn jemand stirbt, der mir nahesteht, so ist es natürlich, traurig zu sein. Aber meine Trauer wird sich um vieles verringern, da ich weiß, dass

   a) er nicht gestorben ist, sondern auf einer anderen Ebene weiterlebt.

   b) er sicherlich oft – wenn auch unsichtbar – bei mir ist.

   c) es sein von höherer Seite für richtig befundenes Schicksal war, zur Zeit seines Todes abgerufen zu werden.

   d) ich diese Person nach meinem Tod im Zwischenleben (Jenseits) und/oder in einem nächsten Erdenleben wiedersehen werde.

   e) es keinen Abschied für immer gibt.

3. Ich bin allen Menschen gegenüber tolerant eingestellt, solange sie nicht mich oder andere in meiner oder ihrer Freiheit be-

hindern. Ich toleriere jegliche Art von Religionsausübung und Meinungsäußerung, solange sie anderen ein gleiches Recht zugesteht. Denn wir Menschen erweitern von Leben zu Leben unser Bewusstsein. Ich bin nie überheblich in meinem Denken Andersdenkenden gegenüber, habe ich doch vielleicht in einem früheren Leben ebenso gedacht. Ich dränge darum niemandem meine Überzeugung auf, benötigt doch jeder seine Zeit, um sein Bewusstsein dann zu erweitern, wenn die Zeit dafür für ihn gekommen ist. Außerdem ist mir klar, dass ich in meinen zukünftigen Leben sicherlich noch oft meine Überzeugungen wechseln beziehungsweise erweitern werde.

4. Ich werde niemals andere Menschen diskriminieren, ganz egal, um wen es sich handelt. Denn ich weiß, dass

   a) ich niemanden vom anderen Geschlecht diskriminieren werde, gehörte ich doch mit aller Wahrscheinlichkeit schon selbst dem anderen Geschlecht an.

   b) ich niemanden von einer anderen Hautfarbe, Volkszugehörigkeit oder einer anderen Rasse diffamieren werde, hätte ich doch selbst schon zu jenen anderen gehören können, oder ich könnte nochmals zu ihnen gehören. Auch ist mir bewusst, so ich jemanden aufgrund seiner Zugehörigkeit diskriminiere, dass

   c) ich dann selbst einmal zu diesem anderen Volk oder dieser Rasse gehören muss, damit ich mein Verständnis und meine Liebe für sie erweitern kann. Ebenso werde ich

   d) nie auf andere herabsehen, weil sie arm, behindert, unschön oder irgendwie anders sind, denn ein jeder hat sich genau das Umfeld, sein Aussehen und seine Veranlagungen ausgesucht, um daran und daraus zu lernen.

5. Ich werde anderen gegenüber nie neidisch sein, seien sie nun reicher, mächtiger, angesehener, klüger, gesünder oder äußerlich schöner. Denn sie haben sich für dieses Leben ihr Aufgabenfeld in der Schule des Lebens geschaffen, um mit den

ihnen zur Verfügung stehenden Mitteln genau das zu lernen, was sie lernen können, um dadurch spirituell zu wachsen. Eventuell standen mir in einem früheren Leben ebenfalls solche Mittel zur Verfügung, oder sie werden mir in einem zukünftigen Leben noch zur Verfügung stehen. Wir müssen alle einmal alle Möglichkeiten des Erlernens durchgemacht haben, um spirituell zu wachsen.

6. Habe ich ein Kind, dann werde ich ihm die Chance einräumen, seine individuellen Anlagen, so sie nicht zerstörerisch sind, zu fördern. Ich werde ihm nicht meinen Willen aufdrängen oder seinen Willen brechen. Denn ich weiß, dass seine früheren Leben es sicherlich schon innerlich geformt haben und dass es in diesem Leben sein Lernprogramm erfüllen möchte, das ein ganz anderes sein mag als das meine. Deshalb respektiere ich seine Persönlichkeit. Außerdem weiß ich, dass es in einem früheren Leben sicherlich schon einmal ein Erwachsener war, vielleicht sogar einer meiner verstorbenen Verwandten oder Freunde. Ich werde schon früh darauf achten, ob es irgendetwas über seine früheren Leben äußert. Ich werde ihm solche Äußerungen nicht mehr verbieten oder diese als Spinnerei abtun. Vielleicht war dieses Kind schon in früheren Leben mein Partner, meine Mutter, mein Vater, mein Freund, meine Freundin, und vielleicht werde ich im nächsten Leben als Tochter, Sohn oder Enkel meines jetzigen Kindes wiedergeboren.

7. Ich weiß, dass ich mir meinen Partner nicht zufällig ausgesucht habe, sondern dass ich ihn schon aus früheren Leben kenne und wir uns im Zwischenleben dazu entschlossen haben, auf Erden wieder zusammen von und miteinander zu lernen. Denn jede Partnerschaft ist eine Lerngemeinschaft in der Schule des Lebens. Und die Chance zum Lernen will ich, solange sie besteht, nach besten Kräften nutzen.

8. Ich akzeptiere meine Eltern so, wie sie sind, denn ich habe sie mir vor meiner Inkarnation selbst ausgesucht. Sie bieten

mir genau die Voraussetzungen, die ich zum Erlernen meiner Aufgaben benötige.

9. Ich erkenne die mir im Leben begegnenden Personen, Ereignisse und Schicksalsschläge als wichtige Hilfen an, damit ich genau durch sie oder aus ihnen das lerne, was ich zu lernen habe. Ich entwickle dabei auch keinen Neid auf andere, da sie eventuell mit ihren Lernmitteln etwas ganz anderes zu lernen haben. Darum trage ich meine mich treffenden Schicksalsschläge mit Fassung und sehe sie vielmehr als Chancen an, lernen zu dürfen. Ich beklage mich nicht über sie, sondern frage mich, was ich daraus für mich lernen soll beziehungsweise darf.

10. Die Erde ist somit eine Schule des Lernens. Wir lernen mit jeder Inkarnation, verständnisvoller, toleranter und vor allem liebevoller zu werden. Sind wir einmal nach vielen Inkarnationen ganz Liebe geworden, dann dürfen wir diese Erdenschule verlassen, denn wir haben unser Abitur bestanden und dürfen auf höhere Universitäten gehen, wo uns höhere Weisheiten und höhere Liebe vermittelt werden.

11. Ich weiß, dass ich, wo immer ich gegen die Liebe verstoße, selbst einmal derjenige zu sein habe, der lieblos behandelt wird. Nur dadurch lerne ich, liebevoll mit meinen Gedanken, Worten und Taten umzugehen. Alles, wodurch ich anderen schade, wird mir selbst einst zum Schaden werden. Das Karmagesetz, das diesen Lernprozess steuert, ist immer gerecht. Es gibt für mich keine Ungerechtigkeiten. Deshalb weise ich auch keinem anderen Menschen oder keiner anderen Situation eine Schuld zu, sondern ich frage mich, was ich durch eine Benachteiligung zu lernen oder aus früheren Leben noch auszugleichen habe, denn nichts geschieht zufällig.

12. Ich weiß, dass alles im Leben einen Sinn hat, es gibt keinen »Un-Sinn«. Alles, was mir begegnet, hat eine Bedeutung für mich. Darum werde ich versuchen, den Sinn hinter den Dingen und Ereignissen zu erkennen.

13. Ich weiß, dass es allein an mir liegt, wie schnell oder wie langsam ich mich spirituell entwickle. Ich allein trage die Verantwortung dafür, was mir im Leben an Gutem oder Widerlichem widerfährt, denn beides sind die Früchte meiner in früheren Leben gehegten Gedanken, gesprochenen Worte oder ausgeführten Taten. Um ein nächstes Erdenleben in Freude und Liebe zu führen, werde ich das jetzige Leben nutzen, um anderen viel Freude zu bereiten und ihnen viel Liebe zukommen zu lassen. Ich allein bin der Schmied meines Glückes. Ich schiebe keinem anderen die Schuld zu, denn ich bin und war und werde für alles verantwortlich sein, was mir wann auch immer begegnet.

14. Ich sehe das Leben als ein Geschenk an, mich mit jedem Erdenleben immer weiter in der Liebe und im Verstehen entwickeln zu dürfen. Es macht mir Freude, anderen bei ihrer Entwicklung behilflich sein zu dürfen und von ihnen Hilfe anzunehmen, die meiner Entwicklung zugutekommt. Deshalb bin ich an jedem Tag dankbar, auf Erden sein zu dürfen und mehr über die Liebe zu erfahren und zu lernen. Und ich bin dankbar, mein Bewusstsein immer mehr zu öffnen für die göttlichen Gesetze und die göttliche Liebe.

Das Einwirken des Reinkarnations-
gedankens auf das gesellschaftliche Leben

1. Da die Reinkarnation als Faktum Allgemeingut ist, wird man jeden Menschen als wirklich gleichberechtigt sehen. Es gibt keinerlei Diskriminierung mehr, denn bewusste Übervorteilung oder Benachteiligung – selbst im Auftrag anderer – schafft persönliches Karma.

2. Das Karmagesetz wird Allgemeingut, was da heißt: Was du einem anderen bewusst antust, sollst du an dir erfahren, entweder noch in diesem Leben oder in einem späteren. Denn das Karmagesetz ist immer gerecht. Keine Untat bleibt unausgeglichen. Das Karmagesetz dient dabei dem Lernprozess.

3. Da jeder weiß, dass er eventuell in jedem Land oder bei jedem Volk oder bei den Angehörigen einer bestimmten Religion gelebt haben könnte, wird ein globales Zusammengehörigkeitsgefühl geschaffen. Es gibt daher unter den Staaten dieser Erde kein Konkurrenzdenken mehr, vielmehr herrscht ein Miteinander statt eines Gegeneinanders. Man wird sich als Weltgemeinschaft fühlen, die sich gegenseitig Achtung, Toleranz und Verständnis entgegenbringt.

4. Man wird sich in Notsituationen gegenseitig helfen. Denn man weiß: Unter jenen Menschen in einer – sagen wir – von Hunger oder Katastrophen heimgesuchten Gegend dieser Erde können sich meine Verwandten und geliebten Personen aus einem früheren Leben befinden. Jegliches Ignorieren der Not anderer schafft für eine Nation wieder Karma. Darum wird man denen, die in Not geraten sind, mit größerer Hilfsbereitschaft entgegenkommen. Man wird überhaupt mehr Anteil an dem Wohlergehen der Bevölkerung in den einzelnen Ländern nehmen.

5. Jeder Einzelne wird dem Staat gegenüber ein ganz anderes Bewusstsein der Zugehörigkeit und Mitverantwortung entwickeln. Denn betrüge ich den Staat, indem ich Steuern hinterziehe, wird mir aus karmischen Gründen einmal etwas entzogen werden müssen. Denn das, was ich dem Staat wie auch jedem Einzelnen antue, wird mir einmal angetan werden müssen. Darum ist Ehrlichkeit die beste Vorsorgeversicherung für ein nächstes Erdenleben, das von Glück geprägt sein wird.

6. Der Mensch, bevor er zu einem global verantwortlichen Weltbürger wird, fühlt sich als Bürger seines Staates mitverantwortlich. Lebt er nur für seine Interessen und nutzt den Staat zu seinem Vorteil aus, wird er in einem späteren Leben ebenfalls einmal in Situationen kommen, in denen man ihn ausnutzt. Ein egozentriertes Denken und Handeln ist der Garantieschein dafür, dass man in einem späteren Leben Ungerechtigkeit und Lieblosigkeit erfahren wird.

7. Glaubensgemeinschaften und Weltreligionen werden sich schleunigst den Reinkarnationsgedanken zu eigen machen und in ihr Glaubenssystem integrieren, um eine Überlebenschance zu haben, denn die Reinkarnation ist Faktum. Es gibt kein einmaliges Leben, sondern es gibt einen Zyklus von einmaligen Leben, und mit jedem Leben entwickelt sich die Seele zu höherer Vollkommenheit. Die Reinkarnation ist die gerechteste Religion. Sie gibt jedem, so er gegen die Gesetze der Nächstenliebe verstoßen hat, in einem erneuten Erdenleben die Chance, das Verfehlte wiedergutzumachen. Gott ist damit nicht mehr der Bösewicht, der verkrüppelte Babys zu Welt kommen lässt oder der es zulässt, dass Millionen von Menschen verhungern oder in Kriegen umkommen.

8. Die Rückführungstherapie wird eine große Aufgabe zu erfüllen haben. Im Sozialwesen zum Beispiel wird man eventuell Drogensüchtige und Alkoholiker zu der Ursache ihres Suchtverhaltens zurückführen, um die sie süchtig machende Programmierung zu lösen oder andere unsichtbare Einflüsse zu

eliminieren. Aus der Psychiatrie wird die Rückführungstherapie gar nicht mehr wegzudenken sein. Denn ein Verhalten, das einem selbst oder anderen schadet, mag mit Ursachen in früheren Leben zusammenhängen, die es aufzudecken und zu therapieren gilt. Die Krankenkassen werden auf ihre Kosten Rückführungstherapeuten ausbilden lassen, um ungeheuer hohe Therapiekosten zu sparen, denn die Rückführungstherapie kann oft in kürzester Zeit mit Erfolgen aufwarten, die bei der bisherigen Therapie meist sehr langwierig sind und manchmal auch nur in beschränktem Maße oder gar überhaupt nicht eintreten.

9. In der Psychologie wird man viele der alten Theorien begraben müssen und neue Theorien aufstellen, um der Reinkarnation darin einen großen Platz einzuräumen. An den Universitäten werden Lehrstühle für die Reinkarnationspsychologie begründet.

10. In der Medizin wird man in vielem umdenken müssen. Seit Professor Dr. med. Ian Stevensons Entdeckungen weiß man jetzt, dass angeborene Missbildungen eventuell eine nicht genetisch oder virulent bedingte Ursache haben können, sondern in den meisten Fällen auf frühere Ursachen zurückzuführen sind. Beispielsweise in der Chirurgie wird die Reinkarnation eine nicht geringe Rolle spielen. In vielen Fällen, bevor eine nicht sofort notwendige Operation vorgenommen werden soll, schickt der Arzt oder der Chirurg den Patienten zu einem Rückführungstherapeuten, um zum Beispiel bei einer Vagotomie festzustellen, ob eventuell der Magenbereich vorbelastet ist durch eine in einem früheren Leben dort empfangene Wunde, die, so sich diese Tatsache bestätigt, dann therapeutisch behandelt werden muss, da sonst an dieser Stelle immer wieder irgendwelche Krankheitssymptome auftauchen könnten. Wurde jemand in einem früheren Leben von einem Speer im Nierenbereich tödlich getroffen, wird er in den Folgeleben eventuell immer wieder chronische Schmerzen in die-

ser Gegend verspüren, selbst dann, wenn die Mediziner dort keine körperliche Ursache dafür feststellen können. Die Zusammenarbeit zwischen Medizinern und Rückführungstherapeuten wird zu einer notwendigen Selbstverständlichkeit werden.

11. Da wir Menschen wissen, dass wir mit aller Wahrscheinlichkeit auf dieser Erde wiedergeboren werden, wird es uns ein Anliegen sein, die Welt sauber und gesund zu halten, damit wir in unserem nächsten Erdenleben eine heile Welt vorfinden, in welcher wir uns seelisch und geistig weiterentwickeln können. Wir werden uns also mehr für die Umwelt einsetzen und es nicht zulassen, dass diese verschmutzt wird.

12. Die Philosophie wird jene großen Philosophien und Philosophen in den Vordergrund stellen, die den Reinkarnationsgedanken schon immer vertreten haben. Die Anerkennung der Reinkarnation bewirkt ein Umdenken und wird dementsprechend neue philosophische Denkmodelle begründen, die sich weniger an abstraktes Denken halten, sondern erst einmal das aufzuarbeiten und zu integrieren sich vornehmen, was sich »empirisch« aus dem Wissen durch Rückführungen in frühere Leben allgemein ergibt. Man wird sich auch eingehend mit jenem Zwischenleben beschäftigen, wo wir als Seelen weilen, bevor wir wieder auf Erden inkarnieren. Die Philosophie wird danach fragen, wer oder was dieses System der Reinkarnation samt den Zwischenleben erschaffen hat und welchem Sinn es dient. Dadurch erhält die Ontologie eine ganz neue Perspektive, und man mag versuchen, durch eigene Tranceerfahrungen, durch eigenes In-die-Mitte-Gehen oder durch mögliche Einweihungen mit dem Prinzip Schöpfung in Verbindung zu kommen.

13. In der Kunst wird es einen ungeheuren Aufschwung geben, da den Künstlern ein neuer kreativer Themenbereich erschlossen wird und die Nachfrage beim Publikum über das Thema Reinkarnation groß sein dürfte. So werden sich der Film, das

Fernsehen, das Theater und vor allem die Literatur dieses Bereiches annehmen. Die Darstellungen von Personen und ihren Handlungsmotiven werden auch vor dem Hintergrund ihrer früheren Leben gespiegelt, wobei dem Karmagesetz sicherlich eine bedeutende Funktion zugestanden werden wird.

14. Wir werden uns weniger um Ansehen und Macht oder Besitz bemühen, da wir wissen, dass es wichtiger ist, seine Liebe in sich größer werden zu lassen, weshalb wir eher bestrebt sind, unsere Schätze im Inneren zu sammeln statt im Außen. Wir werden mit dem Leben verantwortungsvoller umgehen und es als großes Geschenk betrachten, in dieser Erdenschule weilen zu dürfen, um immer mehr über die Liebe und über die göttlichen Gesetze zu lernen. Die Reinkarnation wird einen großen Beitrag dazu leisten, dass unsere Welt eine schönere und liebevollere wird, in der es eine Gnade ist, leben, lernen und lieben zu dürfen.[50]

Anmerkungen

1 Vgl. Matthäus 11,7-15, 17,10-13, Markus 9,11-13.

2 Diese Mitteilung habe ich von einem guten Bekannten, der mit dem Papst darüber gesprochen hatte. Dieser Aussage entsprechend sollten damals noch etwa 80 Kardinäle gegen die Akzeptierung der Reinkarnation gewesen sein.

3 Dieser Bericht findet sich in Tag Powells Buch *ESP for Children,* S. 151 ff.

4 Tom Shroder, a.a.O., S. 220-222.

5 Stevenson in *Reincarnation and Biology* (S. 2045) behauptet, dass jene Frau nicht betrunken oder durch Drogen »benebelt« war, sondern vor kurzem durch ein Gericht das Sorgerecht für ihre Kinder abgesprochen bekam. Aus Wut darüber habe sie die beiden Mädchen und einen Jungen auf dem Bürgersteig überfahren. Später sei diese Frau in eine psychiatrische Klinik eingewiesen worden.

6 Diese Geschichte ist bei Jan Wilson (a.a.O. auf S. 15 ff.) wiedergegeben wie auch in Stevensons *Reincarnation and Biology* (a.a.O. auf S. 2041 ff.).

7 In dem Bericht über Shanti Devi bin ich in meiner Wiedererzählung im Wesentlichen der Darstellung in dem Buch von Jeffrey Iverson (a.a.O, S. 168 ff.) gefolgt. Dieser Journalist ist Ende der achtziger Jahre des zwanzigsten Jahrhunderts selbst nach Indien gefahren und konnte noch Zeugen der damaligen Ereignisse interviewen, so zum Beispiel den Vater von Shanti Devi. Einige Begebenheiten habe ich jedoch dem Buch *I Have Lived Before* (a.a.O) von Sture Lönnerstrand entnommen; der Autor fuhr schon in den fünfziger Jahren nach Indien. Neben vielen Zeugenaussagen lag ihm auch der Bericht des Komitees vor, das damals den Fall Shanti Devi untersuchte. Dieses Buch dürfte die ausführlichste Darstellung über Shanti Devi sein. Ihr Fall ist wohl der im zwanzigsten Jahrhundert am gründlichsten recherchierte Fall für eine Beweisführung für die Reinkarnation, der auf eine Kindeserinnerung zurückzuführen ist.

8   Dieser Bericht ist in Stevensons Buch *Reinkarnation* (S. 200 ff.) ausführlich nachzulesen.

9   Der Bericht über den Fall Corliss Chotkin jun. befindet sich in Stevensons Buch *Reinkarnation* (S. 273 ff.).

10   Falls Sie mehr über den Mechanismus von Programmierungen aus früheren Leben erfahren möchten, verweise ich Sie auf mein Buch *Das große Handbuch der Reinkarnation. Heilung durch Rückführung* (a.a.O.).

11   Diese Angaben werden auf S. 246 ihres Buches *Claims of Reincarnation* gemacht.

12   Dieser Bericht ist in Brad Steigers Buch *You Will Live Again* auf S. 151 ff. wiedergegeben.

13   Der detailliertere Bericht ist in dem Buch von Jeffrey Iverson *In Search of the Dead* auf S. 187 ff. nachzulesen.

14   Jim Tucker: *Life Before Life*, a.a.O., Seite 164 bis 168.

15   Der Fall Titu ist Anfang der neunziger Jahre auch durch unsere Presse gegangen. Darüber ist zum Beispiel in der *ESOTERA*, Ausgabe Oktober 1993, oder in der *BILD-ZEITUNG* aus dem Frühjahr 1990 zu lesen.

16   Trutz Hardo, *Reinkarnation aktuell*, a.a.O.

17   In dem Buch *Lifetimes. True Accounts of Reincarnation* findet sich eine ganze Anzahl von wahren Geschichten zur Reinkarnation, die der

Arzt Dr. Frederick Lenz zusammengetragen hat. Die hier beschriebene Geschichte ist auf Seite 22 ff. wiedergegeben.

18 Dieses Kapitel steht auf den Seiten 263 ff. in dem wichtigen Buch von Yonassan Gershom *Kehren die Opfer des Holocaust wieder?*

19 Die Wiedergabe dieser Geschichte ist in dem Buch *You Will Live Again* von Brad Steiger auf S. 141 ff. zu finden.

20 Frederick Lenz, a.a.O., S. 25 ff.

21 Brad Steiger in *You Will Live Again,* S. 178 ff.

22 Frederick Lenz, a.a.O., S. 26 ff.

23 Mein Bericht stützt sich zum einen auf ihr Buch *Unsterbliche Erinnerungen* und zum anderen auf ihre zusammengefasste Darstellung *Meeting Her Past-Life Children,* welche in dem Buch von Sue Carpenter *Past Lives. True Stories of Reincarnation* auf S. 211 ff. abgedruckt ist.

24 Und Jesus antwortete: *»Elias ist schon gekommen, und sie haben ihn nicht erkannt.« Da verstanden die Jünger, dass er von Johannes dem Täufer zu ihnen geredet hatte.* (Matth. 17,12-13; Markus 9,13).

25 Dick Sutphen, a.a.O., S. 192 ff.

26 Brad Steiger in *Returning From the Light,* S. 191 ff.

27 Dieser Bericht ist in dem Buch *Past Lives - Future Lives* (a.a.O.) auf den Seiten 112 bis 125 nachzulesen.

28 Solche Tendenzen, jemanden aus »unerfindlichen« Gründen heraus zu quälen, haben oft eine lange Vorgeschichte, die in noch früheren Leben begründet ist. Wie ich in meinen Rückführungstherapien feststelle, kommen oft Menschen immer wieder zusammen, um ihre Lieblosigkeit allmählich in Liebe umzuwandeln. Eventuell hatte Meister Gustav in einem früheren Leben durch Theuer eine ähnliche Behandlung erfahren, die jener nun diesem wieder zuteilwerden ließ; Gustav rächte sich nun also an dem Lehrling, weil dieser ihm selbst in einem früheren Leben großen Schaden an Körper, Ehre oder Gut zugefügt hatte.

29 Eli Lasch: *Sie sind wieder da,* a.a.O., S. 71 bis 77.

30 Das Buch *Entdecke deine früheren Leben* ist schon in mehreren Auflagen erschienen. Wer sich für meine Rückführungsseminare, die Ausbildungsseminare für Rückführungsleiter/-therapeuten oder für CDs und Bücher interessiert, kann sich unter www.trutzhardo.de informieren.

31 Ich habe für diese Zwecke CDs herausgegeben, mit welchen man viele seiner früheren Leben gefahrlos (das heißt, ohne in traumatische Erlebnisse hineinzugeraten oder irgendwo in der Vergangenheit stecken zu bleiben) wiedererleben kann.

32 Von Helen Wambach waren zwei Taschenbücher im Buchhandel, in denen sie über ihre Forschungen berichtete. Diese sind im Literaturverzeichnis angegeben.

33 Dieses Zitat findet sich in Brad Steigers Buch *You Will Live Again* auf Seite 23. In einem Kapitel fasst er nochmals den Fall Bridey Murphy zusammen (S. 12 ff.). Wer sich eingehender mit diesem Fall auseinandersetzen will, dem empfehle ich das Buch ihres Hypnotiseurs Morey Bernstein: *Protokoll einer Wiedergeburt*.

34 Dieses Zitat befindet sich in dem Buch *More Lives Than One* von Jeffrey Iverson auf Seite 16. Der ganze Fallbericht über das Judenmassaker von York ist auf den Seiten 30 bis 46 wiedergegeben.

35 Dieser Bericht findet sich in dem Buch von Jeanne Avery *A Soul's Journey* auf Seite 140 ff.

36 Beide Bücher können Sie über jede Buchhandlung beziehen. Weitere Erfolge durch Rückführungen finden Sie in *Das große Handbuch der Sexualität*.

37 Diese letzte Aussage von Dr. Goldberg ist in seinem Buch *The Search for Grace* auf Seite XV zu finden.

38 Stevenson in *Reinkarnationsbeweise*, S. 9.

39 Stevenson in *Where Reincarnation and Biology Intersect* auf S. 2. Ich selbst habe neben meiner Blinddarmnarbe ein etwa sieben Millimeter großes warzenartiges Muttermal. In einer Rückführungstherapie bei einem von mir ausgebildeten Rückführungstherapeuten, in der ich der

Ursache dieser angeborenen Markierung auf den Grund gehen wollte, stellte sich heraus, dass ich an eben jener Stelle als französischer Hugenotte mit dem Namen Charles de Puy 1576 nach langer Folter mit einem Messer erstochen worden bin und dass man mir zusätzlich noch die Kehle durchschnitt. Ich glaube, dass selbst jedes Muttermal nicht zufällig mitgebracht wird, sondern dass auch dieses seine Vorgeschichte hat. Aber das Muttermalphänomen wird in der Zukunft sicher noch von vielen Forschern untersucht werden.

40 Stevenson: *Where Reincarnation and Biology Intersect,* S. 12.

41 Stevenson und sein Mitarbeiter Daw Hnin Aye haben gemeint, dass der in den Brunnen Geworfene noch nicht tot gewesen sein könne, hätte er doch sonst nicht die Gespräche jener drei mit anhören können. Verstorbene und vor allem Ermordete, wie ich sehr häufig in der Rückführungstherapie erlebt habe, befinden sich unmittelbar nach ihrem Tod meist außerhalb ihres Körpers und betrachten ihren Körper wie auch eventuell das weitere Geschehen aus der Vogelperspektive. Sie können dort ebenfalls die Gespräche mitverfolgen und manchmal sogar die Gedanken der Anwesenden genau registrieren. Ich glaube, dass Nga Than sich ebenfalls in einem solchen Zustand befunden hat. Wie wir auch hier sehen, gibt es für die Wissenschaft noch viele Fragen zu klären.

42 Dieser Fall wird in Stevensons Monographie auf den Seiten 1236 bis 1250 wiedergegeben.

43 Stevenson, a.a.O., S. 1236 bis 1250.

44 Stevenson, a.a.O., S. 430 bis 455.

45 Bowman, a.a.O.

46 Bowman, a.a.O.

47 Stevenson, a. a. O., S. 1382 bis 1403.

48 Stevenson dto., S. 1782 bis 1801.

49 Leininger/Gross: *Soul Suviver,* a.a.O.

50 Wer mehr über die Anwendung der geistigen Gesetze auf unser irdisches Leben wissen möchte, dem empfehle ich meinen in vier Bänden erschienenen Farbroman *Molar* (unter www.trutzhardo.com einzusehen. Der

erste Band ist dort ganz in seinen sieben Farben zu lesen. Weltneuheit!).
Darin werden die Themen Reinkarnation und Karma vor dem Hintergrund des Zweiten Weltkrieges anschaulich geschildert. Doch ein wichtiger Hinweis: Es ist gerichtlich verboten, den dritten Teil dieses Farbromans mit dem Titel *Jedem das Seine* in Deutschland zu beziehen oder zu lesen.

Literaturverzeichnis

Avary, Jeanne: *A Soul's Journey,* Austin, Texas 1996

Bernstein, Morey: *Protokoll einer Wiedergeburt* (Neuauflage), Bern 1990

Bowman, Carol: *Ich war einmal. Kinder erinnern sich an frühere Leben,* München 1998

Bowman, Carol: *Return from Heaven,* New York 2001

Carpenter, Sue: *True Stories of Reincarnation,* London 1995

Cockell, Jenny: *Unsterbliche Erinnerung,* Bergisch Gladbach 1994

Gershom, Yonassan: *Kehren die Opfer des Holocaust wieder?* Dornach 1997

Goldberg, Bruce: *Past Lives – Futures Lives,* New York 1988

Goldberg, Bruce: *The Search for Grace,* St. Paul, Minnesota 1997

Gross, Ken/Leininger: *Soulsurviver,* New York 2009

Hardo, Trutz: *Entdecke deine früheren Leben,* Güllesheim 2009

Hardo, Trutz: *Reinkarnation aktuell. Kinder beweisen ihre Wiedergeburt,* Güllesheim 2009

Hardo, Trutz: *Das große Handbuch der Reinkarnation. Heilung durch Rückführung,* Güllesheim 2007

Hardo, Trutz: *Das große Karmahandbuch,* Güllesheim 2002

Hardo, Trutz: *Das große Handbuch der Sexualität. Was Trancerückführungen offenbaren,* Güllesheim 2004

Iverson, Jeffrey: *More Lives than One,* London 1976

Iverson, Jeffrey: *In Search of the Dead,* San Francisco 1992

Lasch, Eli Erich: *Sie sind wieder da. Eine andere Sicht unserer Geschichte,* Singen 2004

Lenz, Frederick: *Lifetimes. True Accounts of Reincarnation,* New York 1979

Lönnerstrand, Sture: *I Have Lived Before,* Stockholm 1994

Pasricha, Satwant: *Claims of Reincarnation. An Empirical Study of Cases in India,* New Delhi 1990

Powell, Tag: *ESP for Children. How to Develop Your Child's Psychic Abilities,* Lago, Florida 1993

Shroder, Tom: *Old Souls,* New York 1999

Sutphen, Dick: *You Were Born to Be Together,* New York 1976

Steiger, Brad: *You Will Live Again* (Neuauflage), Nevada City, CA 1996

Steiger, Brad: *Returning From the Light,* New York, 1996

Stevenson, Ian: *Reinkarnation – der Mensch im Wandel von Tod und Wiedergeburt. 20 überzeugende und wissenschaftlich bewiesene Fälle,* Freiburg 1978

Stevenson, Ian: *Wiedergeburt. Kinder erinnern sich an frühere Leben,* Grafing 1989

Stevenson, Ian: *Reincarnation and Biology – A Contribution to the Etiology of Birthmarks and Birth Defects,* Westport, Connecticut 1997

Stevenson, Ian: *Reinkarnationsbeweise,* Grafing 1998

Stevenson, Ian: *Where Reincarnation and Biology Intersect,* Westport, Connecticut 1997

Tucker, Jim B.: *Life Before Life,* New York 2008

Wambach, Helen: *Leben vor dem Leben,* München 1980

Wambach, Helen: *Seelenwanderung – Wiedergeburt durch Hypnose,* München 1984

Wilson, Ian: *Reincarnation?* Harmondsworth, England 1982

Über den Autor

Trutz Hardo ist Rückführungstherapeut und Referent für Vorträge. Er führt Rückführungsseminare durch und bildet Rückführungsleiter/-therapeuten aus. Er ist durch eine ganze Reihe von Veröffentlichungen und Fernsehauftritten bekannt geworden.

Wer mehr über Trutz Hardo, seine Veröffentlichungen und seine Seminare zur Ausbildung von Rückführungstherapeuten wissen möchte, der kann sich über **www.trutzhardo.de** und **www.trutzhardo.com** informieren. Sein Karmaprozess ist unter www.bhakti-yoga.ch/hardo mit zu verfolgen. Wer sich von einem ausgebildeten Rückführungsleiter zurückführen lassen möchte, kann sich unter www.trutzhardo.de/links informieren.

Auf seiner Homepage www.trutzhardo.de findet man ab Dezember eines jeden Jahres den Veranstaltungskalender für das jeweilige nächste Jahr. Der Autor ist wegen seiner vielen Reisen meist nur über E-Mail zu erreichen: **mail@trutzhardo.de**

Weiterführende Informationen zu
Büchern, Autoren und den Aktivitäten
des Silberschnur Verlages erhalten Sie unter:
www.silberschnur.de

Sie können uns alternativ
die beiliegende *Postkarte* zusenden.

Ihr Interesse wird belohnt!

480 Seiten, gebunden
ISBN 978-3-89845-332-5
€ [D] 29,90

Trutz Hardo

Das große Handbuch der Reinkarnation

Heilung durch Rückführung

Jede Krankheit, jedes Problem hat seine Ursache. Oft liegt diese Ursache in einem früheren Leben. Deckt man sie auf, wird häufig eine spontane oder wenigstens allmähliche Heilung erreicht. So heilt die aus Amerika stammende Rückführungstherapie oft dort, wo jede »klassische« Therapie versagt.

Dieses Handbuch ist mehr als ein Arbeitsbuch für Mediziner oder Therapeuten. Es ist auch für all jene Menschen bestimmt, die Probleme haben oder die krank sind oder sich einfach nur um Heilung Gedanken machen.

136 Seiten, broschiert
ISBN 978-3-89845-291-5
€ [D] 6,95

Trutz Hardo

Reinkarnation. Frühere Leben und ihre Wirkung

Glaube oder Realität?

Weltweit glaubt über ein Drittel der Menschheit an die Reinkarnation. Ist dieses Thema ernst zu nehmen? Gibt es denn wirklich frühere Leben, und ist es möglich, sich an diese zu erinnern?

Dieses Einsteigerbuch durchleuchtet klar und logisch das Phänomen der Reinkarnation:

• Reinkarnation in der Geschichte
• Vom Glauben zum Wissen
• Rückführungen als Lebenshilfe

Der Leser wird erstaunt sein, welche Beweise die neueste Reinkarnationsforschung aufzuweisen hat ...

192 Seiten, broschiert
ISBN 978-3-89845-340-0
€ [D] 6,95

Trutz Hardo

Leiden heißt nicht wissen

Heilung durch Rückführung

Leiden heißt, nicht zu wissen. Dieses von Elisabeth Kübler-Ross inspirierte Buch bietet Ihnen die Möglichkeit, sich von innerem und äußerem Leid, von Schmerz und Blockaden, wie zum Beispiel in der Sexualität oder bei Ängsten, zu befreien. Denn meistens sind diese Leiderfahrungen Programmierungen aus früheren Leben. Decken wir die eigentlichen Ursachen für unser Leiden auf, können wir es minimieren oder oft sogar ganz auflösen.

208 Seiten, broschiert
ISBN 978-3-89845-283-0
€ [D] 14.90

Trutz Hardo

Entdecke deine früheren Leben

Erfahre deine früheren Leben – und begegne deinem Höheren Selbst!
Immer wieder gibt es Situationen im Leben, die uns bekannt vorkommen: Landschaften, die uns seltsam vertraut sind, obwohl wir sie das erste Mal sehen; Menschen, die uns sofort nahe sind, obwohl wir sie nie zuvor gesehen haben. Wie lässt sich dieses »Déjà-vu«-Phänomen erklären?
Trutz Hardo befasst sich seit vielen Jahren mit Rückführungen in frühere Leben. Dieses Handbuch erläutert, wie wir uns mithilfe verschiedener Rückführungstechniken daran erinnern können, um die Herausforderungen des heutigen Lebens besser meistern und die Ursachen von einschneidenden Erlebnissen in allen Lebensbereichen durchleuchten zu können.
Lassen Sie sich das größte Abenteuer Ihrer Seele nicht entgehen!

Trutz Hardo

Erfahre deine früheren Leben

Zum ersten Mal begleitet Sie Deutschlands bekanntester Rückführungsexperte auf 2 CDs in Ihre früheren Leben.
Mit einer Count-Down-Entspannungsmethode wird der Hörer in den Alphazustand versetzt, in welchem es möglich ist, gefahrlos über das Unterbewusstsein frühere Leben wiederzuerleben.

ISBN 978-3-931652-28-9 | Doppel-CD · je 70 Minuten | 36 Seiten Anleitung | € [D] 36,80

576 Seiten, gebunden
ISBN 978-3-89845-074-4
€ [D] 34.90

Trutz Hardo

Das große Handbuch der Sexualität
Was Trancerückführungen offenbaren

Dieses Buch wird die gesamte bisherige Sexologie und Psychotherapie fundamental beeinflussen, denn der Autor stellt in überzeugender Art dar, dass sexuelle Verhaltensweisen und Störungen in den meisten Fällen eindeutig auf Geschehnisse aus früheren Leben zurückzuführen sind. Das Buch weist anhand von 47 Fallgeschichten die Ursachen sexuellen Verhaltens und sexueller Störungen in früheren Leben nach, zeigt die Heilungsmöglichkeiten auf und beinhaltet ein 175 Stichwörter umfassendes Lexikon der Sexualität in Bezug auf die Reinkarnation.

208 Seiten, broschiert
ISBN 978-3-89845-343-1
€ [D] 14,90

Edelgard Friedrich

Waren wir verabredet?

Wie Kinder ihre Eltern wählen

Es ist erstaunlich, wie sehr es die oft belasteten Beziehungen zwischen Eltern und Kindern verbessern kann, wenn sie sich der Idee öffnen, dass sie sich bereits aus früheren Leben kennen und der Begegnung vor der Geburt zugestimmt haben – mit dem Ziel, dass beide dabei in ihrer Entwicklung vorankommen mögen.

Die Psychoanalytikerin Edelgard Friedrich fächert an zahlreichen Fallbeispielen solche problematischen Eltern-Kind-Beziehungen auf und bietet in den Kommentaren und Erklärungen schließlich eine Art »angewandter Reinkarnationslehre«, die den Leser die Konflikte in einem neuen Licht sehen lässt. Die Frage »Waren wir verabredet?« werden Betroffene nach der Lektüre dieses Buches daher sicherlich nicht nur mit »ja«, sondern auch mit »zum Glück« beantworten.

Karl F. Neu

Über den Tod und das Leben im Jenseits

Über den Tod und das Leben im Jenseits – ein faszinierender Einblick in das Leben, das uns nach dem Tod erwartet. Ausgehend vom Prozess des Sterbens führt der Autor in die Geheimnisse der tibetischen und ägyptischen Totenbücher ein und vergleicht deren Erkenntnisse mit eigenen Nahtoderfahrungen. Er zeigt den Weg der Seele nach dem Tod und ihren Übergang in eine lebendige, geistige Welt.

Ein wichtiges und klares Buch für alle, die mehr über den Übergang »Tod« als Bestimmung des Menschen erfahren möchten.

168 Seiten, Klappenbr.
ISBN 978-3-89845-346-2
€ [D] 12,90

96 Seiten, broschiert
ISBN 978-3-923781-52-2
€ [D] 8,90

Harold Sharp

Auch Tiere überleben den Tod

Das jenseitige Tierreich

Dem bekannten Medium Harold Sharp ist es gelungen, durch Astralreisen zahlreiche Beweise zusammenzutragen, die belegen, dass Tiere den physischen Tod überleben und wie ihre Besitzer in ein Reich übergehen, in dem sich grenzenlose Möglichkeiten für sie bieten.

Für den, der ein geliebtes Tier verloren hat, bedeutet dieses Buch daher Trost und die Hoffnung auf ein Wiedersehen. Gleichzeitig ist es ein Buch voller bezaubernder Geschichten, die von der Liebe, Treue und Seelentiefe unserer Tiere erzählen.

Wer Tiere liebt, wird dieses Buch mit Freuden lesen.

312 Seiten, broschiert
ISBN 978-3-89845-257-1
€ [D] 16,90

Denise Linn

Vergangene Leben – gegenwärtige Wunder

Wunder können tatsächlich in unserem Leben geschehen – einfach und mühelos. Dazu ist es nur notwendig, sich daran zu erinnern, wer wir wirklich sind … So sind wir in der Lage, die Blockaden aufzulösen, die zwischen uns und unserer Seele stehen. In diesem Buch lernen Sie, wie Sie in diese vergangenen Leben zurückreisen können, um Licht auf Ihre jetzigen Probleme zu werfen und sich endlich die Realität zu erschaffen, die Sie sich schon immer gewünscht haben. Vertrauen Sie der amerikanischen Erfolgsautorin Denise Linn, und folgen Sie ihr in diesem Buch auf eine Seelenreise in die Zeit – leicht, ungefährlich und voller Wunder.

268 Seiten, broschiert
ISBN 978-3-923781-03-4
€ [D] 14,90

Anthony Borgia

Das Leben in der unsichtbaren Welt

Durch die Berichte von Raymond Moody und Elisabeth Kübler-Ross durften wir bereits einen kurzen Blick hinter den Schleier werfen. Hier liefert ein englisches Medium tatsächlich exakte und umfassende Beschreibungen der jenseitigen Welt und der Geschehnisse, die uns dort erwarten:

• der Übergang in die geistige Welt
• das Leben dort
• die verschiedenen Ebenen der höheren Dimensionen

Dieses Buch ist ein Meilenstein in der Beschreibung der jenseitigen Welten. Die hier beschriebenen beispiellosen Erfahrungen animieren jeden dazu, sein irdisches Leben in Zukunft aus einer gänzlich anderen Perspektive wahrzunehmen.

240 Seiten, broschiert
ISBN 978-3-89845-182-6
€ [D] 24,90

Hg.: Fern Stewart Welch, Rose Winters & Kenneth Ross

Zum Tee bei Elisabeth Kübler-Ross

Der Einladung, sich in Gedanken noch einmal »Zum Tee bei Elisabeth« einzufinden, kamen 51 wunderbare »Gäste« nach. Die Kommentare und Erinnerungen derer, die mit ihr befreundet waren und mit ihr gearbeitet haben, eröffnen einen neuen, nuancenreichen Zugang zum Leben und zur Persönlichkeit von Elisabeth Kübler-Ross. »Zum Tee bei Elisabeth Kübler-Ross« gewährt Einblick in das innere Leben dieser bemerkenswerten Frau und beleuchtet ihre private Seite. Entdecken Sie in den starken, bewegenden und inspirierenden Berichten das heroische Leben einer Frau, die nur menschlich war und doch ein wahrhaft einzigartiges Schicksal erfüllte … und nach dem Tod auch in diesem Buch weiterlebt.